初中生阅读写作进阶指导丛书

# 读诗之旅

张 隽◎著

同济大学 出版社
Tongji University Press
·上海·

## 内 容 提 要

《读诗之旅》是"初中生阅读写作进阶指导丛书"中的第二本书。这套丛书针对初中生阅读、写作进行指导,读者对象主要是初中生和新入职的初中教师,是一套在教与学的基础上,兼具实用性和文学性的读物。本书分为上、中、下三篇,从中国古典诗歌、中国现当代诗歌和外国诗歌三个种类入手,阐释古今中外各诗歌流派的主张,分析不同诗歌的艺术风格,以指导学生阅读和写作为目的对诗歌进行鉴赏。本书以部编教材诗歌为基础,甄选大量优秀诗歌作为拓展阅读,旨在强化课堂内外的联结,加强学生的诗歌阅读积淀,厚植人文情怀,从而提升学生对诗歌作品的审美和鉴赏能力。

**图书在版编目(CIP)数据**

读诗之旅 / 张隽著. --上海:同济大学出版社,2024.3
 ISBN 978-7-5765-0715-7

Ⅰ.①读… Ⅱ.①张… Ⅲ.①中学语文课—初中—教学参考资料 Ⅳ.①G634.303

中国国家版本馆 CIP 数据核字(2023)第 018361 号

初中生阅读写作进阶指导丛书

## 读诗之旅

张 隽 著

| 策划编辑 | 张 莉 | 责任编辑 | 任学敏 | 助理编辑 | 竺奕辰 | 责任校对 | 徐春莲 | 封面设计 | 渲彩轩 |

| 出版发行 | 同济大学出版社　www.tongjipress.com.cn |
| --- | --- |
|  | (地址:上海市四平路 1239 号　邮编:200092　电话:021-65985622) |
| 经　销 | 全国各地新华书店 |
| 制　作 | 南京月叶图文制作有限公司 |
| 印　刷 | 启东市人民印刷有限公司 |
| 开　本 | 787mm×1092mm　1/16 |
| 印　张 | 18.25 |
| 字　数 | 456 000 |
| 版　次 | 2024 年 3 月第 1 版 |
| 印　次 | 2024 年 3 月第 1 次印刷 |
| 书　号 | ISBN 978-7-5765-0715-7 |
| 定　价 | 68.00 元 |

本书若有印装质量问题,请向本社发行部调换　　版权所有　侵权必究

# 序言
## ——诱之歌诗,导之习礼,讽之读书

诗教是中国两千年以来的优良传统,孔子认为"不学诗,无以言",一个人学了诗,言辞会更有内涵和条理。宋元以后的"蒙学"继承了这个传统,即所谓"诱之歌诗,导之习礼,讽之读书"。我国的语文教育一直十分重视古诗词的教学,无论是在中国近代"癸卯学制"中,还是在中华人民共和国教育部最新制定的《义务教育语文课程标准》中,古诗词一直是一项不可或缺的内容,所以加强对古诗词教学的研究十分重要。

学诗为什么重要?有研究表明:一个人的词汇量与其智力水平存在正相关关系。所以,如果一个孩子从小诵读并且能够背诵默写一些古诗词,不仅可以扩大词汇量,学好语文,还可以提高孩子的智力水平。朱光潜先生在《谈读诗与趣味的培养》里说:"如果对于诗没有兴趣,对于小说、戏剧、散文等的佳妙处也终不免有些隔膜。不爱好诗而爱好小说、戏剧的人们大半在小说和戏剧中只能见到最粗浅的一部分,就是故事。"正因为读诗有许多好处,所以过去有文化底蕴的家庭都让孩子从韵文《三字经》《百家姓》《千字文》《千家诗》开始读,逐渐过渡到读《唐诗三百首》,这即是所谓的"诗教"。近几十年来,随着国家经济和科技的迅猛发展,教育的作用越发彰显,许多家庭更加重视孩子的早期教育,有很多家长无论自己是不是喜欢古诗词,都愿意让孩子在入学以前读唐诗宋词。但是,这些孩子入学以后,往往会忘记小时候学过的东西。为什么许多孩子在小时候读过三五十首唐诗宋词,一旦上学,就忘得差不多了呢?这是因为:一,机械记忆不牢靠;二,没有及时复习,背诵过的东西得不到巩固;三,学过的古诗词没有形成体系,待用时就不容易被提取出来。

另外,语文考试对古诗词的考查所占比重小,也是一个原因。

我认为初中才是学习古诗词的关键期。因为小学生记忆力强,但是理解力弱,机械记忆是不可能长久的;高中生理解力和记忆力都强,但是学业繁重,没有很多时间去记诵古诗词。而初中生正好处于二者之间,理解力强,记忆力也强,学业又不像高中生那样繁重。抓住这个时期,让初中生掌握正确的学习、记忆的方法,逐渐产生对古诗词的兴趣,养成阅读、背诵、鉴赏古诗词的习惯,并且积累一定数量的作品,这对孩子们的终身发展是有益的。如果错过这个时期,之后再学习古诗词就没有那么容易了。这就是《学记》里说的:"时过然后学,则勤苦而难成。"

既然初中是一个关键期,那么初中教师就应承担起这个教学任务。但是究竟怎样引导,怎样培养初中生"讽诵"的兴趣与习惯,就有讲究了。孟子说:"教亦多术。"又说:"君子深造之以道,欲其自得之也。自得之,则居之安;居之安,则资之深;资之深,则取之左右逢其原。""多术",就是指教师要想出各种办法引导学生读诗,眼光要放得远,办法要切合实际;要引导学生从古诗词学习中获得乐趣、获得智慧。"欲其自得之",就是要让学生明白,学习古诗词仅仅靠兴趣是不够的,必须静下心来阅读、吟诵、背默,这样才能渐渐入门,渐渐学会鉴赏古诗词。本书的作者张隽老师就是这么做的,并且一做就是好多年。荀子云:"真积力久则入。"可以说,张老师在古诗词的教学上已经找到了属于自己的门道,她把这一切都汇集起来,写成一本书,并且索序于我。

读到这本书,我非常高兴。二十年前,张隽老师在华东师范大学中文系读本科时,是我的学生,后来又成为我的老朋友李支舜老师的硕士研究生。当时,我们两人都认为,作为学生,张老师好学深思,深造自得;作为教师,她又敬业爱生。二十年过去了,她已经由一位新人教师成长为资深老师。她在教学之余,还能够勤奋读书和进修,勤于思考和写作,不仅发表了许多文章,而且出版了一本《写作之旅》。现在她把给学生讲授诗词的讲稿整理出来,我初读一遍,觉得本书凝聚着她平时备课与教学过程中的心血。从整体看,本书有一个完整的结构;从局部看,本书又不乏独到的见解。例如,她把中国古典诗歌按不同题材内容分成十个类别,这样分类或有不甚贴切之处，但总体上是有利于学生学习、归类、记忆背诵的；再如，她根据初中生形象思维先于逻辑思维发展的特点，以"诗歌的画面感"为抓手，促进学生的阅读理解和记忆背诵，这是有创新性的尝试。我相信这些做法对于一线初中语文教师来说是有借鉴意义的，对于想让自己的孩子学好古诗词的家长来说，也有启迪意义。值得关注的是，本书还选择了许多中国现当代诗歌及外国诗歌的名篇，与中国古典诗歌相互观照、相互阐发，这对学生把握中国诗歌发展脉络、领略诗歌之美、拓展国际视野等均十分有益。

作为一线教师，在各种工作如此繁重的情况下，能够写出这么一本书，我觉得特别不容易。如果要提出改进建议的话，依我愚见，介绍现当代诗歌和外国诗歌的部分难免艰深，对初中生而言要完全理解掌握并非易事。如能更好地整理篇目，使本书中的诗歌成为课内诗歌的有机延伸和有益补充，而不必面面俱到，或许能更好地实现本书初衷。当然，这仅仅是我的看法，并不影响本书的质量。作为她以前的老师和现在的朋友，我期待她取得更好的成绩。

是为序。

华东师范大学语文教育研究中心成员

赵志伟

2023 年 5 月

# 目录

序言

## 上篇　中国古典诗歌鉴赏

### 第一章　中国古典诗歌的审美研究　002
第一节　语言美　002
第二节　韵律美　004
第三节　意境美　008
第四节　情志美　010
第五节　文化美　013

### 第二章　中国古典诗歌鉴赏基本知识　016
第一节　物象与意象　016
第二节　语言与技法　019
第三节　情感与主旨　024

### 第三章　开启中国古典诗歌之旅　027
第一节　山水田园　027
第二节　咏物言志　034
第三节　边塞征战　041
第四节　思妇闺怨　048
第五节　咏史怀古　054
第六节　赠友送别　060
第七节　羁旅行役　067
第八节　即景抒怀　073

| 079 | 第九节 雅趣哲理 |
| 085 | 第十节 悼亡游仙 |

## 中篇　中国现当代诗歌鉴赏

| 094 | **第四章　中国现当代诗歌的审美研究** |
| 094 | 第一节 历史演变 |
| 097 | 第二节 美学特征 |
| 099 | 第三节 美育价值 |

| 101 | **第五章　中国现当代诗歌鉴赏基本知识** |
| 101 | 第一节 情景融入 |
| 102 | 第二节 锤字炼句 |
| 103 | 第三节 联想想象 |
| 104 | 第四节 表现手法 |
| 107 | 第五节 情感主旨 |

| 111 | **第六章　开启中国现当代诗歌之旅** |
| 111 | 第一节 尝试派 |
| 120 | 第二节 人生派 |
| 127 | 第三节 创造社 |
| 135 | 第四节 湖畔诗派 |
| 144 | 第五节 新月派 |
| 152 | 第六节 现代诗派 |
| 160 | 第七节 七月诗派 |
| 170 | 第八节 九叶诗派 |
| 178 | 第九节 朦胧诗派 |

## 下篇　外国诗歌鉴赏

| 188 | **第七章　外国诗歌的审美研究** |
| 188 | 第一节 基本分类 |
| 190 | 第二节 诗歌特征 |
| 192 | 第三节 形式与意趣 |

| 193 | 第四节　诗歌价值 |

## 第八章　外国诗歌鉴赏基本知识

| 196 | |
| 196 | 第一节　诵读鉴赏 |
| 200 | 第二节　写作技法 |
| 203 | 第三节　主旨探析 |

## 第九章　开启外国诗歌之旅

| 207 | |
| 207 | 第一节　远古时期 |
| 214 | 第二节　古希腊、古罗马时期 |
| 222 | 第三节　中世纪时期 |
| 231 | 第四节　文艺复兴时期 |
| 238 | 第五节　古典主义时期 |
| 247 | 第六节　浪漫主义时期 |
| 256 | 第七节　象征主义与超现实主义时期 |
| 264 | 第八节　诺贝尔文学奖得主的诗歌 |

| 274 | **附录** |
| 279 | **参考文献** |
| 281 | **后记** |

# 上篇　中国古典诗歌鉴赏

　　诗歌是一个民族语言发展水平的度量衡，是物质文化与精神文化融合的体现，具有重要的艺术价值和思想价值。在文学的长廊里，每一历史阶段的诗歌主题内容是多样化的，它与时代的政治、经济和文化息息相关，是我们理解和解析时代的钥匙。比如，礼乐文明与山水田园审美活动的兴盛、科考制度与文官制度的确立、战争肆虐与休养生息的交替、风俗世态的变迁与文人对宇宙和人生的感怀等都能在诗歌这种文学体裁中留下踪迹。鉴赏诗歌，一定程度上是在借用诗歌的语言观史思今，也是在不同的生存时空里照见那个相似的你我他。

　　本书上篇为中国古典诗歌的鉴赏，分为三章。第一章主要内容是探究古典诗歌之美。就语言、韵律、意境、情志和文化五个方面，从音韵到文字，从形式到内容，由表及里、由浅入深地评述古典诗歌的美学意蕴和诗学价值，以期能全方位地认识古典诗歌的感性美和理性美。第二章以古典诗歌鉴赏方法指导为主。诗歌鉴赏方法众多，体系庞杂，笔者立足于古典诗歌的主要文学特征，兼顾中学生阅读认知心理，化繁为简，锐意剪裁，从物象与意象、语言与技法、情感与主旨三大类别梳理古典诗歌的鉴赏路径。同时，在尊重诗歌文本基本属性的客观前提下，本书中的诗歌鉴赏基于笔者在教学中的学情观察和对诗歌的独特审美感受，希望能与读者在诗歌的阅读中产生文学艺术的共鸣。第三章诗歌鉴赏之旅正式开启，包含古典诗歌的基本分类，从景、情、意、理等多个角度择取优秀的古典诗歌，与读者共享这精美的文化盛宴。

# 第一章　中国古典诗歌的审美研究

本书中的中国古典诗歌是包含了唐诗、宋词和元曲的广义的概念,可以称为古诗词。古典诗歌是文学殿堂里璀璨的明珠,它的美在于感性美和理性美。感性美主要指诗歌的外在美,比如语言的色彩、形象、音韵、结构和修辞手法之美,理性美主要指内在的逻辑、义理、情感和意境之美,诗歌之美既体现在语言运用和写作手法上,也表现在内容主旨方面,这些元素表现出来的艺术之美让诗歌流淌着动人的魅力。古典诗歌是滋养学生的精神养料,若学生长期濡染诗歌语言,将会不同程度地改变语言结构,将诗意的代码嵌入语言体系中,在头脑中形成记忆,并逐渐外化成表达触点,从而提高语言素养。

## 第一节　语言美

《毛诗·大序》载:"诗者,志之所之也。在心为志,发言为诗。"诗歌是一种抒情言志的文学体裁。诗歌具有悠久的历史,起源于上古时期的劳动号子以及祭祀颂词。在早期,诗、歌、乐、舞是合为一体的,诗是歌词,在表演中配合音乐、舞蹈而歌唱,后来它们各自发展并独立成类,诗从歌中分化出来,成为一种专门的文学体裁。诗歌用凝练的语言,表现丰富的形象和情感,反映社会生活和文化。

诗歌的语言组合形式与其他文学体式不一样。诗歌的语言不同于散文语言的连贯和直白,讲究逻辑性和条理性,同时,还兼有抒情性、含蓄性、精练性和跳跃性。词语前后的组合搭配形成多种关系,有并列、转折、反复等关系,让诗歌形成诗意的跃动。并列关系中比较突出的是名词性词汇的连用,比如"元曲四大家"之一的马致远所作的《天净沙·秋思》中"枯藤老树昏鸦,小桥流水人家,古道西风瘦马"就通过名词连用,构成九个意象,苍凉的背景上勾勒出行旅之人漂泊不定而忧愁的情怀。前后词语形成转折关系的诗句在古诗中有很多,比如"山重水复疑无路,柳暗花明又一村"中前后环境和景象的对比,"沉舟侧畔千帆过,病树前头万木春"表现新事物必定取代旧事物,蕴含蓬勃的生命力与乐观豁达的精神。反复与叠词的运用是诗歌词语组合的另一种形式。李清照《声声慢》中"寻寻觅觅,冷冷清清,凄凄惨惨戚戚"七组叠词的连用,将诗人的悲苦历历呈现,诗人国破家亡、漂泊无依、孤寂愁苦的境况让人伤怀不已。此外,词语的搭配也经常打破传统句法规则,采用新的语言逻辑顺序,借助于句子相关成分的缺失(如缺主语、谓语、介词、关联词等),形成句法上的断层,从而营造朦胧的形象。诗歌语言呈现出跳跃性,语词之间蕴蓄着无尽的情思,需要读者发挥想象和联想,对其中的内容进行补充,通过读者的再加工和创造,深化对文字内涵的领会。

　　除了词语的多种组合方式造就的语言之美,诗句所勾勒的画面感也是诗歌语言魅力之源。在我们朗读的诗歌里,或是自然风物的秀美,或是风土人情的淳朴,或是亲人挚友的深情,天地万物像一帧帧的画面呈现在眼前,滋润我们的情感,慰藉我们的心灵,在诗意的空间里,我们的情绪得到延展和释放。当一幅幅画面投射到我们的心灵深处时,我们在自然万物中存在的记忆被唤起,层层叠叠,反反复复,让我们在美的意念中呼吸和静思。画面感强的诗句在景物的刻画上总是别有一番功力。品读山水田园诗,我们就能聆听大自然的音符。"明月松间照,清泉石上流。"在山林中,一轮明月静静地照在松林间,秋风轻拂,松针尖洒落下清凌凌的月光,淙淙的流水像一首唱不完的歌,吟唱着岁月静好。《山居秋暝》中仅此一联诗句就将山中的清新、幽静和恬淡描绘出来,因此郭云在《增订评注唐诗正声》中评论说"色韵清绝"。陶渊明《归园田居》中"晨兴理荒秽,带月荷锄归"描摹了拂晓在田地里锄草;夜晚月明星稀,扛着锄头在归家路上的情景,山间的生活如画卷般缓缓展开,静谧、舒缓。诗歌中的色彩是五彩缤纷的,有调和色,调和色是色差相近的颜色,比如"青箬笠,绿蓑衣""江作青罗带,山如碧玉簪",画面和谐静美;也有反差强烈的对比色,比如"接天莲叶无穷碧,映日荷花别样红",用强烈的颜色对比凸显了画面的美。诗歌中语言表现出来的色彩之美有几种类型:第一类是直接运用表现色彩的词语,这一类诗歌很多,比如"橙黄橘绿""绿肥红瘦""满如银""绿丝绦"等表示颜色的词语的运用在诗歌中勾勒出姹紫嫣红的风景;第二类是诗歌描绘的事物具有典型的颜色特征,比如雪、花、草、柳等;第三类是诗歌中的词语运用修辞手法,比如"绿云"比喻女子头发乌黑亮丽,"金鞭"是具有象征性的词语,表达统治者的威信或指代王孙贵族。词语具有鲜明而生动的画面感。

诗歌用词精练,语意丰富。诗人对诗歌语言的锤炼是提升语言魅力的关键。古人讲究炼字,依据诗歌主题、意境和情感表达的需要,挑选贴切、生动而富有感染力的语词,古诗中的炼字主要是对诗句中动词和形容词使用的推敲。王国维在《人间词话》中对宋祁"红杏枝头春意闹"和张先的"云破月来花弄影"十分赞赏,认为"闹""弄"二字十分精妙,境界全出。当然,有一些诗词也非常讲究对虚词的推敲,比如杜甫《蜀相》中的名句"映阶碧草自春色,隔叶黄鹂空好音"中的"自""空"两个字让文字的意味深长。

　　古典诗歌的语言艺术熠熠生辉,值得我们在品读和鉴赏中用心体悟,从诗意、诗境到诗情,如陈年佳酿,醇香永续。

## 第二节　韵律美

　　诗歌与音乐具有悠久的历史渊源。我国的第一部诗歌总集《诗经》中的诗歌就是可以合乐歌唱的,《诗经》分为"风""雅""颂",各自所配的音乐是不一样的。"风"是各地的民歌,是十五个地方的民间歌曲,具有民间乐曲的特征。"雅"是王畿之乐,属于正声,是典范的音乐。"颂"是宗庙祭祀乐歌,多用于肃穆庄严的环境,相对比较沉静。古诗词的演变和发展过程中,音乐之美一直是古诗词的魅力之一。白居易在《与元九书》中说:"诗者,根情,苗言,华声,实义。"这句话诠释了诗歌各要素的地位和作用,强调了诗歌语言得体、声韵恰当、意义深刻的特征。诗歌的音乐性体现在节奏、音调和韵律上,在诗歌的语句中,变化的节奏以及语音、声调不同的排列次序和组合,形成抑扬顿挫的韵律,这让朗读诗歌时所产生的起伏、连绵、跳跃、灵动的乐音成为诗歌美的内核,耐人寻味。

　　依据不同的原则和标准,古诗有多种分类方法,按照诗歌体裁发展历史可以分为古体诗和近体诗。最能体现诗歌韵律特征的是近体诗。在南北朝后期,出现了讲求声律、对偶的诗歌,但是还没有形成完整的格律体系。唐代以后,部分古诗的律化倾向突出,逐渐形成对句数、字数、格律都有严格要求,讲究平仄对仗的诗歌,也就是近体诗。近体诗包括绝句、律诗,律诗中包括排律,篇幅较长,一般为十句以上。近体诗的基本特征是每句平仄相间,同联的诗句平仄相对,邻联平仄相粘。除了首尾两联,中间几联还需要讲究对仗,诗韵押平声韵,平声韵发音比较平和,包括阴平、阳平。

　　古诗词是"以声传情"的文学体式,在平仄、节奏和韵律的基础上,运用叠韵、双声和叠音,让古诗词的音律婉转、余味悠长。古人写诗是严格按照韵书来押韵写作的。清代人常查阅的《诗韵集成》《诗韵合璧》等韵书,均采用广为流传的平水韵。平水韵有 106 个,平声 30 韵,上声 29 韵,去声 30 韵,入声 17 韵。律诗一般只押平声韵。教师进行诗歌教学,或者学生自己阅读诗歌时,可以对诗歌的平仄韵脚进行标注,朗读时有意识地读出诗歌的节奏音韵,从而体会诗歌的情感。

　　关于律诗的平仄,我们也可以通过记住一些规则来理解。根据王力先生的《诗词格律》(中华书局出版社,2009 年)里的观点,五言律诗的平仄组合主要有四种类型(下文带圈字符表示可平可仄):㋭仄平平仄,平平仄仄平,㋥平平仄仄,㋭仄仄平平。这样的四种平仄搭配变换,是五言律诗的基本格式。不过实际上这四种搭配源自两种格式。

1. 仄起式

　　　　　　㋭仄平平仄,平平仄仄平。
　　　　　　㋥平平仄仄,㋭仄仄平平。
　　　　　　㋭仄平平仄,平平仄仄平。
　　　　　　㋥平平仄仄,㋭仄仄平平。

　　杜甫的《春望》是一首典型的仄起式律诗。

## 春　望

国破山河在,城春草木深。
(仄仄平平仄)(平平仄仄平)

感时花溅泪,恨别鸟惊心。
(仄平平仄仄)(仄仄仄平平)

烽火连三月,家书抵万金。
(平仄平平仄)(平平仄仄平)

白头搔更短,浑欲不胜簪。
(仄平平仄仄)(平仄仄平平)

2. 平起式

　　　　　　㋥平平仄仄,㋭仄仄平平。

⊗仄平平仄,平平仄仄平。
⊕平平仄仄,⊗仄仄平平。
⊗仄平平仄,平平仄仄平。

我们一起来看看王维的《山居秋暝》。

## 山居秋暝

空山新雨后,天气晚来秋。
(平平平仄仄)(平仄仄平平)。
明月松间照,清泉石上流。
(平仄平平仄)(平平仄仄平)。
竹喧归浣女,莲动下渔舟。
(仄平平仄仄)(平仄仄平平)。
随意春芳歇,王孙自可留。
(平仄平平仄)(平平仄仄平)。

掌握了五律的平仄,七律的平仄就相对简单一些了。七律是在五律基础上加两个字。仄上加平,平上加仄。七律有四个类型,可以组成两联:

⊕平⊗仄平平仄,⊗仄平平仄仄平。
⊗仄⊕平平仄仄,⊕平⊗仄仄平平。

和五律一样,七律也主要是两种基本格式的变形,即仄起式和平起式两种。

1. 仄起式

⊗仄平平仄仄平,⊕平⊗仄仄平平。
⊕平⊗仄平平仄,⊗仄平平仄仄平。
⊗仄⊕平平仄仄,⊕平⊗仄仄平平。
⊕平⊗仄平平仄,⊗仄平平仄仄平。

2. 平起式

⊕平⊗仄仄平平,⊗仄平平仄仄平。
⊗仄⊕平平仄仄,⊕平⊗仄仄平平。
⊕平⊗仄平平仄,⊗仄平平仄仄平。
⊗仄⊕平平仄仄,⊕平⊗仄仄平平。

古诗词通过平仄、节奏和押韵使诗词抑扬顿挫、悠扬婉转,给人带来音乐旋律的美感。

　　古典诗歌的鉴赏都比较注重诗歌手法的分析和情感主旨的理解,朗读有时更多只是一种形式,朗读对诗歌鉴赏的意义渐渐被淡化。实际上,对于诗歌这种富有音韵美的文学体式,需要加强阅读,无论是课堂上的集体、分组朗读,还是学生自我的吟诵,都是非常好的切近诗歌文字、感知诗歌情感的方法。在朗读诗歌时,我们可以采用一些辅助的读诗方法。

　　单个的汉字是一个音节,每个音节包括声、韵和调三个要素,音节的停顿构成节奏。比如,下面有首《闻官军收河南河北》。首先,可以通过节奏、平仄的标注进行朗读,有助于我们读出诗歌的情感。朗读时,借助标注适当强化节奏,反复吟诵,读出诗的韵味。

### 闻官军收河南河北

剑外忽传/收蓟北,
(仄仄平平　平仄仄)
初闻涕泪/满衣裳。
(平平仄仄　仄平平)
却看妻子/愁/何在,
(仄平平仄　平　平仄)
漫卷诗书/喜/欲狂。
(仄仄平平　仄　仄平)
白日放歌/须/纵酒,
(仄仄仄平　平　仄仄)
青春作伴/好/还乡。
(平平仄仄　仄　平平)
即从巴峡/穿/巫峡,
(仄平平仄　平　平仄)
便下襄阳/向/洛阳。
(仄仄平平　仄　仄平)

　　其次,朗读时要注意语调的变化。语调主要有升调、降调、曲调和平调四种。一般来说,表现颂扬、热烈、赞叹或者悲壮的句子,我们要用升调朗读;表现伤感、痛苦、抑郁的句子,采用降调朗读;对于表现犹豫、质疑的句子,采用曲调朗读;表现庄重、肃穆、平和等的句子,则用平调朗读。

最后,朗读时,可以借助一些音乐伴奏辅助阅读,音乐的旋律更能将诗歌的韵律美表现出来。音乐配乐的搭配需要弄清音乐表达的主题和意境,选择情感色彩匹配的曲子配合诗歌;古典乐曲的乐章之间音乐风格有差异,需要根据诗境选择适合的章节。

掌握诗歌的声情特点,读出诗歌的节奏,依据平上去入四声采用不同的语气和语速进行朗读,充分地沉浸到诗歌的文字和音韵中,体会诗歌的情韵和思想,这是一种美的体验。

## 第三节 意境美

中国古典诗歌是中国文学史、文化史的瑰宝,在千年的历史长河中熠熠生辉。诗歌以诗意的文字和音韵作为这种文学体式独特的艺术载体,表达诗人的悲喜情愁,书写时代的更迭起伏,感怀生命的繁茂衰微。在诗歌的意境里,我们感知空灵、辽阔、幽怨、苦楚、激越、张扬……情感与景象交融在一起,错彩镂金,意蕴隽永。

意境是美学研究领域的一个重要命题,也是我国古典文论中具有独创性的概念之一。意境是指主观感受的"意"与客观外在的"境"相结合而成的艺术境界,主观的"意"即作者的情感,客观的"境"指诗中表现的生活图景,综合而言,意境就是融合了诗人主观情感的物境。明末清初思想家王夫之在《姜斋诗话》中言:"情景虽有在心在物之分,而景生情,情生景,哀乐之触,荣悴之迎,互藏其宅。"王夫之说这句话前面还运用了一个比喻,他认为景和情的关系,就像被摩擦过的琥珀与芥子一样,它们互相藏在各自的对立物中,即情感藏在景物中,景物融会在情感中。王夫之在《夕堂永日绪论》还提到:"情景名为二,而实不可离。神于诗者,妙合无垠。巧者则有情中景、景中情。"这句话再次强调了景和情不可分离的关系。只有最高妙的诗歌,才能达到情景"妙合无垠"的意境。虚中有实,实中有虚,可以产生情景相生、情景交融的艺术效果。情之理、境之意交织,意、韵、趣等多维因素互融互通,余味悠长。

关于意境的分类,中国的古典文论中主要有两种分类一直以来被评论家反复提及,也是符合大众审美观念的。

其一是清代刘熙载从风格上的划分。

"花鸟缠绵,云雷奋发,弦泉幽咽,雪月空明,诗不出此四境。"①

"花鸟缠绵"与"云雷奋发"表现出来的情韵是明朗、热烈、崇高而激昂的,是一种正向的心理需求,表达愉悦、爱和希望,让人向往鲜艳、明媚、乐观和美好。"弦泉幽咽"不禁让我们想到白居易《琵琶行》中的"幽咽泉流冰下难"所表达的意境,那种艰涩低沉、呜咽断续的琴音述说着飘零孤苦、郁郁不得志的悲戚身世,如草芥,似浮萍。"雪月空明"描绘的是一幅水墨山水画,大雪弥漫四野,一轮明月悬照,苍穹静寂,澄明肃穆。四种不同的表述是抒情文学意境之美的不同形式,引发读者别样的情感共鸣。

其二是王国维从主体情感表达与客体文本的关系角度划分。

"有有我之境,有无我之境……有我之境,以我观物,故物皆著我之色彩,无我之境,以物观物,故不知何者为我,何者为物。"②

"有我之境",即诗人的情感表达较为直白,诗歌的文字就是诗人的抒情载体,明朗地寄寓着诗人的情思。无论是豪放还是婉约的风格,诗人和作品之间似乎有镜像反射,能让读者强烈地感受到诗人的存在,读者通过鉴赏品读后获得与诗人的共鸣。所谓"无我之境"的心理反应相对更为丰富。情感的寄托不是显性直观的,而是含蓄蕴藉地存在于作品之中。这种不露痕迹的表达使得主体意象淡化,如元好问"寒波澹澹起,白鸟悠悠下"描述的那种悠远、淡然的自然之境中,寄托着思归游子的忧郁,并将之幻化为自然景观的从容、疏淡、深远,写尽离愁。

依据王国维《人间词话》的观点,意境有大小之分。王国维认为:"境界有大小,不以是而分优劣,'细雨鱼儿出,微风燕子斜',何遽不若'落日照大旗,马鸣风萧萧'?"③王国维在这里呈现了诗歌中的不同境界,一种是宏大、雄浑与苍茫,一种是绮丽、明媚与欢欣,境界的呈现方式源自诗人抒发的情感,而无优劣之分。

品鉴诗歌时,古诗词的意境之美是耐人寻味的。我们感受诗歌意境的心理过程有迹可循。首先,面对诗歌的文字时,我们的头脑中常常会浮现诗里的画面。通

---

① (清)刘熙载著;许嘉璐主编.艺概[M].南京:江苏人民出版社,2019:357.
② (清)王国维著;周锡山编校.人间词话汇编汇校汇评[M].上海:上海三联书店,2013:10.
③ (清)王国维著;周锡山编校.人间词话汇编汇校汇评[M].上海:上海三联书店,2013:54.

过初步的朗读,结合诗中描述的景物或者事物,在头脑中勾勒诗歌的画面轮廓。这些图景可能是连续的画面,也可能是跳跃变换的画面,还有些画面具有对比反差。此时的读者和画面之间处于相对独立的关系。接着,当完整地读完诗句,并从整体去反观这首诗歌,当作为接受者的我们沉浸到诗歌意象组合所形成的意境中时,诗中的画面、意境和作者的情感会交融于我们对诗歌的理解中,读者就成为景与情之间的桥梁。以陆游的《临安春雨初霁》为例,"小楼一夜听春雨,深巷明朝卖杏花",小楼、深巷的意象特征是静谧幽邃,表现出诗人客居临安的寂寞。而春雨和杏花的意象体现了春天生机勃勃的景象,表现了万紫千红的景象即将到来。各种意象交融互通,实景和虚景结合,眼前景和想象景结合,情感和景物结合,多种要素构成了这首诗歌的意境,表达了对春天到来的喜悦,也表现了年过花甲、客居临安的陆游对流光易逝的感叹。陆游,这位爱国诗人满怀慷慨昂扬的报国热情和壮志难酬的悲愤,面对国家和个人的悲与愁,描绘出了宋代诗坛上让人感叹不已的景致。

无论是从意境审美风格进行划分,还是立足于诗人、文本和读者之间的关系,意境之美都是诗歌这种文学体裁最为显著的特征之一,让诗歌彰显出蓬勃的艺术魅力。

## 第四节　情志美

诗歌是抒情性文本的代表,是情感的艺术。关于情和文的关系,刘勰的《文心雕龙》中有大量的论述,有三十多篇文学创作论对此多有涉及,足见刘勰对于情感在创作中重要性的认同。刘勰认为作者的创作源自对外界自然的感知。"春秋代序,阴阳惨舒,物色之动,心亦摇焉。"[①]他认为外物的感召是创作灵感的来源。其实,换一个角度看,这也是艺术的本质问题,艺术是借助一定的生活素材,寄寓作者的观念和情感的表现形式。同时,刘勰还提出,情感不仅仅是创作的原动力,也是贯穿于整个创作过程之中的。钟嵘在《诗品序》中也有类似的观点:"气之动物,物之感人,故摇荡性情,形诸舞咏。"[②]所以,无论是创作,还是鉴赏,把握情在文本中的主体地位,是我们品鉴诗歌的突破口。

---

① (南朝梁)刘勰著;陆侃如,牟世金译注.文心雕龙译注[M].济南:齐鲁书社,1995:548.
② (南朝梁)钟嵘著;周振甫译注.诗品译注[M].北京:中华书局,2017:15.

在语文学习中,"评价古代诗歌思想内容和作者观点"是诗歌课程标准中的基本要求之一,在日常的阅读中,可以通过诗歌的种类梳理出一些常见类型诗歌所表达的情感。

第一类是山水田园诗。山水田园诗的主要描写对象是自然山水、花草虫鱼等,是以歌咏山水和田园生活为主旨的诗歌,诗歌中的人物角色主要是农人、樵夫、渔夫等。这类诗歌表达的情感有几种。一种是对大自然的热爱之情。诗中描写清幽恬静的山林之境或者绚丽雄奇的风光。比如刘禹锡的《望洞庭》中对湖光秋月的描绘,使用了"镜""银盘"作为形象比喻,将洞庭湖水宁静、祥和的朦胧美呈现在读者面前。还有谢灵运在《登池上楼》《登永嘉绿嶂山》《七里濑》等诗歌中描绘永嘉、会稽、彭蠡湖等地的自然景色。王维的《鸟鸣涧》《山居秋暝》《竹里馆》等写意传神的山水诗,都主要表达对自然景观的赞美之情。第二种是表达对官场的厌倦,抒发自己不随波逐流的高洁品格。比如陶渊明《归园田居》中"羁鸟恋旧林,池鱼思故渊"等名句,表现了对自由的渴望,想要逃离樊笼和尘网,决绝地返归自然。第三种是直接表达对归隐生活、闲适恬淡的自然生活的喜爱之情,如陶渊明的《饮酒》(其五)。有时,诗歌中也会表达归隐生活中的惆怅,如王绩的《野望》中的"相顾无相识,长歌怀采薇"。所以,任何一种类型的诗歌中所表达的情感都不是单一的,需要我们通过文字去领悟和捕捉。

第二类是咏物言志诗。咏物诗中歌咏的"物"经常是诗人的自况,诗人的自我形象和诗歌中的"物"是融合在一起的,诗人通过物寄托自己的思想感情、人生态度,表现生活哲理或者雅趣。咏物诗代表作有王冕《墨梅》、于谦《石灰吟》、郑燮《竹石》、李贺《马诗》等,寄寓诗人的高洁情操、愁情幽愤,表达诗人的心志。

第三类是边塞征战诗。这类诗歌中常常有对雄奇壮丽的边塞风光的描绘,通过对边塞风光和艰苦戍边生活、战争生活的刻画,或表达对山河的赞美,或表达将士与亲人的离情别绪和思乡之情,或表达对建功立业的渴望和为国捐躯的豪情壮志,也批判统治者穷兵黩武和政治混乱,表达报国无门的苦痛和壮志难酬的哀伤。

第四类是思妇闺怨诗。思念、牵挂、哀怨是思妇闺怨诗的主旋律。闺中女子对如花易逝的青春年华的伤感,寂寞、怨恨之情,渴望与征战的丈夫团圆是这类诗歌中比较常见的主题。魏文帝曹丕《燕歌行二首》缠绵悱恻,凄婉动人,从女子的角度彰显柔肠婉转、掩映多姿的"女性美"风格。也有借思妇寄寓诗人自己人生感慨的作品。比如李商隐的《嫦娥》,诗人借嫦娥的命运表现自己的仕途遭际,抒发了长期漂泊无依的哀苦和怀才不遇的愤懑。

  第五类是咏史怀古诗。谈及咏史怀古,"东风不与周郎便,铜雀春深锁二乔""何处望神州?满眼风光北固楼""凤凰台上凤凰游,凤去台空江自流"等句子会浮现在我们脑海中。咏史怀古诗对历史人物的功过、历史事件的成败多有感慨,或是直接抒情,或是巧妙地借古讽今,具有深沉的历史感和忧患意识。

  第六类是赠友送别诗。送别诗常常表达对离人的依依惜别之情和对朋友的真挚情谊,在这类诗歌中,送别场景是人物的背景,常常也具有一定的象征意义。比如李白的《送友人》中描写了横卧在北郭的青山,环绕东城的白水,再用浮云比喻游子,落日比喻诗人,突出了诗人对友人的深切关怀和不舍。在这类诗歌中,在离别之意中渗透诗人身世际遇的人生感慨也是一种常见的主题。

  第七类是羁旅行役诗。这类诗歌围绕着羁旅之苦,抒发客居他乡的游子漂泊、凄苦的心境和绵绵乡愁,而这些游子客居他乡、怀才不遇、报国无门的孤独寂寞又是羁旅诗歌中最触动读者的情感。

  上面的诗歌种类也可以进行合并,主要分成两个大类,一类是写家国情怀,一类是写个人情感。

  抒写家国天下的抱负和情感是诗歌中很重要的一个命题。中华民族经历几千年的繁衍生息、风起云涌的朝代更迭,无数有志之士肩负民族大义,身体力行,在历史舞台上留下了浓墨重彩的一笔,也用他们的文字记载下民族的兴亡史,成为时代的精神脊梁。"会挽雕弓如满月,西北望,射天狼"那种昂扬而积极的建功立业之豪情动人心魄,"黄沙百战穿金甲,不破楼兰终不还"那划破长空的呐喊成为时代的最强音,是整个民族永不屈服的姿态。家国情怀中,感时伤怀、忧国忧民与壮志难酬常常又是并行出现的。比如"生平未报国,留作忠魂补""国亡身殒今何有,只留离骚在世间""一身报国有万死,双鬓向人无再青""生当作人杰,死亦为鬼雄"……诗人将自己的满腔报国热情、人生理想寄寓在诗词中,或雄壮铿锵,或深沉悲壮,都是相对宏大的情感表达。

  在表达个人情感的诗歌中,亲情、友谊、爱恋是最常见的主题。这是人们在社会角色中,归属于个体性的内心需要。曹植的《赠白马王彪》表达了皇权争斗下亲情幻灭的悲痛;杜甫的《月夜》中,我们看到被禁于长安的诗人对家乡和亲人的思念之情,每每吟咏,只觉泪痕犹在。羁旅思归是古诗词中让人感怀至深的主题,主要有羁旅之苦、行役之难和宦游之艰。"夕阳西下,断肠人在天涯"表达了游子在秋风中踟蹰前行、孤独愁苦的思乡之情。"昔我往矣,杨柳依依。今我来思,雨雪霏霏。行道迟迟,载渴载饥"运用对比手法,将战士征战归来物是人非的疲惫和落寞表达得淋漓尽致,突出了对战争的厌恶和对和平的渴望。"我寄愁心与明月,随风直到夜郎西",将自己对友人的怀念和同情寄托在明月上。"孤帆远影碧空尽,唯见长江天际流"描绘了友人的孤帆渐渐远行,消失在碧空尽头,只能见到长江一线,向渺远的天际奔流的情景,诗人对友人的不舍与声声关怀湮没在长江流水之中。婚恋诗源自《诗经》传统,如"爱而不见,搔首踟蹰"表达等待的焦灼,"桃之夭夭,灼灼其华"表现婚姻美满、甜蜜欢喜的情感等。

诗人借助语言文字,将情感寄寓在物象与意象之中,或直抒胸臆,或含蓄蕴藉,融情于景,表达自己的情志。我们在鉴赏诗歌时,要品读语言,知人论世,真正去读懂诗人,读懂诗。

## 第五节　文化美

古诗词是依据韵律和语言的组合形成的特殊文学样式,不同的古诗词作品产生于不同的社会历史背景,表现出不同的时代特征和文化属性。借助古诗词感知传统文化之美,是学生培养人文精神的重要路径,对于学生的人生观和价值观都是具有重要影响的。

文化精神是民族在长期的社会生活实践中积淀下来的集体性精神意识,包含大众广为认同的思想品格、价值取向和道德修养,反映了民族的文化心理。古诗词正是文化的典型载体。

诗歌中展现的时代气象是诗歌文化意蕴的显性体现。在古典诗歌漫长的发展进程中,唐代是诗歌发展的黄金时代,唐诗也是唐代气象的缩影。唐代政治稳定,经济繁荣,对外贸易频繁,在前面千年的文化和艺术基础上,南方和北方文化交融发展,进一步形成了百花齐放、开明包容的文化氛围。儒、释、道三种文化兼容发展,其中儒、道经典被列为科举考试内容,佛教也得到提倡,其他各类学说和信仰都得到自由发展,这使得唐代文化体现出海纳百川的阔大气概。唐代的文化精神也在诗歌中展现出来。唐开国后,"初唐四杰"王勃、杨炯、卢照邻和骆宾王,一改前朝题材狭窄、萎靡浮艳的宫廷诗风,让诗歌的题材走出风花雪月、男欢女爱的狭窄空

间,展现了山川江河、大漠边塞的广阔空间,显现出雄奇的气度和生命力,开启了盛唐气象的序幕。接着,陈子昂、张若虚的诗歌在唐诗手法上的纯熟、圆润,在诗歌中抒发的自信和抱负,那种壮阔的胸襟气度再一次强化了初唐时期的时代精神。以王维、孟浩然为代表的山水田园诗人的出现,表现了唐代国泰民安的背景之下,人与自然的和谐共存,他们通过描绘秀美的山川风物,将盛唐镶嵌在诗情画意和蓬勃生机之中。此外,边塞诗歌将祖国山河的壮美和保家卫国的豪情壮志抒写得淋漓尽致,即使是戍边生活的清苦也充满了唐代独有的壮美。最能体现盛唐气象的自然是浪漫主义诗歌和现实主义诗歌的两座高峰:李白和杜甫。李白的豪迈奔放、神采飞扬、自由不羁显现出唐诗那种字夹风霜、气干云霄的气魄;杜甫深受儒家思想濡染,有"致君尧舜上,再使风俗淳"的抱负,将自身的坎坷遭遇、安史之乱中百姓的痛苦以及对国家前途命运的担忧,写成了唐诗中的"诗史",在他的诗里,杜甫刻下了那个时代的烙印。中晚唐时期,唐诗进入多元化发展时期,各种流派和主张涌现,那些从满目疮痍的安史之乱走出来的诗人们,在藩镇割据、党派之争的漩涡里行吟,依旧用丰富绚丽、玲珑逸动的意象展现那个独特的历史时代。唐代兼容并包的精神是唐诗最美的注脚,唐人的自信与豁达、忧患与沉思,都写在诗歌之中。

诗歌中展现的民族信仰是诗歌的文化根脉。在古诗词中,强烈的爱国情感、责任担当意识和"先天下之忧而忧"的价值观是一种显性的存在。从春秋战国时期孔子为其礼乐学说奔走,表现出"知其不可为而为之"的韧劲,一直到"五四"硝烟弥漫下的思想大解放,无数仁人志士以生命维护着民族的大义,在历史的舞台上传承着中华的精神血脉。"位卑未敢忘忧国""捐躯赴国难,视死忽如归""愿得此身长报国,何须生入玉门关""臣心一片磁针石,不指南方不肯休",气魄宏大,感情深郁,饱满的爱国情怀溢于言表。

从诗人自身的角度,我们还看到个体层面的文化之美。

赤子之心以满腔热情拥抱世界,但生活的激流中,现实与理想的矛盾冲撞,席卷着诗人的炽烈爱国情与壮志难酬的悲哀。于是,诗词中,也有超越人生的苦难,独立不屈,自由洒脱,顺势而为的态度,在失意彷徨中保留个体的尊严,在老庄哲学及佛禅玄理中寻求心灵的寄托,又是另一种美。"回首向来萧瑟处,归去,也无风雨也无晴"写出了面对苦难的坦然和洒脱。"我欲乘风归去,又恐琼楼玉宇,高处不胜寒"表现了苏轼出世与入世的矛盾,在杂糅的情思中,积极入世、刚正不阿、恪守人生信念的士大夫形象与超越世俗、全性求真的人格理想融为一体,令人感叹不已。

"沧海月明珠有泪,蓝田日暖玉生烟"将人生抱负和理想的"空"与对立的客观世界放在一起,表现出寂寥、惆然与幻灭。当然,面对苦难,激流勇进,不断开拓的积极人生观在古诗词中更是比比皆是。李白苦吟"行路难,行路难",却运用吕尚、伊尹、宗悫的典故表现自己高尚的理想追求,以及"直挂云帆济沧海"的志向。清代于谦在《石灰吟》中写出了自己即使粉身碎骨,也要保持着高尚节操的君子形象。咏物言志诗是这类主题的典型代表。这类古诗词中展现的士大夫情怀是诗歌文化意蕴中动人心弦的音符。

除了个体人生与理想、社会的关系,表现生命个体与自然山水的关系是古诗词中又一重要的主题。西方的文化观念中,人与自然更多的是一种对立、抗争的关系,而在中国的文化意识中,讲求"天人合一"。汉乐府民歌《江南》在描述江南风光的同时,表现出人们在自然中所建立的那种美好、和谐而生动的相处关系。"山重水复疑无路,柳暗花明又一村"写出了山村生活、风光的意趣与哲理,这其实是陆游恬淡心境的外在表现。石湖居士范成大所描绘的乡间生活清丽美好,将宋代士大夫的儒家思想与道家思想合二为一,寄情山水田园的文化性格呈现在读者眼前,这也是道家及佛禅文化的诗化意境。

古诗词是开启中国千年文化精神的密码,我们在诵读和品鉴时,从文化这个切入口感知诗词之美,岂不乐哉?

# 第二章　中国古典诗歌鉴赏基本知识

古典诗歌鉴赏,无论是作为语文学科任务的一个分支,还是作为一种文化审美心理需求,都是古诗词流传的重要形式。古典诗歌以内涵丰富的意象、凝练的语言和深邃的意境成为我国古典艺术的瑰宝。五彩斑斓的古典诗歌是我们探求作者情感、洞悉时代脉象、体察风俗世情的载体。找准诗歌中的关键元素进行鉴赏有助于我们准确地理解诗歌。本章将从物象与意象、语言与技法、情感与主旨三大方面阐述诗歌鉴赏的基本常识。

## 第一节　物象与意象

古典诗歌蕴含着诗人对江河湖海、山川草木、日月风云和天地宇宙的观感,包罗万象,在有限的物象中蕴含着无限的意蕴,此所谓"言有尽而意无穷"。物象和意象是古典诗歌的两个基本概念。

物象,就是指诗歌中出现的事物的具体形象,是实在的物体,包括物体的颜色、形状、质地等。比如诗歌中的绿草、雾霭、柳树、飞雪、山泉、菡萏等,这些都是客观存在的,能被读者所感知的"具象",也是诗人提及或者描绘的素材和对象。意象,顾名思义,在物象的基础上附着了主观的"意"。"意"指心意,即带有诗人主观感情色彩的物象,诗人将自己的情思寄寓在客观的物象上,借此表达心中的图景,意象是具体化的感觉所呈现出来的一个综合概念。物象是一种感性思维,意象是感性思维基础上的主观理解和情感体验。此外,还有一个概念需要和上述两个概念进行对比理解,那就是意境。

在王昌龄的《诗格》中有对"意境"的阐述:

诗有三境。一曰物境:欲为山水诗,则张泉石云峰之境,极丽绝秀者,神之于心,处身于境,视境于心,莹然掌中,然后用思,了然境象,故得形似。二曰情境:娱乐愁怨,皆张于意而处于身,然后驰思,深得其情。三曰意境:亦张之于意而思之于心,则得其真矣。①

这段文字阐述了意境的概念要点在于"思之于心",强调了创作者的主观感受对意境营造的重要作用。物境是形,情境重思,意境则是形与思、情与义的结合。物象、意象和意境三者关系密切,在诗歌中,具有不同的意义。逐层来看,"象"是最基本的单位,"象"首先是具体的物象,通常指一个单独的事物形象。② 意象由物象组成,物象是意象存在的前提。诗歌创作过程中,诗人面对物象,在构思立意中,结合自己的审美经验和审美趣味,会不自觉地将自己的主观情感寄托在有形的物象之中,让物象的内涵变得丰富和深沉。同时,在诗歌中出现的物象,本身也不可能以独立单纯的物象意义而存在,它需要进入诗人的情感世界,渗透诗人的情思和情趣,成为具有丰富意味的意象,代表诗人的写作意图。所以,在第二层,意象是融入了诗人主观情感的客观物象。③ 第三,意境是意象构成的总和,它是诗人在诗歌中借助意象所构筑的深层次镜像,是生活形象、客观环境与主体情感所形成的形与神、内与外交融的情景画面。物象、意象和意境是诗歌鉴赏中需要厘清的基本概念和重要元素,意象和意境是通过诗人的想象、联想等主观再创造而生成的,也是我们理解诗人思想情感和作品主旨的路径。

从这个角度而言,物象、意象和意境形成线性的逻辑关系,物象是意象和意境的基础,物象的组合排列,诗人主观情感因素的介入,意象的生成、整合,构成意境的艺术空间。在这三层关系中,物象是第一个核心支点。在诗歌鉴赏中,深入把握物象的特征和内涵,是我们的首要任务。

在古诗词漫长的发展过程中,在共同的文化载体之下,由于约定俗成,以及接受者共同审美观念的作用,古诗词的意象形成相对稳定的表达,具有丰富的意义。意象的分类方法有很多种。比如常见的分类有树木、花草、动物、气象、器物、颜色等;或者按照诗人的抒情主题分类,可以分为送别、思乡、抒怀、战争、爱情等;也可以将自然和人事区别开来,直接分为自然景观类意象和人物行为类意象,任何一种分类都有适用性和合理性。为了便于同学们学习和理解,本书依据古诗词的题材类别来梳理意象。第一种是山水田园诗的意象。常见意象有高山、流水、明月、清

---

① 朱立元.美学大辞典[M].上海:上海辞书出版社,2014:350.
② 童庆炳.文学概论[M].武汉:武汉大学出版社,1996:291.
③ 袁行霈.中国诗歌艺术研究[M].北京:北京大学出版社,1987:62-63.

风等,这类山水田园诗的意象主要表达对山水风光的热爱与赞美,抒发恬淡、闲适的隐逸情怀。第二种是咏物诗中的意象。主要意象有松柏、梅、兰、竹、菊、蜂、蝉等,主要采用托物言志的手法,寄托诗人思慕高洁、坚贞不屈、顽强乐观、宁静澹泊的个性品质等。第三种是出现在边塞征战诗歌中的意象。主要意象有战争的器具,如铁衣、烽火、旌旗等;或者军旅中的乐器,如羌笛、琵琶、芦管、箫笛等,表现战事的激烈和家国天下的情怀,也表现在军旅中的思乡之情和孤独凄苦;或者还有塞外风光意象,如大漠、雪山、黄沙、秋月、飞雁、孤城等,表现边塞的雄壮与奇美,边塞战士生活的艰苦。第四种是思妇闺怨诗中的意象。有早春暮春、初秋深秋、月圆月缺等时间意象,翠楼、长门、空庭等空间意象,还有大量的屋外风景和屋内器物,表达诗人的孤独与思念,对青春华年流逝的伤感和独守空房的凄凉。一些闺怨诗具有隐喻的意义,借女子秋扇见捐表现士人怀才不遇,这种忠良之士的苦吟源自屈原《离骚》中一些意象的象征意义。第五种是咏史怀古类诗的常见意象。有明月、吴钩、楼兰等,经常是古代重大事件的发生地、名人故居、历史朝代等,抒发诗人对历史故事的感慨或者借历史感慨国运衰微,抒发对历史的冷静思考;追慕先贤哲人,希望自己能有所作为,或者感慨自己壮志难酬,表达功业无成的落寞之情;批判时政,警戒当权者不可穷兵黩武,要注意精兵简政,关注民生。第六种是赠友送别诗的意象。有长亭、杨柳、孤舟、斜阳、子规、兰舟等,主要表达了分别的伤感,对友人的不舍,与友人共勉的情意。此外,羁旅行役、即景抒怀、雅趣哲理、悼亡游仙几类诗歌都具有典型的意象,我们将会在后面的鉴赏中具体陈述。

　　古诗词的意象具有丰富性和多样性,不同的诗歌时代背景和诗人独特心境下,相似的意象表达的含义又有差异,所以意象具有模糊性特征。意象的真正意蕴,除了是诗人主观情绪和意图的内化,也有赖于读者的知识背景与阅读心理,这就避免了意象含义的唯一性,读者、诗人和文本可以共同创造意蕴丰富的意象。

　　在古诗鉴赏中,我们可以通过哪些方法较为准确地把握诗歌的意象与意境,理解诗人的情感和作品主题呢?笔者认为主要可以采用诵读鉴赏、情景融入和合作探究三种方式。

　　首先是诵读鉴赏。诗歌是一种语言凝练、意境深邃的文学体裁,语言的艺术美是诗歌的重要价值。在阅读鉴赏时,学生反复朗读,感知古诗词的韵律是我们理解古诗词的第一步。王荣生老师在《文言文教学教什么》提到,诵读是心、眼、口、耳并用的学习方法,可以让读者在感知言语声音形态的同时,实现对文本的理解。曾国藩在写给次子曾纪泽的家书中说道:"李、杜、韩、苏之诗,韩、欧、曾、王之文,非高声朗读则不能得其雄伟之概,非密咏恬吟则不能探其深远之趣。二者并进,使古人之声调拂拂然若与我之喉舌相习,则下笔时必有句调凑赴腕下,自觉琅琅可诵矣。"对于近体诗,同学们在朗读时,可以标注诗歌的格律,感受不同画面下韵律的流转,或舒缓,或陡促,或绵长,或滞碍,跌宕有致,音情交融,诗人的情感在随之变化,诗歌的意象也在诵读中变得清晰,从而让我们可以更好地把握诗歌的主题。

其次,情景融入法。情景融入法是指在欣赏诗歌时,根据诗歌中描绘的情形,在头脑中形成画面,鉴赏者通过文字构筑画面,让自己的主观意识进入诗歌的画面之中,借助自己的多重感官去揣摩、理解和感知。比如鉴赏唐代诗人李华的《春行即兴》,在我们头脑中就形成了一幅画面"宜阳城下草萋萋":宜阳城下,原本荒芜的土地,野草在茂盛地生长,碧草连天,一片生机。我们将自己置身于城头,倚着栏杆,极目远望。只见农民曾经耕耘的万顷良田如今再也没有人灌溉了,任其流失。山花烂漫,花开花落,但在安史之乱之后,无人前来观赏,我们进入画面,只听得见鸟语啁啾,山中空寂。绿草、芳树、山泉和鸟鸣营造了荒凉的自然之境,衬托了诗人凄凉的心境。

最后,合作探究也是我们理解诗歌意象的一种手段。因为诗歌意象的丰富性和模糊性,我们可以进行小组合作,个体与群体共同赏析交流,每一个个体自由表达对意象的解读并说明原因,既参考其原始意义,又尊重鉴赏主体的个人体验。在交流与合作中,进一步丰富意象的含义,在对话中整体提升鉴赏的能力,实现共同学习。此外,诗歌中的合作学习一定要注意人员的任务分配,确保组内的每一位成员都能积极地参与,并且有明确的目标任务。

古典诗歌的意象展现了诗歌的艺术魅力,读者在鉴赏中感知创作者的精神世界,感受象外之象,韵外之致。

## 第二节 语言与技法

古诗词的鉴赏中最基本的单位是语言,形式与内容是语言的经纬。在语音方面,诗歌具有音乐性和韵律美,可以通过诵读品味诗歌的语言和节奏,体会诗歌在语音层面的韵味。在语义层面,把握词语的词性、本义和延伸义等,分析语言色彩,感知作者的情感。

词语的词性分为实词和虚词,实词包括名词、动词、形容词、数词、量词和代词。在古诗词中,名词的内涵和意象相关,前一节已经作过陈述,在此不再赘述。另外,名词的搭配运用方式是值得关注的。比如温庭筠《商山早行》中的"鸡声茅店月,人迹板桥霜"一句构成六个意象,描绘了清晨残月映衬着茅屋,雄鸡打鸣,在晓月的余晖中,板桥弥漫着霜露,早行的客人留下行迹。这里仅仅运用名词就将画面完整地描绘出来了。

数词和量词在诗歌中的妙用也是很有趣味的。宋代邵雍的《山村咏怀》中"一去二三里,烟村四五家,亭台六七座,八九十枝花"表现了山村景物的特征,这里包含距离、人户、亭台以及花朵的数量,看似只是实物的数字罗列,却简练地描绘出一幅淡雅的山村图景。李白的《山中与幽人对酌》中"两人对酌山花开,一杯一杯复一杯"表现了两人对酌,山花烂漫,两人都沉醉得不知归路,一杯一杯地把酒言欢,这里连用的三个"一"将诗人与幽人酣畅对饮的情形表现得淋漓尽致。

动词是表现人或者实物的动作、存在和变化情况的词语。动词在意境的营设、诗人情感的抒发和思想的表达上具有重要的意义,动词的生动和传神让诗境和诗情跃然纸上。比如张先的"云破月来花弄影"中的"弄"字,将微风和花影在云隙月光的照耀下,那种静中有动的美感表现了出来。由此可见,动词在诗歌中是特别的存在。

形容词可对实词修饰和点染,增加了诗歌的意蕴。诗歌中的形容词能画龙点睛地刻画事物的特征,王维的"草枯鹰眼疾,雪尽马蹄轻"(《观猎》)中"疾"与"轻"两字,把鹰的视角和动作的敏捷描绘得形象生动,也让马儿行走的轻捷跃然纸上。王安石《泊船瓜洲》中"春风又绿江南岸"的"绿"字,呈现出江南岸的美景与生机。

此外,在诗歌中,虚词也是很重要的鉴赏点。虚词对诗词起到修饰作用,是连接句子的重要元素,让诗歌的气韵更加流畅和贯通,使表达更加鲜活逸动。我们在鉴赏时也可以侧重分析和品读体味虚词的妙处。

在实词与虚词的搭配组合中,诗歌形成一定的语言风格。诗歌风格的分类标准是多样的,我们这里主要根据诗歌语言特征来进行分类。

第一类是豪迈雄奇。这一类诗大开大合,气势跌宕起伏,选材博大新奇,营造出恢宏磅礴的意境,多表现一种积极的思想感情和人生态度。比如汉高祖刘邦的《大风歌》"威加海内兮归故乡"一句写出了自己衣锦还乡的盛况,表现了踌躇满志的霸气,也表现了他想要一统中国的豪情。类似的诗歌比如《观沧海》,也是气吞山河,抒发曹操鸿鹄之志的名篇。建安十二年(207年),曹操亲率大军北上,追歼袁绍残部,五月誓师北伐,七月出卢龙寨,八月北征乌桓得胜回师,经过碣石山,他策马扬鞭,登山观海,面对萧瑟秋风和洪波涌起的大海,触景生情,写下了这首荡气回肠的诗篇。其中"日月之行""星汉灿烂"运用了虚实结合的手法,将曹操的博大胸襟和人生抱负抒发得淋漓尽致,令人赞叹。此外李白的《将进酒》开篇的夸张手法以及全诗的浪漫,使李白豪纵千古的气势跃然纸上;杜甫的《望岳》、苏轼的《念奴娇·赤壁怀古》等,都表达了恢宏磅礴的意境,读来有一种惊涛拍岸的壮阔。

第二类是沉郁顿挫。这是和第一类相对的一种诗歌风格。这类诗歌的代表人物杜甫,他的诗歌被称为"诗史",记载了安史之乱中人民悲苦命运。"沉郁顿挫"这个代表诗歌风格的词语最早也是出现在杜甫的《进雕赋表》里。杜甫在这篇类似求职信的文章里,概述了自己的身世,也说到自己文章风格"沈(沉)郁顿挫"。杜甫的名篇之一《登高》,是他于大历二年(767年)秋天在夔州所作的一首七律,被誉为"七律之冠",也是杜甫晚年悲苦生活的真实写照。另一位诗人辛弃疾也是这类诗风的代表。陈廷焯的《白雨斋词话》中这样评价辛弃疾的《摸鱼儿》:"稼轩'更能消几番风雨'一章,词意殊怨,然姿态飞动,极沉郁顿挫之致。"

第三类是慷慨悲壮。这一类诗歌风格和"沉郁顿挫"相似,都表现出强烈的"悲",但前者是深沉蕴藉,后者出语高昂,慷慨而悲。这些诗歌或表达诗人感时伤乱,或表达忧国忧民、怀才不遇的悲苦。比如陈子昂的《登幽州台歌》,苍劲奔放,呼唤古代那些能够礼贤下士的贤明君主,表达自己在茫茫宇宙间的孤单寂寞,风骨峥嵘,寓意深远。岳飞《满江红》中的"壮志饥餐胡虏肉,笑谈渴饮匈奴血",抒发凌云壮志,气盖山河,剑拔弩张,是一首具有爱国主义精神的绝唱。

第四类,朴素自然与清新明丽。朴素自然的诗风不追求辞藻的华丽,语言平实,情感真切。朴素自然的诗风在山水田园诗中有很多,比如宋代陆游的《游山西村》写出了农家生活的质朴,农人们衣冠简朴,民风淳朴。朴素自然的诗歌经常表现出一种宁静、淡雅的生活意境,也表现出诗人平实而深沉的意蕴。清新明丽主要是用词凝练清丽,意境优美,浑然天成,表现出一种恬静优美的意境和欢悦欣喜的情调。比如张志和的《渔歌子·西塞山前白鹭飞》,表现了对垂钓的优美环境的赞美和诗人向往自由生活的心情。

第五类,含蓄委婉与婉约细腻。这两类诗风的相似点在于表达的深隐,不是直抒胸臆的方式。但顾名思义，二者之间也有区别之处。前者内涵深邃，表意含蓄凝练；后者表达蕴藉，语言细腻、缜密而柔美多情，情意缱绻，让人欲罢不能。含蓄委婉的诗总是让人觉得意味深长，比如清代曹雪芹的《红豆词》："滴不尽相思血泪抛红豆，开不完春柳春花满画楼"，表达了为爱情而苦恼、悲愁的情感，夹杂着说不尽的无奈和忧愁。李煜《相见欢》中的"寂寞梧桐深院锁清秋"则用婉约细腻的语言，表达了清冷凄凉的秋色之中，诗人悠悠愁思缠绕在心头，无可名状的痛苦侵袭着他，有道不尽的惆怅、孤独和寂寞。

第六类，幽默讽刺。早在《诗经》的《雅》中，中国古典诗歌就开启了怨刺传统。在西周末年到平王东迁的时期，在"礼崩乐坏""王道衰微"之际，讽喻怨刺诗诞生了。《诗经》中有很多诗句表现君子的不遇之怨、百姓的徭役之苦、世人的仁德败坏等。

古诗词表达的技法主要包含表达方式、表现手法和修辞手法三大方面。虽然这三个方面有一些内容是交叉和重合的，但这种分类方法兼顾了学生的现代文阅读习惯，笔者认为这样的分类方法便于学生进行梳理和理解。当遇到交叉点时，学生可以对照着学习，从多维的视角去深化对一个概念的理解。

首先是表达方式。表达方式有记叙、描写、抒情、议论和说明。表达方式是作者在表达情感和主旨时所采用的方法和手段。在古诗词中，最突出的表达方式是抒情。抒情，就是诗人情感的抒发，叶嘉莹先生在《迦陵说诗》系列用了"感发"一词，她认为感发的三个层次中，第一层是对客观景物的"美感之感知"，第二层是"感情的感动"，第三层是"感发的联想"，感发是对生命的感发，是生生不已的。和现代诗中的抒情概念一致，抒情分为直接抒情和间接抒情。直接抒情在古诗词中就是直抒胸臆，这个词出自明代胡震亨的《唐音癸签》，指的是诗人直率地表达自己的观点和情感。如汉代《铙歌十八曲》之一的《上邪》，首句"上邪！我欲与君相知，长命无绝衰……"，一反少女初恋时娇羞矜持的情态，而是爽直地向自己心爱的男子表达爱意，真诚炽烈。白居易《钱塘湖春行》的尾联"最爱湖东行不足"中一个"最爱"，将诗人对西湖的热爱表达出来，让读者感同身受。间接抒情主要有借景抒情、寓情于景、托物言志。借景抒情和寓情于景是两个相似的概念，只是侧重点略有不同。前者是诗人借助于景物表达自己的主观情感，对景物的刻画成为抒情的达成手段；后者是诗人的情感寄寓到景物之中，景与情没有明显的主客体之分，而是交融在一起。托物言志是诗人通过对事物的描写和叙述，表达自己的志向和意愿，托物言志是咏物诗中最常用的一种表达方式。

描写在古诗词中主要包含几对相对的概念,如白描与工笔、正面描写与侧面描写、实写和虚写、静景和动景等。这里我们重点来谈一下白描。白描手法源自绘画的术语,原意是指单用线条勾勒而不加色彩,在文学写作中,白描手法是指用简单而朴素的语言描摹对象,不注重辞藻的华丽。比如苏轼《浣溪沙》中的"牛衣古柳卖黄瓜"无事雕琢,只用两个偏正名词短语和一个动宾词组将苏轼初夏时赴徐门石潭谢雨的路上看到的农忙景象表现出来,质朴而生动。工笔指在诗词中,运用较为细腻的描写刻画对象。晏殊的"一霎好风生翠幕,几回疏雨滴圆荷"用"一霎""好"修饰风,"几回""疏"修饰雨,"翠"写出了帘幕的碧绿,"圆"字凸显了春暮夏初荷花的形态,非常细腻与精致。

其次是表现手法,也就是表达的技巧与艺术。这里涉及渲染、衬托、对比、用典、象征和移情等手法。渲染手法是中国画的技法之一,借助颜色和水墨对物象进行烘托,从而突出艺术形象,让艺术形象变得更加立体生动,让意境更加深邃动人。古诗中运用渲染的例子有白居易《琵琶行》中对琵琶声的极力渲染烘托,表现了琵琶女高超的演奏技艺。张若虚《春江花月夜》中大量对江景、江月的刻画,渲染了诗人的离愁。张九龄《望月怀远》中对海上明月和夜景的渲染,表现了对远方亲人的思念之情,细腻真挚,情景交融。衬托手法在古诗中又叫映衬,即用同类或者相反的事物突出主要事物。衬托有正衬和反衬,古诗词的衬托有冷暖相衬、动静相衬、乐哀相衬、大小相衬、正反相衬、明暗相衬、虚实相衬和正侧面相衬。

此外,对比、用典、象征和移情也是相对典型和常见的表现手法。对比手法在诗词中有大量的运用。比如李白的《望天门山》中不动的"青山"与动的"孤帆"的对比。王籍的"蝉噪林逾静,鸟鸣山更幽"突出了山林的幽静。王维的"人闲桂花落,夜静春山空"将宁静的夜色和春山的空寂像绘画一样展现在读者面前。用典是丰富而含蓄地表达内容和思想的一种诗歌创作手法,我们阅读的诗歌中有很多用典的例子。比如李白的《行路难》中运用了姜太公、伊尹的典故表明自己对从政仍有所期待,用宗悫的典故抒发自己的人生理想。用典的作用是让表达的意思更加含蓄生动。辛弃疾是一位非常喜欢用典故的诗人,他的作品中富含大量的典故,比如《永遇乐·京口北固亭怀古》中成功地运用了五个典故,孙权、刘裕、刘义隆、佛狸和廉颇的典故含蓄生动地表达了诗人的思想感情。象征手法把抽象事理表现为具体可感的形象,这个具体的形象就是象征体,象征的表达能让文章立意高远,形象生

动。如苏轼的《水调歌头·明月几时有》中"人有悲欢离合,月有阴晴圆缺,此事古难全"用月亮圆缺的自然规律,象征人生有欢聚与离别,象征手法让诗人对胞弟的情感显得更加含蓄深沉。移情的手法主要指诗人将主观的情感寄寓在客观的事物上,比如杜甫《春望》中"感时花溅泪,恨别鸟惊心"就是诗人将对国家动乱、山河破碎的伤感寄寓在外在的景物之上。

诗歌中常见的修辞手法有比喻、拟人、设问、借代、夸张、用典、双关、对偶等。这些修辞手法的运用,让诗歌的内涵更丰富,诗人的情感更真挚,诗歌的主题更深刻。在后面的中国古典诗歌、中国现当代诗歌和外国诗歌的赏析章节中,会有对这些修辞手法的具体分析。

## 第三节　情感与主旨

中国古典诗歌是中国文学长廊里熠熠生辉的星光,优美深邃的文字是我们解读传统文化和文人精神世界的密码,诗歌里书写着诗人的悲喜、怡悦、激昂或沉寂,记载了时代的繁荣、衰微、喧嚣和静谧,理解诗人的情感,把握诗歌的写作意图,是诗歌鉴赏的旨归。

在前面的章节我们理解了物象、意象和意境这些诗歌的基本概念,也梳理了诗歌的语言和表达技法,这些是我们感知诗人情感的着眼点。同时,在鉴赏中,可以采用具体的分析方法来探求作者的情感。

第一,借助诗眼理解情感。诗眼是诗歌中最能展现作品意旨的词句。苏轼在《次韵吴传正〈枯木歌〉》中写道:"君虽不作丹青手,诗眼亦自工识拔。"在很多诗歌中,都能明显地找出诗眼,借助诗眼,就能把握诗歌的情感主旨。比如柳宗元的《江雪》诗眼为"独"。在诗歌中,诗人营造了千山耸立、鸟兽遁迹、万径无人、孤舟独钓的景象,表现了诗人在"永贞革新"失败遭贬谪后远离尘世、孤独空寂的状况,也凸显了诗人超然物外、伟岸不群的顽强与柔韧。李白的《闻王昌龄左迁龙标遥有此寄》的诗眼是"愁心"。诗人围绕诗眼,刻画萧瑟迟暮之景,表现了李白对王昌龄遭贬谪的感愤、关怀和慰藉。苏轼的《江城子·密州出猎》围绕着"狂"字,上阕描绘了气势宏大的打猎场面,表现自己的英武勇为之"狂",下阕抒发了渴望报效朝廷的壮志豪情,为人生理想之"狂"。

第二,研读标题思考诗歌的情感。诗歌的标题经常包含着丰富的信息,比如时间、地点、人物、事件、诗歌的体裁、诗人的情感等,通过对诗歌标题中关键词的理解,我们能捕捉诗人的情感。比如杜甫的《春夜喜雨》,这首诗歌标题中的"喜"字贯穿整首诗歌,表达了诗人对春雨的喜爱赞美之情。这首诗写于成都浣花溪畔的草堂,时间是上元二年(761年)春天,此时的杜甫生活稳定下来,耕种、养花,看见春雨滋润万物,内心怡悦。比如陆游的《卜算子·咏梅》,借助标题,我们了解这是一首咏物诗。诗人通过对梅花的歌咏,表达自己的高洁品格和爱国情操,再细读诗句,更能体会到诗人借梅花的凄苦自况,抒发自己的抑郁苦闷,身世坎坷。我们还可以结合标题和诗歌末尾附近的句子理解诗人的情感,比如刘禹锡的《酬乐天扬州初逢席上见赠》这首七律,从标题看,这首诗是刘禹锡酬答白居易的一首诗歌,既然是朋友之间的酬赠诗歌,应常常包含着友人之间的关切与共勉,首联"二十三年"的时间词描绘了贬谪时间之长,表现了诗人的抑郁苦闷,但这是这首诗歌要表达的主要情感吗?非也,诗歌的颈联"千帆过""万木春",尾联的"长精神"表现了诗人乐观豁达的人生观,这才是诗歌的情感内核。

第三,诗歌中的典故是理解情感的路径。典故有两层意思,一种是指典制和掌故,典制是掌管使用典章制度,掌故是指历史人物、典章制度等的逸闻轶事,这和典故的第二种意思——古代故事和有来历的词语意思相似。典故在古诗词中的运用会大大拓展诗词的空间,增加诗词的韵味和表现力,而且使用典故可以使诗词在情感和主旨的表达上显得更加蕴藉含蓄,凝练生动,又更有说服力。李白的《登金陵凤凰台》中"吴宫花草埋幽径,晋代衣冠成古丘",运用了典故,这里的意思是三国时期的吴国昔日的繁华已经在幽僻处荒芜,东晋的一代风云人物都已经进入了坟墓,历史上煊赫一时的人物,最终也就如此。诗人同时从凭吊历史的感伤中脱离,将目光投向浩荡的江水,赞美大自然的永恒和生命力。这首诗歌是诗人被流放到夜郎,遇赦返回,南游金陵时所作。借用典故,李白将登临凤凰台的所见所感兴叹纾解,把历史的风云变迁和悠远的传说故事结合,表达对现实人生的感喟和思索,眼前景和诗人自己的感受交织在一起,凝成了忧时伤怀的情感,深远动人。再如孟浩然《与诸子登岘首》中"羊公碑尚在"借用了距彼时四百多年前的历史故事,写晋代名将羊祜名垂千古,而自己却依旧为一介布衣,无所作为,不由得泪满衣襟。

第四,通过诗人的人生经历理解诗人的情感。这就是"知人论世"的手法,在鉴赏诗歌时,结合诗歌的时代背景和诗人的生平经历,从而理解诗人的创作动机和思

想状况,从时代特征和思想渊源来推导诗歌的情感和主旨。比如赏析杜甫的《春望》,我们可结合杜甫的人生经历和诗歌创作背景进行理解。杜甫的人生经历主要有四个时期,第一阶段为二十岁年少悠游时期,当时他在齐赵一带过了四五年"裘马轻狂"的日子,所以这个时期写的《望岳》表现了青年时期的杜甫意欲登上泰山之巅、睥睨天下的豪情壮志。第二阶段为困守长安期,天宝六年(747年),杜甫客居长安十年,因为李林甫编导的闹剧,所有考试的士子全部落选,杜甫也是其中之一。郁郁不得志的杜甫贫困而窘迫。这一时期,杜甫创作了《兵车行》等现实主义名篇,创作风格由早期的豪迈奔放向沉郁顿挫过渡。第三阶段是战乱流离时期,天宝十四年(755年)安史之乱爆发,当时杜甫在鄜州羌村避难,北上投奔肃宗,中途被叛军所俘,押至长安,后因官职卑微未被囚禁,在长安目睹了山河破碎、萧条零落的景象,创作了《春望》,写尽了对国事的忧伤和思念家人的深沉感情。第四个阶段是杜甫在蜀中漂泊的时期,这一时期杜甫创作了《春夜喜雨》《茅屋为秋风所破歌》《登高》等一系列作品。他带着病痛漂泊,最后在潭州到岳阳的一条游船上病逝。杜甫一生的经历中,"忧国忧民"的主线始终贯穿其间,他的作品是唐代命运的史诗,记录下了安史之乱在人民记忆中刻下的累累伤痕。

情感和主旨是诗歌的生命,阅读鉴赏诗歌时,同学们要借助文中的基本元素和赏析技法进行探究,理解诗人,理解情感,理解文本。

# 第三章　开启中国古典诗歌之旅

据笔者统计，部编初中教材（"五四"学制）选入古典诗歌共106篇，其中讲读课文50篇（六、九年级各13篇，八年级14篇，七年级10篇），自读作品56篇，足可见部编教材对古典诗歌的重视，以及对展现中华优秀传统文化魅力的用心。在本章节，中国古典诗歌鉴赏之旅将正式开启。古典诗歌的分类有很多标准，如诗歌的体式、诗歌的创作朝代、文人派别等，为了避免因为时代因素而导致的割裂感，笔者倾向于立足诗歌的内容和主题进行分类。如此分类源自诗歌文本内核，囊括不同时代、不同流派的共性特征，也便于学生进行诗歌鉴赏框架的搭建。本章分为山水田园、咏物言志、边塞征战、思妇闺怨、咏史怀古、赠友送别、羁旅行役、即景抒怀、雅趣哲理和悼亡游仙十节，从写景、状物、言情、说理等多个角度阐释古典诗歌，既有阅读体会的共享，也有写作技法的指导。当然，有些篇目在归类上不具有唯一性，在此仅提供参考，方便进行对比阅读。下面，让我们一起进入一场美妙而充满诗意的文化之旅。

## 第一节　山水田园

山水田园诗作为一种诗歌流派，起源是以陶渊明为代表的东晋田园诗派，以及以谢灵运、谢朓为代表的南朝山水诗派，继而发展为以王维、孟浩然为代表的盛唐山水田园诗派。这个诗歌流派以自然风光、山村景物和安逸恬淡的隐居生活为主要描写对象，将山水和田园作为审美主体，书写闲适宁静的山野画卷，憧憬与世无争的田园牧歌生活。

### 一、冲淡深粹，出于自然——陶渊明《归园田居》（其一）

陶渊明是贵族后裔，曾祖父陶侃是东晋名将，手握强兵镇守长江中游，任八州军事都督,声名煊赫。祖父官至太守,父亲也曾出仕。但是随着陶渊明幼年丧父,家道中落,陶家沦为"瓶无储粟"的寒门。在东晋这个重视门阀的社会中,原本陶渊明也曾期望在政治上有所作为,但面对宗室内部的斗争,争权夺位的血腥杀戮和权谋,东晋文人歆羡隐逸、追求精神自由的风气影响了"性本爱丘山"的他。秉性真淳的陶渊明过着时官时隐的生活,"园田日梦想,安得久离析",这是陶渊明任建威参军时发出的内心感叹。辞去彭泽令一职后,他创作的《归去来兮辞》,描绘了他隐逸精神的完整图景,成为他脱离仕途回归田园的宣言。陶渊明在诗歌、散文和辞赋上都有较高的成就,影响最大、最具有代表性的是他的田园诗。阅读陶渊明的田园诗,那种深远恬淡的意境和天人合一的艺术境界令人神往。部编教材中收录了陶渊明的《饮酒》(其五)和《归园田居》(其三),这里为同学们介绍另外一首《归园田居》(其一)。

## 归园田居(其一)

(节选)

少无适俗韵,性本爱丘山。
误落尘网中,一去三十年。
羁鸟恋旧林,池鱼思故渊。
……
暧暧远人村,依依墟里烟。
狗吠深巷中,鸡鸣桑树颠。
户庭无尘杂,虚室有余闲。
久在樊笼里,复得返自然。

淳朴自然的乡村风景与怡悦宁静的田园生活是陶渊明的田园诗给读者留下的深刻印象。在《归园田居》(其一)中,有榆柳、鸡鸣、桑树、狗吠等物象,诗人采用白描手法写景,以简淡的笔墨,勾勒出乡村的朴素、静美、虚淡、平和,农村生活、田园风光第一次作为审美对象呈现在读者面前。此外,诗人是以参与者的角色内化到诗意的画面之中的,这又是别有情味的意蕴。

阅读田园诗,探究诗人思想,走近诗人,这是鉴赏陶渊明诗歌的另一维度。关于陶渊明的思想,目前尚存争议。他的思想中儒、道都有,主要是以老庄哲学为核心,对儒家思想进行取舍,再结合魏晋玄学改造而成的一种"自然"哲学。一方面,他一直坚守儒家的固穷守节以及儒家所提倡的上古之世的淳朴风尚；另一方面，道家所倡导的小国寡民的社会模式又是陶渊明心中的理想世界。陈寅恪先生称之为"外儒内道"。所以，陶渊明田园诗所塑造的理想世界，其实也是对封闭式农村的美化和诗化。这个诗意的世界是告别竞争、虚伪和残忍的，也远离"樊笼"的桎梏，这种自然环境中，人可以坦诚地生活，自由地释放天性，全性保真地存在。

其实，陶渊明在田园诗中对自然人生的思考，也是东汉末以来文士所关注的问题：人生的意义和价值何在？玄学认为生死都是自然变化，人当委运任化，"聊乘化以归尽"，淡然地接受生死，不必过于追求生命之外的东西。"纵浪大化中，不喜亦不惧""此中有真意，欲辨已忘言"，这说的是不受世俗干扰，顺应自然，感受自然的美好。

## 二、造语天然，清景可画——谢灵运《登池上楼》

宋武帝刘裕取代东晋以后，北方由北魏太武帝拓跋焘统一政权。经历一段时间的战争后，南北朝进入相对稳定的对峙时期。文学的价值得到高度的重视，从皇帝到宗室，统治阶级表现出爱好文学、招纳文士的倾向。到了刘宋时期，文学从玄言诗的桎梏中摆脱出来，出现了大量的山水诗，其中代表人物就是谢灵运。刘勰在《文心雕龙·明诗》中就阐述了这一现象："宋初文咏，体有因革，庄老告退，而山水方滋。"[①]这句话里说的"庄老"指的是以庄老为主的玄学思想，也指阐发玄学的玄言诗。刘勰此言是说玄言诗在渐次消退，山水诗的新潮兴起。

谢灵运出生于显赫的世族家庭，祖父谢玄是淝水之战的名将，被封为"康乐公"，谢灵运年轻时袭封此称号。谢灵运因为门庭显赫、天资聪慧而自视甚高，曾在少帝时，卷入政治斗争后被贬到永嘉，他称疾隐居，后面再度回朝后，依旧高傲不羁，意怀不平，因故被弹劾收捕，后意欲谋反，最终被杀。

由于官场上的失意与苦闷，谢灵运只好将视野投向山水，于是山水成为谢灵运创作的一大主题。永初三年（422年），谢灵运被逐出京都，担任永嘉郡太守，大病初愈后登楼远眺，写下名作《登池上楼》。

### 登池上楼

潜虬媚幽姿，飞鸿响远音。
薄霄愧云浮，栖川怍渊沉。

---

① （南朝梁）刘勰著；陆侃如，牟世金译注.文心雕龙译注[M].济南：齐鲁书社，1995：144.

> 进德智所拙，退耕力不任。
> 徇禄反穷海，卧疴对空林。
> 衾枕昧节候，褰开暂窥临。
> 倾耳聆波澜，举目眺岖嵚。
> 初景革绪风，新阳改故阴。
> 池塘生春草，园柳变鸣禽。
> 祁祁伤豳歌，萋萋感楚吟。
> 索居易永久，离群难处心。

谢灵运的山水诗细腻、精工，画面逼真。《登池上楼》中"池塘生春草，园柳变鸣禽"一句，写出了池塘在不知不觉中已经长满了青青的春草，园中柳条上来了新迁徙的鸟儿，发出不一样的鸟鸣声，万物勃发生机，欣欣向荣。这些都是初春不易察觉的细微变化，而被诗人细腻地表现出来了。又如《过始宁墅》中的"白云抱幽石，绿筱媚清涟"描绘了白云四面环绕着幽远的山石，青翠的嫩竹在碧波荡漾的水波旁边，显得愈发妩媚多姿。谢灵运描摹事物精巧形似，生动逼真。

此外，谢灵运的山水诗具有鲜明的个人色彩，即在自然风光中融入人格精神。读他的诗歌，能体会到一种强烈的自我意识的存在。在《登池上楼》中，物象的内涵会融入诗人的个性气质特征，变成丰富的意象，景物增添了象征意蕴。比如"潜虬媚幽姿，飞鸿响远音"表现出自然景物超凡脱俗、清新雅致的特征。谢灵运诗中的山险峻孤峭，似他个性的外化，我们可以从谢灵运的诗境中看到他清高不群的气质特征，也能体会到失意中的倔强。谢灵运，这位豪言"天下才有一石，曹子建独占八斗，我得一斗，天下共分一斗"的诗人，开创的山水诗成为古代诗歌的重要流派之一。

## 三、诗中有画，画中有诗——王维《终南山》

敖陶孙在《臞翁诗评》中评论："王右丞如秋水芙蕖，倚风自笑。"[①]在盛唐文化繁荣的时代，王维是一位充满了浪漫气质、才华横溢的作家。王维祖籍太原祁县，属太原王氏，是名门之后。祖父是宫廷乐师，父亲精通书法，母亲是虔诚的佛教徒，天资聪颖加上良好的家庭教育使年幼的王维表现出绘画和文学天赋。从小的艺术濡

---

① 陈伯海.唐诗汇评(上)[M].杭州：浙江教育出版社，1995：277-280.

染和人生经历成为王维文学创作的背景,让他的作品在风格和情韵上兼容并蓄,融合了文学与艺术的美感,清净超脱。

王维最负盛名的是山水田园诗,对于王维诗歌的评价,同学们一定熟悉这句话:"诗中有画,画中有诗。"苏轼在《书摩诘蓝田烟雨图》中说:"味摩诘之诗,诗中有画;观摩诘之画,画中有诗。"诗歌与绘画艺术交融的意境,让王维的山水田园诗成为盛唐一道靓丽的风景。

### 终南山

太乙近天都,连山接海隅。
白云回望合,青霭入看无。
分野中峰变,阴晴众壑殊。
欲投人处宿,隔水问樵夫。

讲究布局和剪裁,表现清丽丰润的美感是王维诗歌的特征。陶渊明的田园诗平和简练,谢灵运的山水诗精工细腻,王维将二者的风格融为一体。比如《终南山》这一首,诗歌的布局十分有纵深感,像一幅缓缓展开的水墨山水画,诗人的空间是在动态地推移:首联从远处着笔,用夸张手法勾勒全景,体现广袤开阔的意境;接着,颔联写近景,朦胧与清晰交织;颈联描绘终南山尺幅万里,居高临下;尾联再次回到近处的溪涧、樵夫。《终南山》体现了王维诗歌中诗画合一的典型特点。再如《崔濮阳兄季重前山兴》中的"千里横黛色,数峰出云间",这里描绘了崔季重隐居的秋山景色,青黛色的山绵延不绝,耸立的山峰在云雾中浮现,形象鲜明而精巧。王维的景物布局还善于借助色彩的搭配,比如上句中的"黛色"与"白云"。《辋川别业》中的"绿堪染"与"红欲燃",将色彩晕染在画面之中,构成色彩斑斓的图案。王维诗歌中的光影组合也是非常精致唯美的,如"返景入深林,复照青苔上""明月松间照"等诗句,在他的文字里,日光、月影都是构图的一部分,让诗歌中的画面变得更加立体,富有美感。

除了构图、色彩和光影,王维诗歌对大自然生命气息的捕捉也惟妙惟肖。王维的这首《终南山》洞悉和聆听自然万物中的动、静、生、息,文字雅淡,蕴含静谧与哲理。他的其他诗歌也是如此,比如《鸟鸣涧》中"桂花落""春山空""山鸟惊""春涧流",动静结合,将山间的如诗画意描摹出来,具有一种妙不可言的生命气象,令人心神气定。

王维的山水诗是他自己与山水独处的体验。晚年的王维经历了仕途风光和败落,加之母亲的影响,常常焚香独坐,沉浸在禅意和诗意之中,体悟到以禅入定,由定生慧的境界,将对禅的静默观照与对山水的精神依恋交融在一起,诗歌空灵明秀,形象玲珑,如"行到水穷处,坐看云起时",自然、意识在不断地变换,思想与意境和谐一致,充满了闲适、宁静的意绪,渗透着人生哲学。

### 四、清秀彻骨,是襄阳独得处——孟浩然《宿业师山房期丁大不至》

孟浩然的诗大部分为五言短篇,以山水田园诗和羁旅行役诗为主,在山水田园诗上有较高的造诣,和王维并称为"王孟"。"王孟"的诗歌共同特征是"清淡",王维的诗歌清淡中有精工秀丽,诗画结合,动静结合,声情并茂;孟浩然的诗歌则是清淡幽雅,质朴平淡。

提及孟浩然的诗歌,曾经那个咿呀学语的你,也许无数次地背诵过"夜来风雨声,花落知多少"。儿童对于四季的印象,主要停留在春花秋月的物象中,还无法体会到时间流逝,阴晴交替,人在大自然中因情与景会而产生的妙趣横生的感受;但仅从文字来看,就可以感知到孟浩然的语言平易浅近,诗风浑然天成。

孟浩然的诗歌清淡、平和而幽雅。他的《宿建德江》中有一句"野旷天低树,江清月近人",烟雾弥漫的沙洲旁,泊船靠岸,日落时分新的愁绪又上心头,广袤的原野、清清的江水、相伴的明月勾勒出一幅黄昏夜行图。《夏日南亭怀辛大》中的"荷风送香气,竹露滴清响",表现荷花的香气清雅芬芳,微风拂过,醇美氤氲,竹露滴在池面上,声音清脆悦耳,似乐曲回响,宁静悠远。

#### 宿业师山房期丁大不至

夕阳度西岭,群壑倏已暝。
松月生夜凉,风泉满清听。
樵人归欲尽,烟鸟栖初定。
之子期宿来,孤琴候萝径。

"松月生夜凉,风泉满清听"句出自《宿业师山房期丁大不至》,这首诗写诗人去山中访友,从黄昏等到深夜,友人不至,但诗人欣赏到了山寺清丽幽美的自然风光。这句诗歌写作者见到松月,感到夜深微凉,微风拂过,泉声潺潺,不绝于耳。这是多么清幽的意境,可见诗人的内心需要怎样的平和才能体察出自然的如此清韵。

清淡中包含着清绝的风骨和神气，这也是孟浩然诗歌的一大特征。除了淡雅的意象，孟浩然诗歌的清绝空灵也是别有一番韵味。他创作的五言古诗《彭蠡湖中望庐山》，描绘了在鄱阳湖中远眺庐山所看到的景致和内心的感受。壮丽的景物让诗人思慕古代隐士的闲逸，萌发了远离尘世、归隐山林的意愿。庐山巍峨高峻，滔滔江河奔流不息，飞瀑从天而降，旭日映照，烟水氤氲，雨后之虹横贯长空。如此秀美的山水，如何让人不流连忘返？这首诗表现了诗人意欲与"岩栖者"共同归隐和对庐山的神往之情，体现了孟诗"冲淡中有壮逸"的风格。

孟浩然的诗歌风格和人品曾得到很多诗人的赞赏。"高山安可仰，徒此揖清芬"(《赠孟浩然》)是富有浪漫情怀的李白对孟浩然的歌赞。李白用高山的巍峨峻拔来比喻孟浩然，对孟浩然弃官归隐，风流儒雅的形象赞叹不已。

孟浩然的诗歌风格和他的生活经历有很大的关系。孟浩然出生于岘山脚下的涧南园，鹿门山是他的隐居之所，两座山四面有群山环合，有一种与世隔绝的清幽和超然。山上古树苍翠，云霞雾霭，孟浩然终日观奇松，赏巨石，饮山泉，求仕的坎坷经历与抑郁渐渐淡却，成就了孟浩然孤高自得的个性气质。王维为其画像："状颀而长，峭而瘦，衣白袍。"在山林自然之中，孟浩然或独自静思，或邀约三五友人在林中弹琴把盏，观月赏花。《宿业师山房期丁大不至》正是他独特的诗歌风格的写照，值得玩味。

## 五、发纤秾于简古——韦应物《秋夜寄丘二十二员外》

诗人韦应物，世称"韦苏州""韦左司""韦江州"。韦应物的山水田园诗真实、自然，无论是写景还是写生活，对于自然山水，韦应物信手拈来，以一种温和的心态接纳山水，描摹山水。如下面这首《秋夜寄丘二十二员外》。

### 秋夜寄丘二十二员外

怀君属秋夜，散步咏凉天。
空山松子落，幽人应未眠。

"空山松子落，幽人应未眠"描绘了空山幽僻，万籁俱寂，悠然间，松子在晚风的吹拂下掉落，空寂中倏然有了声音，唤起对友人的思念。一人幽居山间，面对着明月松风，大概也没有入眠。这首五绝将山水田园和怀人相结合，语意清淡，情真意切，古朴娴雅，隽永悠长。

此外，《观田家》这首诗，写出了"惊蛰"节气后的农家生活，青壮年男子在田里劳作，夕阳西下，农人晚归，牵着耕牛去河边饮水。面对这样的景象，诗人感叹"仓廪无宿储，徭役犹未已"，表达了对农人辛苦劳作，但官府征收沉重的徭役赋税的批判，以及对农人的同情。作者寓情于景，在田园风光中表达了他深沉的关切。

韦应物与王维、孟浩然、柳宗元等人的诗风相近，他们被并称为"王孟韦柳"。四位诗人的山水田园诗诗风相似，但又略有不同。王维诗歌渗透着参禅悟道的平和，孟浩然因济世不遂而心生隐退之愿，柳宗元的诗歌中有寄情山水也挥之不去的怀才不遇的伤感，而韦应物的诗歌在对田园牧歌的描绘中有一种悲天悯人的孤愤，也有对破坏田园美好的战争的批判。在流行"吏隐"的中唐，韦应物也是其中之一，即边仕边隐，既表现治国平天下的抱负，又怀抱着隐逸超脱的人生态度。韦应物的山水田园诗，以其独特的自然清淡的审美价值成为一种别样的存在。我们还可以从韦应物的其他一些诗歌中找到这种清淡。在《月溪与幼遐、君贶同游》中，"岸筿覆回溪，回溪曲如月"写出了月光如水，照着弯曲萦回的溪水；"沉沉水容绿，寂寂流莺歇"中的"沉沉"写出溪水的形态和色泽，莺歌燕舞歇止，在这静谧的夜里泛舟溪上，那是何等的惬意闲适。景物澄净、真实，没有任何的矫饰。

在山水中抒发心意，有所寄托，也是韦应物的常用手法。《滁州西涧》就是这样一篇代表作。开篇诗人描绘了春天生机盎然的景象，写到了涧水边自甘寂寞的幽草，深树叶下的黄鹂鸟。幽草安贫守节，黄鹂鸟居高媚时，是仕宦之态。而最后两句写到春潮因为雨水而上涨，水势湍急，夜渡无人，渡船横斜，没有用处。这首诗歌一方面写出了滁州西郊夜雨之景，表现了诗人意欲归隐，独怜幽草，但又不在其位，不得其用，无可奈何的忧伤情怀。

韦应物的诗歌主要受到陶渊明、谢灵运、王维和孟浩然的影响。前人评论"应物五言古体源出于陶，而化于三谢，故真而不朴，华而不绮"，其中"陶"指陶渊明，"三谢"指谢灵运、谢惠连和谢朓。韦应物的山水田园诗的艺术价值是值得推崇的。

## 第二节　咏物言志

"诗言志"起源于我国第一部诗歌总集《诗经》，它是关于作诗目的的叙述，长期以来被古代文论所接受，它强调诗歌的目的在于生发诗人的志意。咏物言志诗正表现了诗歌的这一性质。"咏"为歌咏,诗人借助外物抒发自己主观的某种思想或者情怀,表达自己的人生志向。咏物言志诗是一种抒发心意和情感的诗歌类别。

## 一、物有感而情动——骆宾王《在狱咏蝉》

可能有很多同学背诵的第一首唐诗就是《鹅》。它的作者骆宾王与王勃、杨炯、卢照邻合称为"初唐四杰"。骆宾王少年成名,七岁能诗,曾经担任过侍御史、临海县丞,后跟随徐敬业起兵讨伐武则天,撰写过《讨武曌檄》,徐兵败后,据说被杀,一说遁入空门。

武则天执政期间,骆宾王多次上书讽刺,得罪下狱。《在狱咏蝉》是骆宾王创作的一首五言律诗。他在狱中写自己遭遇的经历,通过歌咏蝉的高洁,以蝉喻己,抒发自己的感怀。

### 在狱咏蝉

西陆蝉声唱,南冠客思深。
不堪玄鬓影,来对白头吟。
露重飞难进,风多响易沉。
无人信高洁,谁为表予心。

这首诗作于仪凤三年(678年),当时骆宾王上疏论事触怒武后,招致谗言,后以贪赃罪名入狱。诗歌前面有一段序言,也是一篇精美的骈文,这段文字以禁所的古槐起笔,借用了晋代殷仲文仕途不顺以及西周时期召公明察秋毫的典故,表达自己的痛苦和对自由的渴望,全文述说了他写诗的原因,描述了蝉的外形、生活习性和品质,抒发了自己"失路艰虞,遭时徽纆"的抑郁不平。诗人感物而生情,情动于心,遂诉诸于笔端,挥毫成诗,抒发自己对高洁的追慕和对自由的向往。

首联运用对偶手法,以蝉声起兴,写秋高气爽时节传来的蝉鸣,蝉鸣声声唤起"南冠"的思乡之情。"南冠"是指囚徒,取典于《左传·成公九年》,楚钟仪戴着南冠被囚禁在晋国军府。"深"点出诗人深深的思乡之情。此处也有作"侵"的版本,各有其妙。"侵"强调了这种思乡的愁绪对囚禁之人的侵袭,不可抵挡,无法逃离。"玄鬓影"比喻自己正当盛年,"白头吟"本为乐府曲名,表现了诗人因遭受污谗的折磨而鬓如霜。此处以比喻和对比的手法,将流年逝去,怀才不遇,生不逢时的苦闷和盘托出,文字蕴藉,让人一声长叹。颈联"露重"和"风多"比喻环境的恶劣,象征了外在的压力与谗言让贤士遭诬,政治抱负无法实现,诗人对此表现出深沉的哀伤。自己的高洁情怀和报国之志无人知晓,无人理解,唯有慨叹。

这首咏物诗借助蝉这一意象,表现了意蕴深刻的主题。在现代生物学概念里,蝉会吮吸树汁,实为害虫,但在古典诗歌中,蝉不食杂物,仅以饮露水为生,是高洁品质的化身,常被人用来做佩饰和冠饰。把握古典诗歌意象的常用含义,是我们理解诗歌的路径。

## 二、运命唯所遇,循环不可寻——张九龄《感遇》

张九龄是唐代开元年间(713—741年)名相,除了政治上的作为,他也是著名的文学家和诗人。张九龄积极发展五言古诗,通过诗歌寄寓深远的人生理想,对六朝以来浮靡的文风予以革除,其诗歌在唐代的文学史上,具有不可磨灭的艺术价值。张九龄是唐代唯一一个岭南出身的宰相,他刚直不阿,嫉恶如仇,曾经拒绝武惠妃的贿赂,粉碎其阴谋,反对李林甫等奸臣,也多次忤逆玄宗的意志,最终被罢相。

张九龄被贬谪后,写了《感遇》诗十二首,十二首诗朴素遒劲,情感深沉。其中第一首和第七首是非常有名的。

### 感遇(其一)

兰叶春葳蕤,桂华秋皎洁。
欣欣此生意,自尔为佳节。
谁知林栖者,闻风坐相悦。
草木有本心,何求美人折!

第一首开篇句"兰叶春葳蕤,桂华秋皎洁"运用比兴和整齐的对偶句,表现了两种高洁的植物——春兰和秋桂,春兰欣欣向荣,秋桂洁净清雅,二者那种茂盛不媚俗的气质与结尾的"本心"相呼应。两种植物高洁、茂盛、秀丽,不需要为了博取美人的欢心而折枝,这比喻诗人不需要通过外界的赞誉和提拔以谋求富贵和名利,愿成为贤明的君子洁身自好,孤芳自赏,平和温雅。这首咏物诗还巧妙地运用了典故,自然无痕。"闻风"出自《孟子·尽心》,意思是圣人是百世之师,这样的圣人有伯夷和柳下惠,听到伯夷的高风亮节,贪婪者都会变得廉洁,懦弱的人也会长志气;听到柳下惠的节操,刻薄者也会变得敦厚,胸襟狭窄者也会变得宽宏大量。这里,张九龄将"闻风"之典自然化用其中,烘托了诗歌的主题。

## 感遇(其七)

江南有丹橘,经冬犹绿林。
岂伊地气暖,自有岁寒心。
可以荐嘉客,奈何阻重深。
运命唯所遇,循环不可寻。
徒言树桃李,此木岂无阴。

第七首是关于丹橘的咏物诗。张九龄是南方人,他曾经谪居于荆州一带,这里原为楚国的郢都,是著名的橘乡。开篇以"经冬"和"犹绿"的自然现象引出思考:是什么原因让丹橘保持如此的生机呢?是因为地理环境,还是因为草木本心?其中"岁寒心"常常与松柏一类经历寒冬却不凋敝的植物有关。张九龄借此歌颂了丹橘的节操。然而,这样品德高洁的硕果却没有机会被推荐给嘉宾,它受到山重水复的滞碍,作者对此只能叹"奈何",为丹橘感慨时运不济。命运的好坏,个人的遭际,如周而复始的自然之理,人对此只能仰天长叹,那种深沉的悲哀与感伤,铸就了这首诗歌的基调。

### 三、咏物拟人,缠绵多态——苏轼《水龙吟·次韵章质夫杨花词》

苏轼代表了北宋文学的高峰。在北宋的文化环境之中,苏轼具有特立独行的浪漫气质和创新精神,在诗文的变革中,他凭借自己的才华,突破了文学创作的多维空间,在那个文学繁荣的时代,熠熠生辉,璀璨夺目。另一方面,他又是一名具有强烈责任意识的士大夫,他积极参与国家的政治活动,由于自己守正不羁的个性,无论是在新党还是旧党,都未获得话语权,一生颠沛流离,"问汝平生功业,黄州惠州儋州"。但又同样是因为这种独立不屈的精神人格,他表现出洒脱飘逸的气质,这种随缘自适的豁达与失意彷徨的无奈在苏轼的作品中成为矛盾的两极,让苏轼的作品表现出与众不同的艺术张力。

苏轼在文学上成就极高,流传的作品非常多,绝大部分作品立意高远,豪放不羁,读来荡气回肠。苏轼扩大了诗和词的题材,刘熙载在《艺概》中说:"无意不可入,无事不可言。"苏轼以豪放词著称,但在本节我们将要欣赏苏轼的一首婉约风格的咏物词——《水龙吟·次韵章质夫杨花词》。

## 水龙吟·次韵章质夫杨花词

似花还似非花,也无人惜从教坠。抛家傍路,思量却是,无情有思。萦损柔肠,困酣娇眼,欲开还闭。梦随风万里,寻郎去处,又还被莺呼起。

不恨此花飞尽,恨西园,落红难缀。晓来雨过,遗踪何在?一池萍碎。春色三分,二分尘土,一分流水。细看来,不是杨花,点点是离人泪。

水龙吟是词牌名,次韵是指用原作之韵,并按照原作韵的词语进行创作。这首词写于1081年,是苏轼因为"乌台诗案"遭贬谪至黄州的第二年。这首词风格婉约蕴藉,幽怨缠绵,是一首让人欲罢不能的佳作。上阕首句"似花还似非花"写出了杨花形态和名称上的矛盾之感,将诗人对客体那种缠绵、迂回的情绪描摹得淋漓尽致。"坠"字呈现出一幅柳絮纷飞的画面,似雪一般纷飞。群芳在暮春凋零,会有人爱惜,但杨花却是任其飘落,可见一种寂寞幽怨的情调,一个"惜"字融入了作者的爱怜之意。一方面用拟人手法将杨花比喻为伤春思妇,另一方面又将柳絮的轻盈之态和女子的柔美多姿融合在一起,加之以柔肠寸断的情思,思妇的情,杨花的魂,花与人融会,凄绝怅惘。

下阕用"落红难缀"的幽恨衬托了杨花的无限悲戚。当晓来雨过,杨花香消玉殒,所有的情思都被风雨冲洗,花瓣落水为浮萍,随水而东,"碎"字一语双关,写出了思妇的苦愁和心碎。"春色三分,二分尘土,一分流水"这句富有想象力,运用了夸张的手法写出了落花的命运,表达了作者的伤春之情。"离人泪"一句收束全词,将落花比作泪水,将离别的情思推向深处,虚实相生,余音缭绕。

这首词借柳絮咏物抒情,表面是咏杨花,实质是歌咏思妇,寄托了苏轼身世坎坷的寂寞幽怨之情。

## 四、摹写物态,曲尽其妙——周邦彦《花犯·小石梅花》

周邦彦是北宋文学家,是宋词婉约派的代表人物之一。周邦彦年少时放浪形骸,但博学勤勉。他在音律上颇有造诣,曾经创作过不少新词调。其词作语言精工唯美,秀丽雅致,长调铺陈自如。周邦彦的作品在婉约词人中被尊为"正宗",《词论》称他为"词家之冠"或"词中老杜",是婉约词的集大成者。周邦彦的词讲究艺术技巧,善于采用时空的更迭和交错,形成丰富的意境,塑造的艺术形象风韵多姿,语言秾丽,善于精雕细琢,形成饱满、浑厚而丰腴的特色,在词史上具有重要的地位。

在题材上,周邦彦的词多写男女恋情、离别愁绪和人生慨叹,相对比较狭窄。另外,他有一类咏物词,讲究章法,注重音律,精工富艳,极具匠心,将描摹的对象非常鲜明地展现出来,下面我们一起来鉴赏《花犯·小石梅花》。

### 花犯·小石梅花

粉墙低,梅花照眼,依然旧风味。露痕轻缀。疑净洗铅华,无限佳丽。去年胜赏曾孤倚。冰盘同宴喜。更可惜,雪中高树,香篝熏素被。

今年对花最匆匆,相逢似有恨,依依愁悴。吟望久,青苔上、旋看飞坠。相将见、脆丸荐酒,人正在、空江烟浪里。但梦想、一枝潇洒,黄昏斜照水。

"梅兰竹菊"被人称为"四君子",分别象征着傲、幽、坚、淡四种品质。其中,傲立风霜、远香阵阵的梅花一直是诗人笔下咏物言志的题材。本词上阕从梅花的外观起笔,描写了眼前之梅和去年赏梅的情形。在低矮的粉墙处,梅花含露绽放,像美人一般洗去脂粉,秀雅脱俗。去年赏梅之时,诗人孤独寂寞,幽人独饮,梅花被雪覆盖,像熏笼上熏着一床洁白的被子,比喻贴切,如临画景。

上阕的两幅梅花图,以外在的粉墙、露珠、白雪作为衬托,勾勒出不同的梅花图景,其一缀露开放,其二负雪独倚,各具特色,洗尽铅华,风姿绰约。词的下阕由花写到人。这个对花之人飘零于江湖,与花相逢、看花凋零、梦中恋花,在"空江烟浪"里,在宦海沉浮里,孤独、惆怅、憔悴,对着美好的事物,没有静心细品的闲情逸致,只在匆匆的人生旅途中被裹挟着往前,即使是看到花开,意欲咏怀抒意,却只见落红翩飞,唯有残败。诗人此处运用移情和虚实相间的手法,想象着梅子做酒的季节,本可以闲坐门庭之下,看云卷云舒,把酒论诗,但诗人却依旧如浮萍漂泊无依,天涯何时是归程,不得而知,唯有想象潇洒横斜于夕阳之中的梅花,在梦中找到些许慰藉。

周邦彦的咏物词往往选择常人的境界入笔,但他善于自然无痕地融情于景,情在意之先,所以他的词工于绘景与写情,加之他颠沛流离,仕途坎坷,词中的景和情成为他半身落宕的切肤之痛的背景,委婉曲折,耐人寻味。

### 五、以自然之眼观物,以自然之舌言情——纳兰性德《临江仙·寒柳》

纳兰性德,叶赫那拉氏,字容若,号楞伽山人,家世显赫,是满洲正黄旗人,也是清初的著名词人。纳兰性德从小聪慧过人,文武双全,十八岁考中举人,次年为贡士,于康熙十五年(1676年)被赐进士出身,凭借其才华与品格深得康熙的赏识,且待友真诚,深得名士的信任和追随。遗憾的是,康熙二十四年(1685年)五月,纳兰性德溘然而逝,年仅三十岁。纳兰性德不慕功名,视功名为敝屣,深爱文学,尤其善于填词,现存词作三百多首,内容主要是关于情感、边塞风光、咏物怀古。纳兰性德对水尤为钟爱,以水滋润万物、以柔克刚、柔韧、富有生命力的内涵比喻君子的品德。至于词境,纳兰性德所作词清新隽美,哀感顽艳,虽无宏大的景深,但表达的情缠绵悱恻,令人动容。在本节,我们将一起来鉴赏他的这首《临江仙·寒柳》。

## 《临江仙·寒柳》

飞絮飞花何处是,层冰积雪摧残,疏疏一树五更寒。爱他明月好,憔悴也相关。

最是繁丝摇落后,转教人忆春山。湔裙梦断续应难。西风多少恨,吹不散眉弯。

临江仙是词牌名,为双调小令,原为唐教坊曲。这首咏物词通过细致地刻画"层冰积雪",表达憔悴、孤寂和凄凉之感,借对饱受冰雪摧残的寒柳的歌咏,表现处于极度相思痛苦中的恋人。柳树和人境遇相似,互相交融,词意含蓄蕴藉,意境幽深。

本首词咏柳,开篇运用"飞花"的意象,采用叠音词,以杨花发问,描摹了柳絮飘零无依的命运,这种宿命的悲剧感让人感同身受,最后的结果是"层冰"与"积雪"摧残,柔弱无依的杨花怎耐得住冰寒的肆虐,此景更添悲凉。这里诗人运用《楚辞·招魂》的典故,表现了杨花脱离了柳树,如同魂魄散佚。疏疏一树寒柳,到五更夜阑更是孤独凄凉,几多寒切意象叠加,更显清冷。唯有明月眷顾,即使憔悴,略有些许慰藉。

上阕写柳絮的形象,重点刻画夜深明月映照之下的柳,营造了一种孤冷寂寞的氛围,为下阕写人作了铺垫。"繁丝"和"春山"都暗喻女子的眉毛,用以指代女子,此情此景,想念那个爱恋的女子,却遥不可及。"梦断"这句再次运用李商隐《柳枝词序》中涉水湔裙相会的典故,写与心中的女子无法相见,梦醒哀伤。主人公那无处安放的思念,只能寄寓西风,盼望西风能传达。然而,无论多么强的西风,都无法吹尽眉眼之间的哀愁。词末尾这一句,将无形的愁绪形象化,且和西风之烈形成对立,将诗人深深的哀伤凸显出来。

婉约词风格含蓄委婉,而纳兰性德这首词将婉约词的情韵渲染到极致,令人欲罢不能。

## 第三节 边塞征战

边塞诗表现的主要对象是边塞风光,边疆战士的艰苦生活,抵御边境侵扰、立国安邦的豪情与无法排遣的乡恋与乡情。在边塞诗中,大量边塞地区的物象和画面支撑起诗歌的背景,诗人往往妙用夸张、比喻、想象等手法,或起兴歌咏,或直抒胸臆,表达要建功立业的豪情壮志,书写幽怨不尽的别离乡愁。这类诗歌中保家卫国的责任使命与久戍思乡,献身为国与痛恨穷兵黩武都是对立的两面,实现个人价值与捍卫国家利益的双向选择成为述说不完的重要命题。

### 一、感时伤事,别有深意,不可言喻——《诗经·小雅·采薇》

真正意义上的边塞诗产生于汉魏六朝时期,经历隋朝的发展后,在唐代进入了鼎盛时期。唐以前的边塞诗数量有限,但在前朝的诗歌中,一些涉及边塞题材和主题背景的诗歌,与后期边塞诗有相通之处,我们在鉴赏边塞诗时,可以从《诗经》这一我国诗歌的源头说起。

在《诗经·小雅》中,《采薇》是一首关于战争徭役的诗歌,表现的主题是戍卒返乡的所思所感,表达了将士的戍边生活和思归的情怀。这首诗歌虽然在《小雅》中,却表现出《风》中重章叠句的句式和风格,在比兴手法的作用下,将战争生活与思乡情结巧妙融合,一方面体现了浓烈的乡愁,对和平和渴望;另一方面,通过对雄壮的战争场面的描绘,表现出戍边战士的责任担当,为国家而征战的使命感和豪情。尤其最后一个章节,通过当年征战别离时的景物"杨柳依依"和征战返乡时"雨雪霏霏"两个场景的对比,两个时空的对照,将战争旷日持久,岁月流逝,物是人非的无奈表现得淋漓尽致。

#### 采 薇

采薇采薇,薇亦作止。曰归曰归,岁亦莫止。靡室靡家,玁狁之故。不遑启居,玁狁之故。

采薇采薇,薇亦柔止。曰归曰归,心亦忧止。忧心烈烈,载饥载渴。我戍未定,靡使归聘。

采薇采薇,薇亦刚止。曰归曰归,岁亦阳止。王事靡盬,不遑启处。忧心孔疚,我行不来。

彼尔维何?维常之华。彼路斯何?君子之车。戎车既驾,四牡业业。岂敢定居?一月三捷。

驾彼四牡,四牡骙骙。君子所依,小人所腓。四牡翼翼,象弭鱼服。岂不日戒,玁狁孔棘。

昔我往矣,杨柳依依。今我来思,雨雪霏霏。行道迟迟,载渴载饥。我心伤悲,莫知我哀!

这首诗歌前三章采用倒叙手法追忆思归之情和交代难归的原因。开篇运用比兴手法,写戍守边关的将士在采摘薇菜充饥,薇菜从"作止""柔止"到"刚止",春夏秋三季更迭,薇菜从破土长出嫩芽到茎叶逐渐长老,体现边关战士的生活清苦而漫长。战士心中念叨着回归,却始终未能达成心愿,玁狁之患是真正的原因。国家边境受到侵扰,作为战士,保家卫国是不可推卸的责任,所以,这个矛盾又是没有办法解决的,这种决绝和无奈形成一叹三咏的基调,深沉的乡恋成为这类作品隽永的情韵。

如果只是书写这种哀情,那这首诗的情感就会单一了。五、六两个章节笔锋一转,将戎马倥偬的战斗场景展现在读者面前。战争装备的精良、将帅指导的威武、战争气势的雄壮跃然纸上,高昂的战斗热情、捷报频传的可喜、军人的骄傲和热情喷薄而出。此刻个人悲伤的家园之思从属于国家兴亡匹夫有责的使命感,综合了前面三节的悲戚情感。

情感的起伏跌宕让这首诗具有极强的艺术感染力。在宏大的军容和战斗场面的渲染之下,场面切换到离别之景——柳如烟的春晓和雨雪霏霏的寒冬,再一次将战争之苦凸显出来,时光流逝,青春不再,国家前途与个体价值的矛盾冲突中,人生充满无奈和苦楚,如何寻求出路,是值得思考的。

## 二、有凄绝之音——王昌龄《从军行七首》

很多同学对于王昌龄这位边塞诗人的了解大概始于他的《出塞》(其一),这首诗中的名句"秦时明月汉时关"家喻户晓,明代杨慎《升庵诗话》评价道:"此诗可入神品。""秦时明月"四字,横空盘硬语也。这首诗语言遒劲,意境雄浑,格调高昂,描摹了边塞生活和人民对安定幸福的向往。

盛唐的边塞诗，有一类是沿用乐府旧题，以高适和岑参为代表，擅长运用歌行长篇，但王昌龄另辟蹊径，以短小的绝句形式书写情感。王昌龄在七绝这种体裁上颇有造诣，有"诗家夫子""七绝圣手"之称。王昌龄的边塞诗善于运用心理描写表现细腻微妙的情感，在他的笔下，征夫的思乡情感、心理变化、守护国家的荣誉感等，通过文字真切地表达了出来。此外，在王昌龄的诗歌中，我们看到的是广袤的边塞，孤城、雪山、胡马、羌笛等景象构成壮丽的风景图画，诗人融情于景，以自然之景的绮丽，映衬戍边将士寥落的情绪和心思。王昌龄的诗歌语言圆润蕴藉，句与句之间、词与词之间、意境与意境之间形成叠加趋势，在抒情、造景和写意方面精彩迭出，令人回味。本节我们将一起鉴赏他的边塞组诗《从军行七首》中的第一和第二首。

## 从军行（其一）

烽火城西百尺楼，黄昏独上海风秋。
更吹羌笛关山月，无那金闺万里愁。

《从军行》总共有七首，这里有烽火狼烟，有戍边苦愁，更有保家卫国、建功立业的豪情壮志，王昌龄在一幅幅画卷里呈现戍边战士的艰苦生活，境界壮阔。其一作为首篇，运用烽火、羌笛等意象拉开了边塞生活的序幕。在一望无际的沙漠戈壁之中，百尺楼孤独地矗立，海风萧瑟，秋意渐浓，远处传来羌笛吹奏的《关山月》。《关山月》为汉乐府之曲，主要表现戍边将士的伤别之意，曲风凄婉。结尾以"无那金闺万里愁"作结，"无那"，就是无奈，指无法消除思亲之愁，对万里之外的亲人无法抑制相思之情，苍凉的背景之下，更显孤独、悲愁，表现出情景交融的艺术感染力。

## 从军行（其二）

琵琶起舞换新声，总是关山旧别情。
撩乱边愁听不尽，高高秋月照长城。

这一首诗在起笔和收束上颇具特色，意蕴悠长。首句从将士在军中观看歌舞写起，先声夺人，从琵琶声的听觉体验入手，本来是新曲新调，不同一般，然而，无论怎样改变，总是关山别离的愁苦韵调。"撩乱边愁"这里把无形的愁绪形象化，似能拨弄撩动剪不断理还乱的愁绪，深切地表达了愁之深、意之切。这首诗歌最传神之处在于结尾的景物描写，所有的哀情，所有的离愁，所有被撩乱的心绪，都终结于最后的一个静态画面——凄冷的秋月照着长城,守卫着国家的安宁。个人的愁绪不算什么,个体价值从属于国家利益,这是多么壮丽的视野。然而诗人并没用任何的豪言壮语,只是以奇绝之笔将秋月和长城两个事物联系在一起,既呈现出极其静美的月夜图,又将个人情感巧妙融入家国情怀,意境宏大,令人拍案称绝。

### 三、朔气纵横,壮心落落——高适《燕歌行》

高适是唐代著名的边塞诗人,与岑参、王昌龄、王之涣合称"边塞四诗人"。这四位诗人中,高适和岑参经常被放在一起比较评论。《诗源辨体》称:"五言律,高语多苍莽,岑语多藻丽,然高入录者气格似胜,岑则句意多同。"《昭昧詹言》言:"高、岑奇峭,自是有气骨,非低甲庸浅所及。"众多评论都在强调高适诗"雄浑悲壮"的艺术风格。高适少而孤贫,曾漫游梁宋一带,有游侠之气,他长期在外游历的经历,让他接触到社会生活的各个侧面,加之本人爽直的个性气质,所以他的诗很少纯写景,也不太运用比兴手法,而是采用直抒胸臆的表达方式。高适诗歌题材丰富,具有较强的现实主义色彩,两次赴塞的经历为他的诗歌积累下丰富的素材,他最具有代表性的是边塞诗,他的边塞诗歌颂了战士奋勇杀敌报国,戍守边关,建功立业的豪情壮志,表现了从军生活的艰苦卓绝和对和平幸福生活的渴求;当然在他的诗中,也有批判时政,讽时伤乱,对统治者骄奢淫逸、朝廷制度混乱的鞭挞等,作品中表现出炽烈的爱国热情。

#### 燕歌行

汉家烟尘在东北,汉将辞家破残贼。
男儿本自重横行,天子非常赐颜色。
摐金伐鼓下榆关,旌旆逶迤碣石间。
校尉羽书飞瀚海,单于猎火照狼山。
山川萧条极边土,胡骑凭陵杂风雨。
战士军前半死生,美人帐下犹歌舞。
大漠穷秋塞草腓,孤城落日斗兵稀。
身当恩遇常轻敌,力尽关山未解围。
铁衣远戍辛勤久,玉箸应啼别离后。
少妇城南欲断肠,征人蓟北空回首。

边庭飘飖那可度，绝域苍茫更何有。
杀气三时作阵云，寒声一夜传刁斗。
相看白刃血纷纷，死节从来岂顾勋。
君不见沙场征战苦，至今犹忆李将军。

　　《燕歌行》本是乐府题目，传说为曹丕开创，后人模仿后多用来表现闺怨之作，用作边塞诗，高适是第一人。这首诗主要表现的是将帅骄傲轻敌，惨遭失败，战士饱受痛苦，又得不到体恤的悲苦，也表达了将士为国抵御外敌的奋勇。本首诗写了战争的全过程，从出师、战败、被围到死斗的几个情景。

　　首句"横行""赐颜色"已经暗含讽刺之意，"摐金伐鼓下榆关，旌旆逶迤碣石间"写出了军容雄壮，势如破竹的气魄。然而前线"飞"来的战报预示了军情紧急，诗歌中的气氛也变得凝重急迫。第二部分在萧条肃杀的背景下着意渲染胡骑的迅雷之势，汉军殊死搏斗，生死未卜。高适剪裁画面的功力堪称妙绝，衰草连天，血雨腥风，不知有多少士兵枯骨埋荒茔，而那些远离前线的将士却歌舞升平。诗人通过对比，表现了军队等级制度的腐败、将领的骄奢淫逸及将领与战士之间不可调和的矛盾，是导致军队分崩离析的必然原因。诗歌最后两节，从对战士心理的描摹到诗人的慨叹，再一次赞扬了士兵们浴血奋战的价值所归，战士为国为民，鞠躬尽瘁，可惜却没有遇见处处爱护士卒的李将军，生不逢时，即使有一腔报国热情，却没有实现的路径，可悲可叹。

## 四、奇气奇情逸发——岑参《白雪歌送武判官归京》

　　与高适一样，岑参也有两次出塞的经历，这对他的文学创作有较大的影响。岑参擅长七言歌行这种文学体式，他通过描绘绮丽的边塞风光，创造和拓展奇绝的意境，风格清朗峭拔，加之丰富的形象力和艺术表现力，使边塞的景物和军旅生活呈现出不一般的气韵。岑参文辞华美，具有浪漫主义色彩，正因为他亲历边塞，所以对边塞的描摹真切自然，而且是从一个文学家的视角进行再创造和构思，所以，读岑参的边塞诗，如同观边塞画卷，目不暇接，奇趣迭出，气势磅礴，具有浓烈的异域风情和鲜活的审美价值。

　　岑参的代表作之一就是在他第二次出塞阶段所创作的《白雪歌送武判官归京》，这首诗歌以西域地区八月飘雪的壮丽风景为着眼点，主体事件是边塞军营送别归京使臣。诗歌借助富有感染力的景象和诗人驰骋的想象，将离别愁绪、思乡之情、浪漫理想和飘逸的情怀融为一体,诗歌的意境唯美、壮丽、浪漫和辽阔,像静态的雪山图,画面清淡,耐人寻味。该诗在唐代的边塞诗中,久负盛名。

## 白雪歌送武判官归京

北风卷地白草折,胡天八月即飞雪。
忽如一夜春风来,千树万树梨花开。
散入珠帘湿罗幕,狐裘不暖锦衾薄。
将军角弓不得控,都护铁衣冷难着。
瀚海阑干百丈冰,愁云惨淡万里凝。
中军置酒饮归客,胡琴琵琶与羌笛。
纷纷暮雪下辕门,风掣红旗冻不翻。
轮台东门送君去,去时雪满天山路。
山回路转不见君,雪上空留马行处。

《白雪歌送武判官归京》记叙送别归京使臣的过程,表现了诗人和边防将士的爱国热情,以及他们对战友的真挚感情。在古典诗歌中,表现送别的常见意象是杨柳,比如"客舍青青柳色新""昔我往矣,杨柳依依""曲成攀折处"等。而岑参勾勒的送别背景是冬雪,且以一天雪景的变化为线索,这样的表现手法又是另一番滋味。

诗歌一开头,诗人用开阔的笔调描绘了八月飘雪的情景,"北风卷地",百草枯萎,忽如春风拂过,飘雪若梨花盛开,洁白绽放,银装素裹,春意悄然报晓,在这样的美景中,友人要登上归京之途。

接着,诗人继续描摹白日雪景的雄伟壮阔和饯别宴会的盛况。

诗人运用夸张的想象,描绘无边沙漠结成百丈坚冰,而忧愁的阴云凝结在长空,愁结千万里,这是多么形象而浪漫的比喻。在此背景下,热烈与隆重的送别仪式中,胡琴、琵琶与羌笛这些边关特色的乐器一齐上阵,将士们且歌且舞,开怀畅饮,好一派欢乐的气象。这首诗切换室外和室内场景的写作手法,延伸了诗歌的空间,室内欢腾热烈,室外暮色苍茫,大雪纷飞,风掣红旗,红旗坚固、不可动摇的形象又象征了威武不屈的战士形象。室内与室外,动与静的组合,形成跃动的视听感受。结尾处诗歌的表现手法极具艺术性。"山回路转不见君,雪上空留马行处",当所有的热烈如在眼前之际,一切似乎戛然而止,唯有一幅宁静雪夜图,蕴藉而深沉,表达了诗人对友人的依依惜别之情和惆怅之意。

## 五、音调铿锵,风情澹冶,皆真骨独存——李颀《古从军行》

在边塞诗人的名单中,李颀不是最显眼的,传世的边塞作品也只有为数不多的几首,但明代文学家胡震亨将他和高适、岑参、王昌龄一起,并称为"高岑王李",可见他在边塞诗上是有自己独到的成就的。李颀擅长七言歌行,风格豪放,气度不凡,在慷慨悲凉中诠释盛唐之音,用悲凉沉郁的语调,深刻地揭露了帝王穷兵黩武的罪恶,也有对盛唐军容雄壮威武的歌赞,包括对于战争的反思,对背井离乡的军士、艰苦边关生活的同情等,他的边塞诗绘制了唐代军旅生活的画卷。李颀著名的边塞诗有《古意》和《古从军行》,本节我们一起来欣赏《古从军行》。

《古从军行》描摹紧张的从军生活,从白天的繁忙到夜里刁斗的悲怆,在琵琶的幽怨声里,夜雁悲鸣,荒野大漠一片酷寒,然而面对如此恶劣的环境,皇上不准班师回朝,千军万马浴血奋战换来的仅仅是葡萄种子归国,结局画龙点睛,辛辣讽刺,发人深省。

### 古从军行

白日登山望烽火,黄昏饮马傍交河。
行人刁斗风沙暗,公主琵琶幽怨多。
野云万里无城郭,雨雪纷纷连大漠。
胡雁哀鸣夜夜飞,胡儿眼泪双双落。
闻道玉门犹被遮,应将性命逐轻车。
年年战骨埋荒外,空见蒲桃入汉家。

这首诗从表现从军生活起笔,形象非常生动。战士白天观望烽火台,黄昏时在交河边饮马。在军旅生活中,诗人选取了刁斗这个体现军营特征的物品进行描摹,它白天用于煮饭,晚上代替更柝,一下子将白日行军,夜晚伴着更声入眠的军营气氛烘托渲染出来,"风沙暗"将昏暗的风沙和刁斗声融会在一起,远嫁公主的琵琶声充满幽怨,一并沉浸在风沙弥漫而漆黑的边塞,更显得凄凉而肃穆。

在凄苦的刁斗声和琵琶低语声中,诗人从视觉塑造边塞的环境。在风沙连天的荒漠,野云万里,辽阔无边,只有大雪纷纷扬扬,天地宇宙苍茫一片。至此,大漠的荒凉孤寂跃然纸上。而诗人似乎还未尽意,笔锋一转,从侧面再加以烘托渲染,胡儿眼泪,胡雁声声,如神来之笔,"双双落"是江阳韵与入声的配合,将边塞的荒凉描摹得淋漓尽致,如泣如诉,其中"纷纷""夜夜""双双""年年"等叠字叠韵,增加了音韵美。

"闻道玉门犹被遮"是运用了典故,讽刺了当朝皇帝穷兵黩武,一意孤行。据《史记·大宛传》记载,汉武帝太初元年,汉军攻打大宛,汉军失利,向朝廷请求罢兵,武帝勃然大怒,派人隔断玉门关,并颁布命令,如果敢有进入者,一律斩之。这里是借汉喻唐。然而,如此艰难困苦得到的结果仅仅是葡萄种子入汉家,一个"空"字表现了诗人对此的否定和讽刺,对边塞士兵的深切同情,对当权者好大喜功的批判。语言质朴,无事雕琢,却笔力苍健,引起读者的共鸣。

## 第四节　思妇闺怨

思妇闺怨诗是古典诗歌的一类,主要书写女子在闺阁中的各种情思和愁怨。有些诗歌的主人公就是女子本人,以自身的经历为着眼点,有些诗歌则是男性诗人借女子之口有所讽喻,或表达自己不被重用、怀才不遇的悲愤之情。思妇闺怨诗通常语言细腻,缠绵悱恻,动人心魄。

### 一、女为悦己者容,翻得新妙——《诗经·卫风·伯兮》

思妇闺怨诗,我们首先从《诗经·卫风》中的《伯兮》谈起。这是一首关于妻子思念出征远行的丈夫的诗歌。丈夫肩负国家的使命,奔赴前线,生死未卜,作为妻子,她的心理活动该是如何的,她的行为方式又是怎样的,在这首诗歌中,我们可以了解到。这首诗歌立足于妻子在家的行为表现来突出对丈夫的思念和关切,层叠推进,将一位在家守候征夫的女子形象描摹得惟妙惟肖,同时反映了诗人对战争的批判,对和平美好生活的向往之情,情真意切,耐人寻味,富有较强的艺术感染力。

**伯　兮**

伯兮朅兮,邦之桀兮。伯也执殳,为王前驱。
自伯之东,首如飞蓬。岂无膏沐?谁适为容!
其雨其雨,杲杲出日。愿言思伯,甘心首疾。
焉得谖草?言树之背。愿言思伯。使我心痗。

战争的本质是权利与资源之争，有些战争是不可避免的。然而，对于底层百姓来说，战争意味着别离、痛苦和死亡，杜甫的"三吏""三别"深刻地反映了战争给人民带来的不幸和困苦，也反映了在乱世飘零的个体生命的孤独和脆弱。陈陶《陇西行》中的"可怜无定河边骨，犹是春闺梦里人"声泪俱下地痛斥了战争的罪恶。战争带来的妻离子散、家破人亡和颠沛流离是经历过战争的人民心中永远无法愈合的伤口。然而，战争又意味着国家的安定与繁荣，体现大丈夫建功立业、保家卫国的雄心壮志，所以，战争给予人们的是一种矛盾的无奈，有悲痛，也有骄傲。这首诗歌也真切地把矛盾的情感表现出来了。

诗歌一开头，女子满怀荣耀地描述丈夫执长殳，担任君王的前锋时的情形，此时的妻子对于丈夫的那种骄傲之情溢于言表。然而，正如王昌龄《闺怨》中所言"忽见陌头杨柳色，悔教夫婿觅封侯"，丈夫从军远征，甚至可能无法生还，自己在家孤苦无依，青春容颜如流水逝去，"朱颜辞镜花辞树"，多么悲戚。妻子在家的状态是头发散乱像飞蓬，不是因为没有膏脂，只是因为没有人欣赏自己的容颜，没有心情梳洗打扮了。这里运用了反问和感叹句，强化了自己无心装扮的原因，让人感慨不已。

诗歌的结尾四句刻画了一位因为过度思念丈夫而罹患头痛和忧思成疾的妻子形象，语言一唱三叹，声律圆润，歌咏了妻子如绵绵江水般不竭不尽的思念，引起读者的共鸣。

这首诗是集叙事、抒情于一体的艺术作品。本诗立足于妇女的视角，将她心中的豪情、荣耀、孤寂和伤悲完整地展示出来，情节跌宕起伏，情感层层推进，展现了非常真实而丰富的人物形象。

## 二、开千古妙境——曹丕《燕歌行》

《燕歌行》是魏文帝曹丕创作的七言古诗，共有两首，主题是表现女子对远方丈夫的思念，诗歌语言蕴藉委婉，清丽动人，人物的情感缠绵悱恻。这两首诗也是中国文学史上现存最古老、完整的七言诗，意境绝佳，在诗歌发展史上具有里程碑的意义。

### 燕歌行（其一）

秋风萧瑟天气凉，草木摇落露为霜。

群燕辞归鹄南翔,念君客游思断肠。
慊慊思归恋故乡,君何淹留寄他方。
贱妾茕茕守空房,忧来思君不敢忘,不觉泪下沾衣裳。
援琴鸣弦发清商,短歌微吟不能长。
明月皎皎照我床,星汉西流夜未央。
牵牛织女遥相望,尔独何辜限河梁。

  诗歌首句从深秋的萧瑟景象入手,勾勒了思念爱人的背景。秋风萧瑟,天气入寒,草木凋敝,雁群南归,这样凄冷的画面让人想起宋玉在抒情长诗《九辩》中表现的情景:"悲哉,秋之为气也!萧瑟兮草木摇落而变衰。"深秋时节,万物凋零,繁花枯衰,女子如花一样的青春年华也随着时光流逝,迎接寂冷的寒冬,内心无比空寂、落寞,思君到断肠。而此时,身居远方的丈夫同样深切地思念着家乡,这是一种由此及彼的心理活动,回环婉曲,让人觉得感同身受。因为相互的思念,这种缠绵缱绻的情意既美好动人,又撩乱心绪,无法停歇,女子禁不住担忧、焦虑:为何还不能回来呢?是什么原因让爱人滞留?两人两情相悦却远隔千里,无法相见。

  "贱妾"是女子的自称,"茕茕"写出了女子孤独无依、顾影自怜的样子。对爱人相思成疾,唯有感伤不已。对丈夫的思念、期待、担忧、祈祷化作泣泪涟涟,沾满衣裳。"援琴鸣弦发清商,短歌微吟不能长"是这首诗中非常灵动的句子。商声,古代五音之一,古谓其调凄清悲凉,清商声音短促、细微,所以声音不能长。音乐是传递情感的艺术语言,具有审美功能,弹奏者与聆听者可以在音符里共情。女子援琴低吟,曲不成调,足见内心极度的忧伤,诗人将哀情渲染到极致。

  在此孤独的夜里,唯有皓月相伴,星汉西流,漫漫长夜,不知归处。只见牛郎织女星天各一方,闺中女子独自思量,意难平,她与丈夫就像这被银河阻隔的牛郎织女一般,相爱却无法相守,对于这样的悲剧命运,无法改变,无力抗争,只有这无声的控诉、悲愤和痴怨,谁人知晓?

  这首诗中女主人公的情感和心理刻画是非常鲜活的,她热烈又含蓄,焦虑又澄静,她在呐喊,又在悄然啜泣,她的情绪时而狂躁像骤风,时而又幽咽如静流,她的多面性和复杂性支撑起整首诗,千回百转、华美雅丽的语言风格让整首诗富有说不尽的艺术魅力。

## 三、通幅布景,正以浑含不尽为妙——温庭筠《瑶瑟怨》

  温庭筠,字飞卿,是唐代著名诗人、词人。他的词温婉蕴藉,主要以书写女子的相思与情态为题材,细腻地表达她们的内心生活和所思所想。温庭筠的词风和他的生活环境与人生经历有比较大的关系。他是唐初宰相温彦博后裔,出生于一个没落贵族的家庭,怀才不遇与家道中落的际遇,加之狂放不羁、放浪形骸的个性,都在一定程度上影响了他的作品风格。温庭筠还经常出入秦楼楚馆,接触社会上各个阶层的人物。他的词擅长营造香艳的氛围,表现女子的情态,也表现女子寂寞、惆怅的心情。

《瑶瑟怨》是温庭筠的一首闺怨诗,这首诗写了主人公在清冷的秋夜孤独寂寞,难以入眠,于是鼓瑟听瑟,却更加幽怨凄凉的情景。作者通过对幽冷景物的刻画、对屋内场面的描摹,勾勒出一幅满含离愁别情的画面。语言含蓄,情调婉丽,余味无穷。

### 瑶瑟怨

冰簟银床梦不成,碧天如水夜云轻。
雁声远过潇湘去,十二楼中月自明。

这首诗的标题为《瑶瑟怨》,瑶瑟是镶玉的做工精美的演奏乐器,古代五十弦为瑟,《汉书·郊祀志》中记载:"泰帝使素女鼓瑟,悲,帝禁不止,于是破其瑟为二十五弦。"瑶瑟经常和别离的悲戚联系在一起,所以,这里就暗示了诗歌的主题为别离之伤。

这首七绝第一句写了屋里的环境,冰簟银床,竹席冰凉,已有秋意。李清照在《一剪梅》中也写到"红藕香残玉簟秋",表达了与丈夫别离的清秋,孤独与相思之情难以排遣的心理。同样,在这首诗中,即使是躺在银床上也无法入眠,梦难成,哪怕梦中相见也无法实现。第二句没有继续纠缠诗中女子的情感,而是宕开一笔,用辽阔的景物铺设,"碧天""夜云"都是秋天典型的物象,诗人对景物进行点染,运用比喻手法,将澄空流碧,夜月如水的情景动态地呈现出来,寂寥孤独让人难以承受。

诗人似一位画家,擅长画境写意。从视觉转化到听觉体验,深秋之夜,大雁孤鸣,自远而近,至近而远,逐渐消失,又似回旋之音,逐渐南飞而去。这里为何要写到"潇湘"?这也许和爱人有关,女主人公思念的人也许就在潇湘那边,大雁是否能把女主人公的绵绵相思情意传达给爱人呢?不得而知,只有痴痴的期盼。"十二楼中月自明"中"十二楼"或许是点明女子的身份,"月自明"写出了月亮独自照着高楼,顾影自怜,独居的女子面对明月,因为别离而满心伤悲,一切都静默在如水的月

色之中,情意绵绵。

这首诗歌景中含情,情由景生,交相辉映,雁声、琴声、女子的叹息声、浮云轻韵,各种秋夜的气息扑面而来,余音袅袅,让人感伤,似又找不到着力点,只能在幽怨中沉浸、怅然。

### 四、千古有情人读至结处,无不泪下——《蝶恋花·庭院深深深几许》

《蝶恋花·庭院深深深几许》是一首融情于景的闺怨词,据李清照的观点,作者是欧阳修,清代王国维在《人间词话》中认为是冯延巳的作品,且词牌名为"鹊踏枝"。虽然这首词的创作时间和作者尚有争议,但我们可先重点从语言的意境角度赏析。

这首词上阕写少妇深闺寂寞孤独,期望见到意中人,却滞碍重重,自然之景的捉摸不透与爱人的行踪难觅虚实相间;下阕写美人伤春迟暮,意中人不知归路,黄昏雨横,主人公泪眼问花花不语,只有残红狼藉一片,忧愤悲戚之情溢于言表。言辞深沉蕴藉,婉曲雅致,兴味无穷。

#### 蝶恋花

庭院深深深几许,杨柳堆烟,帘幕无重数。玉勒雕鞍游冶处,楼高不见章台路。
雨横风狂三月暮,门掩黄昏,无计留春住。泪眼问花花不语,乱红飞过秋千去。

这首词的景物描写很有特色,通过景物的层层叠加和推进布景,由远而近。开头描绘堆烟细密如烟云,雾霭沉沉,这样的庭院深幽静谧,"深深深"三字相叠的表达,音韵和谐,一咏三叹,景物所表达的情韵悠然彰显。第二处刻画的是黄昏之景。黄昏在古诗词中不仅仅是一个时间词,还是人的情绪最易波动的时候,具有丰富的内涵。黄昏经常用"落日""斜照""斜晖""日暮"等时间词表示,黄昏时表达的情感主要有思乡怀人,比如"烟波江上使人愁""夕阳西下,断肠人在天涯""斜晖脉脉水悠悠"等;也有感怀伤时,比如辛弃疾的"江晚正愁余,山深闻鹧鸪"将忧国之愤寄寓在一片鹧鸪声的黄昏日暮里。这首词中的黄昏意象还增加了"雨横风狂",这可不是韦应物在《滁州西涧》中表现的春潮带雨,有着恬淡的胸襟和忧伤的情怀,而是一种被禁锢的感觉,看着风雨摧残繁花,感同身受,觉得自己如花的青春年华也被风吹雨打,看着流水无情向东流的景象,没办法留住春天,满心凄凉。这里诗人用移情于景的手法,想象着泪眼婆娑的抒情女主人公向花儿倾诉自己的相思之苦,然而花何曾能理解她的悲戚之情,只有随风飘飞的无情。

是花无情,还是怪人多情?女主人公为何那样伤悲呢?"玉勒雕鞍"极言车马的豪华,登上高楼也不见章台路,痴痴地凝望丈夫游冶,期盼丈夫的归来,等来的却只有雨横风斜的孤寂黄昏,忧伤无法排遣。所以,泪眼问花,落红无数,情殇无处寄,心悲无人晓。最后一个场景,王国维认为这是一种"有我之境"。所谓"有我之境",便是"以我观物,故物皆著我之色彩"(《人间词话》)。所有的情感如那凋败的暮春落花,情融于景,让人慨叹。

## 五、情词并胜、神韵悠然——李清照《点绛唇·闺思》

李清照是宋代著名的婉约派女词人,在整个中国文学史的长河里,她也是一颗耀眼的明星。李清照论词讲究协律,崇尚典雅情致,提出词"别是一家"之说,反对以诗文之法作词。在《词论》中,她认为苏轼的词"皆句读不葺之诗尔,又往往不协音律者"。李清照早年生活富足优越,与丈夫赵明诚琴瑟相和,举案齐眉,共同致力于书画金石的搜集,作词唱和,填词游戏。在《〈金石录〉后序》还有夫妻俩"赌书泼茶"的记载,即茶余饭后,随手觅得一本书,翻开一页,问对方某事某人出自何书何句甚至何页,输者直接泼茶于其胸间。夫妻情深意笃的情形让人艳羡不已。

本节我们将要欣赏的词写于约重和元年(1118 年)至宣和二年(1120 年)期间,丈夫赵明诚外任,李清照独居青州,思念夫君,整首词表达伤春离恨之情,神韵悠然,肝肠寸断。

### 点绛唇·闺思

寂寞深闺,柔肠一寸愁千缕。惜春春去。几点催花雨。
倚遍阑干,只是无情绪。人何处。连天衰草,望断归来路。

开篇直抒胸臆,将深闺的特征——寂寞直接点出,这种难以抑制的孤独如何描摹?诗人采用了"化无形为有形"的方式,并且借用了对比的手法进行描绘,一寸柔肠,却有千缕愁绪,数字的悬殊形成浓郁的忧愁之感。独守空闺,心中满是忧虑、相思和离愁,没有送锦书的鸿雁,没有爱人的音讯,只能听风吹落花,看暮春凋残。暮春是一个让人感到寂寞孤独的时节,本来繁花似锦,此时随风飘零,落红化作尘土,变为浮萍,随水漂流,人生的际遇也是如此一般。

关于惜春惜花的词,辛弃疾的《摸鱼儿》也是名篇。词中对几番风雨之后,匆匆春归的无奈之情描摹得淋漓尽致。诗人说惜春,生怕花开早,然而,这个满是繁花的季节如一江春水向东流。李易安在这首闺怨词中也是同样的无奈和落寞,惜春,其实是怜惜自己如春一样的青春年华。

在这寂寞的暮春里,诗人倚着栏杆,举目远望,希望能寻觅到爱人的身影,盼望爱人的归来,深情一片。这首词上阕主要写景,下阕言情,融情于景,将对爱人的深深思念融会在景物之中,语词真切,无事雕琢,语浅情深。

## 第五节 咏史怀古

咏史怀古诗主要是以历史事件或者古代人物为题材,表现形式主要有咏怀古迹、歌咏历史人物、评述历史事件等,通过借古讽今的表达方式,寄寓诗人的人生理想,或者抒发怀才不遇的忧愤,抑或表达对昔盛今衰的哀叹。也就是说,这类诗歌中咏史只是手段,最终还是立足于当下。在表达方式上,咏史怀古诗常常使用典故,表现手法含蓄蕴藉。另外,广阔的纵深感是这类诗歌的外在表现,大家在阅读时可以着意体味一番。

### 一、文典以怨,颇为精切,得讽喻之致——左思《咏史》(其二)

在赏析左思的诗前,我们先从"洛阳纸贵"的典故谈起。《晋书·左思传》记载,晋代文学家左思幼年其貌不扬,身材矮小,学艺不精,后勤学苦读,渐露才华。《三都赋》写成后,左思把诗作给文学家张华品评,张华甚是喜欢,于是将作品给当时的学者皇甫谧,并亲自为之作序。当时的富贵之家竞相传抄《三都赋》,这首诗传遍了洛阳,读过的人都交口称赞,一时之间洛阳纸张都涨价了,左思因此一夜成名,《三都赋》奠定了左思的文学地位。除了《三都赋》,左思还创作了著名的八首《咏史》,这八首诗歌继承了建安文学"以情纬文,以文被质"的优秀传统,在对历史典故、社会生活的品析中熔铸了诗人的平生抱负和人格理想,是一组具有较高审美价值的名篇,钟嵘在《诗品》中称赞左思创造了一种独特的"左思风力"。

#### 咏史(其二)

郁郁涧底松,离离山上苗。

以彼径寸茎,荫此百尺条。
世胄蹑高位,英俊沉下僚。
地势使之然,由来非一朝。
金张藉旧业,七叶珥汉貂。
冯公岂不伟,白首不见招。

左思的《咏史》(其二)创作的具体年代不详,大概是他进入洛阳不久。左思是因为妹妹被选入宫而随全家来到洛阳的。他本希望在洛阳能一展才华,然而事与愿违。左思出生在一个世代业儒的下层士族家庭,他能敢于冲破门第观念的束缚,立志驰骋疆场,建功立业,是值得称赞的。但由于士族制度的限制,晋代采用"门选"制度保护士族的利益,形成"上品无寒门,下品无世族"的局面。左思仕途不顺,举步维艰,对当时朝政的腐败抑郁不平,八首《咏史》诗正是左思思想的折射。

《咏史》(其二)的首两句运用叠词,"郁郁"是繁茂的样子,用以形容生长在深涧边的挺拔青松。青松秀颀,傲霜独立,是高洁品格的象征,然而它却被径长一寸、低垂萎靡的小苗所遮挡,其中的原因就是二者出生之地——山涧与山顶之别,这也正是那些才高位卑的寒士的命运写照。英雄的悲剧由门第使然,也不是左思所处社会的独有现象,历朝历代都有类似的事件发生,比如,金张两家的子弟,凭借祖先的功业,七代为汉朝官,一直贵为簪缨之家。然而冯唐,具有奇伟之气,身历三朝,却始终不能被重用,最终因为年事已高,不能为官,此之谓"冯唐易老"。

左思整首诗运用对比手法,将"史"与"诗"相结合,使咏史诗体格一新,抒发了自己的感怀,也抨击了当时不公平的社会现象,具有现实意义。

## 二、寓目山河,别有怀抱——李白《登金陵凤凰台》

"君子登高必赋",登楼凭栏远眺,抒发思乡怀人之情,嗟叹家国身世之悲,寄托离人伤别之叹,这是古代文人的一大雅事。在登高登楼诗中,我们常常看到诗人用绮丽的艺术手法、富有浪漫色彩的表达方式,表现出或高昂激越,或低沉回旋,或流丽婉转,或如急风骤雨的不同风格,展现出不同的韵味。

《登金陵凤凰台》是李白登临金陵凤凰台时所作的一首咏史怀古诗,据说是读罢崔颢的《黄鹤楼》,意欲与之争胜的作品。关于这首诗的创作背景有两种说法,一说是天宝六年(747年)诗人奉命"赐金还山",离开长安后作,一说是他流放夜郎遇赦返回时所作。根据诗歌表达的情感,或许前一种说法更切合。这首诗歌是李白少有的七律,李白登临凤凰台,思绪涌动,惜古叹今,将所思所想寄寓于邈远的时空,对历史和现实发出深深的喟叹,意境高远而宏大,深切的悲情溢于言表。

## 登金陵凤凰台

凤凰台上凤凰游,凤去台空江自流。
吴宫花草埋幽径,晋代衣冠成古丘。
三山半落青天外,二水中分白鹭洲。
总为浮云能蔽日,长安不见使人愁。

首联从凤凰台的传说起笔,与崔颢《黄鹤楼》有异曲同工之妙,三个"凤"字间隔叠用,音韵回环萦绕,读来一咏三叹。凤凰"游"与江自"流"两个动词形成呼应,将曾经凤凰翔集的盛景与如今凤去台空的冷寂相对比,曾经的繁华一世,王朝兴盛,如今却泯灭成空,让人情不自禁感叹。这一景象就像韦庄《台城》中所描绘的六朝如梦,飞鸟哀鸣,十里长堤上,唯有无情的杨柳还有生机。往日的戎马倥偬如烟云飘散,只有自然山水和千古江山依旧。

颔联运用典故,含蓄地展现煊赫历史不再的事实。吴宫是三国时孙权在金陵建都时的宫殿,如今杂草丛生;东晋的社会名流、簪缨之家都早已不复存在,王侯将相也不过留存古丘。这里的用典语言深邃,从宏大的视角和独特眼光审视历史的变迁和推移,情意真切,引人反思。如何看待昨日繁华,如何关照今日凡尘,是从达官贵族到布衣平民都可以思考的人生命题。

李白毕竟是谪仙人,他绝不会沉溺在这种过于忧伤的情调中,于是他巧妙地宕开一笔,开始描绘滚滚江水,诗歌中情与景巧妙融合,形成起伏层叠之感,更富有韵味。颈联写景,骤然间似展开了一幅山水画卷:在金陵凤凰台远眺西南,长江边上,苍穹之下,云蒸雾霭,三山并列。白鹭沙洲将流入长江的秦淮河一分为二。诗人以壮丽之景巧作铺垫,为尾联的抒情埋下伏笔。"浮云"是古诗词中的常见意象,这里比喻谗臣当道障蔽贤良,李白在长安,虽有玄宗降辇步迎、御手调羹、以七宝床赐食的一时风光,然而,由于他的个性和才华,招谗受嫉、受尽排挤更是常态。李白没有实现自我的社会舞台,只能空自叹息"不见长安",结尾意义深刻,耐人寻味。

很多诗歌评论家将这首诗与崔颢的《黄鹤楼》多加比较,对其中的用语有肯定,也有指摘。有的评论说"不似青莲笔气",对此笔者不敢苟同。私以为这首诗歌在表现艺术和诗歌境界上有独到之处,尤其登高望远、心怀天下的情与开阔宏大的意相融,其中包含的对历史更迭与人生宿命的无奈感和无力感,是非常动人的;而李白自己的浩然之气和从容也在历史的画卷中显得更加磅礴峻峭,高远豁达,疏朗风流,因此这是一首值得品鉴的佳作。

### 三、笔着纸上,神来天际——刘禹锡《西塞山怀古》

安史之乱以后,唐王朝国势不济,藩镇割据和边塞不宁让本身摇摇欲坠的王朝雪上加霜。唐宪宗时期,朝廷平定了一些藩镇之乱,国势有恢复迹象,但到了长庆元年(821年),河北的藩镇割据势力再度兴起。三年后,刘禹锡调任和州刺史,途经西塞山,念及当时的国家形势,抚今思昔,写下了《西塞山怀古》这首著名的七律。

#### 西塞山怀古

王濬楼船下益州,金陵王气黯然收。
千寻铁锁沉江底,一片降幡出石头。
人世几回伤往事,山形依旧枕寒流。
今逢四海为家日,故垒萧萧芦荻秋。

这首怀古诗描绘了秋景。我们应该读过不少以秋季为背景的古典诗歌,比如"元曲四大家"之一马致远的《天净沙·秋思》开篇九个意象组成的萧瑟寂寞的秋景,或者白朴的《天净沙·秋》里萧瑟秋景和明媚秋景的对比等。秋作为一个古诗词常见意象寄托着诗人的情感,或是天涯游子的落寞悲凉,或是意欲归隐、寻找乐土的旷达自适,抑或是凯旋的王者之气和一统天下的豪情,秋天这个季节寄寓了迁客骚人太多的思绪。这首诗歌尾联以秋风、芦荻为背景,运用叠词"萧萧"突出萧瑟之貌,描摹了六朝覆灭,曾经不可一世的军事堡垒一片残败之景,形神兼备,如临其境。可谓"多少六朝兴废事,尽入渔樵闲话",历史的遗迹也如东逝水,留与后人评说。山川静默,时光荏苒。

如若仅是尾联一句"芦荻秋",也很难达到催人泪下的效果。这首诗颈联的用语铺设巧妙,为结尾的抒情起到了画龙点睛作用。颈联从两个角度立意,其一为景物,西塞山枕着寒流长江;其二为人物,伤心往事不堪回首。是谁的伤心往事?一是东吴的亡国之君孙皓。东吴都城倚靠长江天险,加之暗置铁锥和千寻铁链横锁江面,但王濬以摧枯拉朽之势,瞬间击溃了东吴的防线,一代王朝就此覆灭。历史无法重来,孙吴政权黯然收场,这是多么令人伤感的历史悲剧。二是诗人的伤心往事。刘禹锡,这位家道中落的才子,曾与文坛巨擘柳宗元同榜进士及第,在王叔文的革新运动中一度受到重用,但随着"永贞革新"的失败,王叔文被赐死,刘禹锡也屡遭贬谪,《酬乐天扬州初逢席上见赠》中的首联可以解说他的命运。虽然刘禹锡个性还是比较洒脱的,他赏玄都观桃花时调侃道"尽是刘郎去后栽""前度刘郎今又来",充满了揶揄调侃,体现了刘禹锡的乐观豁达,但历经岁月沧桑,对时运不济的愤懑是深深地嵌在他的内心的。

这首诗歌选用西晋灭吴的历史典故,开篇气势浩荡,收尾一片苍凉,意在咏怀历史,借古讽今,劝勉统治者要以史为鉴,汲取教训,关注民生,安国兴邦,是一篇耐人咀嚼的优秀作品。

### 四、渺然无际,神会于笔墨之外——李贺《金铜仙人辞汉歌》

在中唐时期,有一位浪漫主义诗人,他就是被称为"诗鬼"的李贺。李贺是少年天才,家道中落的他有神童的称誉。他的诗歌富有奇幻的想象力,辞采诡谲,意象丰富、跳跃,不拘于常法。而且,李贺的诗歌善于运用修辞,手法新巧。本节我们将要鉴赏李贺的一首咏怀诗——《金铜仙人辞汉歌》,这首诗歌是李贺因病辞去职务离开长安时所作,诗歌想象奇特,饱含对国家兴亡与自己身世的悲叹,情感真切动人。当时的唐王朝受安史之乱重创,虽然有中兴之象,但是,藩镇割据加之周边少数民族的侵扰,使国势不济,民不聊生。诗人渴望建功立业,然而入京后,愿望落空,最后不得不饮恨辞别。这首诗就是在这样的背景下创作的。

#### 金铜仙人辞汉歌

茂陵刘郎秋风客,夜闻马嘶晓无迹。
画栏桂树悬秋香,三十六宫土花碧。
魏官牵车指千里,东关酸风射眸子。
空将汉月出宫门,忆君清泪如铅水。
衰兰送客咸阳道,天若有情天亦老。
携盘独出月荒凉,渭城已远波声小。

这是一首古体诗。标题中的金铜仙人是汉武帝时期神明台上的一尊神像,有二十丈(约为46米)高,非常雄伟。景初元年(237年)神像被拆除,搬离汉宫,因为太重了,留在了霸城。李贺巧妙地忽略了因为搬运不动而闲置的历史事实,借用了

"金狄或泣"的传说，采用移情手法，借用金铜仙人抒发对国家衰落的伤痛和自己怀才不遇的悲戚。

诗歌开篇描绘了汉武帝炼丹求仙的事，那个呼风唤雨的一代君王，被诗人直呼为"刘郎"，他曾创建的一世煊赫，如今只剩下荒芜的庭院。秋风吹拂，只见桂花树枝繁叶茂，遥闻暗香来，而三十六宫一片空寂，物是人非，到处是苔藓，人迹罕至。

诗歌对金铜仙人离开汉宫时的肖像刻画栩栩如生。金铜仙人作为刘汉王朝兴衰的见证者，即将辞别汉宫，满怀感伤，有对国家衰败的悲愤，也有依依不舍的离别之情。在凄寒的霜风中，金铜仙人怀念君王，忍不住流下了心酸的眼泪，它对于这片故土深深的依恋不言而喻。在表现铜人的情感时，景物的刻画对主题的表现起到了烘云托月的效果。枯衰的兰草、荒凉的月色、广漠的天际，形成萧瑟、寒冷、孤独、忧伤的意境，这样的凄绝之景，让本身没有情感的铜像也不禁落泪。情、景、物、历史、现实、梦想都交织杂糅在一起，诗人运用奇妙的想象、新巧的比喻和拟人手法，形成丰富的内涵，并将情感寄寓其中，令人称绝。

## 五、慷慨壮怀，如闻其声——辛弃疾《永遇乐·京口北固亭怀古》

提到辛弃疾，在大部分同学的印象里，他主要是和抗金、爱国热情、壮志难酬、悲愤等关键词联系在一起，然而辛弃疾的人物形象其实是更加立体、丰富的。儿时的辛弃疾跟着祖父阅读汉室书籍，不忘国耻，树立恢复中原的雄心壮志。青年时他参与耿京起义，率领五十多人袭击几万人的敌营，擒杀叛徒张安国。后辛弃疾创建飞虎军来稳定湖湘地区，终身恪守收复祖国失地的信念，然而屡遭弹劾，只得归隐山林。他虽在近古稀之年时被再次启用，也不过是被当作号召的工具而已。开禧三年（1207年），六十八岁的辛弃疾抱憾长逝。《永遇乐·京口北固亭怀古》是他去世两年前写的。诗中，辛弃疾来到京口北固亭，怀着深重的忧愤，借古讽今，情词恳切，境界宏大，明代杨慎《词品》中认为辛词当以《永遇乐·京口北固亭怀古》为第一。

### 永遇乐·京口北固亭怀古

千古江山，英雄无觅孙仲谋处。舞榭歌台，风流总被雨打风吹去。斜阳草树，寻常巷陌，人道寄奴曾住。想当年，金戈铁马，气吞万里如虎。

元嘉草草,封狼居胥,赢得仓皇北顾。四十三年,望中犹记,烽火扬州路。可堪回首,佛狸祠下,一片神鸦社鼓。凭谁问:廉颇老矣,尚能饭否?

辛弃疾站在北固亭,举目四望,曾经存在于这片土地上的风云人物和壮举在心中浮现。诗人仰慕曾经在这里建都的孙权,然而,这样的英雄早已无处寻觅,那代表着宫殿的舞榭歌台也被雨打风吹,不复存在,千古江山空寂寞。接着,诗人想起第二位历史人物——刘裕,刘裕以京口为基地,平息内乱,取代了东晋政权,两次北伐,歼灭强敌,收复长安、洛阳一带,功勋卓著,然而,这样气吞万里、叱咤风云的英雄所住过的地方也已变为寻常巷陌。

词的上阕,诗人借孙权和刘裕两位历史人物,从正面歌咏了建功立业、安国兴邦的时代使命之宏大,令人敬仰,但在千古江山中,这些壮举似乎都被碾作尘,不见了踪影。这里隐含了辛弃疾深深的落寞和大丈夫无法实现青云之志的悲愤,为下阕从反面讽刺北伐冒进的历史事件作铺垫。

"元嘉草草"指的是宋文帝刘义隆三次北伐失利,尤其是元嘉二十七年(450年)北伐惨败。出兵之前,宋文帝听取彭城太守王玄谟对北伐的建议,激动地说:"闻玄谟陈说,使人有封狼居胥意。""封狼居胥"是典故,霍去病远征匈奴,歼敌七万余人后,在狼居胥山祭拜,庆祝胜利。宋文帝急于事功,不仅招致失败,还招致北魏拓跋焘大举南侵,南宋国势一蹶不振。诗人回顾四十三年前北方人民反抗金兵,心中满怀疮痍,壮志难酬的悲剧命运让诗人不堪回首。更让人痛心疾首的是拓跋焘的行宫下,神鸦叫声应和着喧闹的社鼓,人们不知祭拜的竟是异族的君王。在末句,诗人再次联想到自己,和当年廉颇一样,老当益壮,怀着满腔的报国热情,却被谗言所伤,怀才不遇。因为韩侂胄没有采纳辛弃疾的意见,以"用人不当"为名免去了他的官职,导致他恢复中原的愿望又落空。

全词意境苍凉豪壮,寄寓了诗人深深的爱国之情。典故信手拈来,妥帖自然,具有较强的艺术感染力。

## 第六节　赠友送别

在古代,因为没有像现代这样发达的交通线路,所以,对于古人来说,离别是一件非常让人伤感的事,所谓"自古多情伤离别"。不同的时代,不同个性的诗人,在赠别诗中表现出来的风格是有差异的。柳永会表现恋人凄切哀婉地在杨柳岸"执手相看泪眼";黄庭坚会目送雁阵,书写隐逸山林的洒脱;李白会登楼赋诗一首,歌赞友人与自己的文采,夸张、满怀豪情地吟咏"乘桴浮于海"的志向;白居易的赠别诗语言平实,情真意切,也是别有风采;"大历十才子"之一的司空曙在《云阳馆与韩绅宿别》中描绘孤灯寒照和湿竹浮烟,写尽与友人多次离别的伤感。接下来,让我们一起走近这些经典的赠别诗歌吧。

## 一、遥情飙竖,逸兴云飞——李白《宣州谢朓楼饯别校书叔云》

李白"五岁诵六甲,十岁观百家",从小阅读大量诗书,另外,常年的漫游让明丽的山川风物也成为李白诗歌的底色。天宝元年(742年),李白踌躇满志地来到长安,任职于翰林院,两年后,他因为谗言离开长安,继续漫游。从应召入京时"仰天大笑"的飒爽,到"无奈宫中妒杀人"的愤慨还乡,李白从"降辇步迎、御手调羹"的神坛走下来,出世与入世的矛盾纠缠着他,使他抑郁痛苦,但他始终保持着洒脱的浪漫主义,希望实现"谋帝王之术"的宏图大志。理想与现实的矛盾,激越与忧伤的情韵,使李白弹奏出诗歌中最动人的音符。

李白,这位被贺知章称为"谪仙人"的唐代浪漫主义诗人,勾勒出我们对诗歌的基本印象。从童年到少年,李白的诗歌伴随着很多同学成长。从他的诗中,我们感知到的主要是饱满的青春热情,蓬勃乐观的精神风貌,旷达雄健的盛唐气象。但李白也有一些书写苦闷的作品,依然是壮怀激烈,奇气袭人。在本节,笔者将带着同学们一起欣赏李白的一首豪气满怀的赠别诗。

### 宣州谢朓楼饯别校书叔云

弃我去者,昨日之日不可留;
乱我心者,今日之日多烦忧。
长风万里送秋雁,对此可以酣高楼。
蓬莱文章建安骨,中间小谢又清发。
俱怀逸兴壮思飞,欲上青天览明月。
抽刀断水水更流,举杯消愁愁更愁。
人生在世不称意,明朝散发弄扁舟。

这首饯别抒怀诗大致写于天宝十二年(753年)的秋天,客居宣州的故交李云即将离开,李白陪他登楼并设宴饯行。面对长空万里,诗人壮怀逸兴,感慨万千,挥毫写下了这篇慷慨豪迈、一咏三叹的佳作。

每次吟读这首诗,总有一种在繁华中的孤独之感。诗歌不以叙别发端,而是在开篇将自己心中的郁结和盘托出。昨日事已随流水远去,今日忧愈加浓烈,年年岁岁,不尽的幽怨苦闷阵阵袭来。朝纲混乱、功业未成、年华逝去,郁悒、愤慨撕扯着诗人的心绪,但诗人无力逃避,无法抗拒。这样绵绵不绝的愁,想要在醉酒中缓解也是枉然,因为酒未到先成泪,举杯愁更甚。"抽刀"句为千古佳句,"抽刀断水"是起兴,将愁怨无法消解的无奈情形比作抽刀断水,化无形为有形,情景相融,情辞恳切。面对人生的不如意,醉酒无法消解,可以选择的办法是什么呢?本来李白的愿望是"安社稷"之后"功成去五湖",如今功业不济,人生无比苦恼,只有散着发在沧洲旁摇曳了。

另外,同学们也不要沉溺在这首诗歌的悲情之中,这里的悲中还有奇绝的豪气。李白与李云登上谢朓楼,面对晴空万里,与友人高楼对酌。诗人赞美李云的文章有"建安风骨",又以谢朓自比,表现出一种昂扬的自信与豁达。"览明月"这样的豪情是李白最好的注脚,使诗中极端的苦闷转为明丽阔大的浪漫。龚自珍评价李白为庄子和屈原思想的交汇。这个点评有中肯之处,李白是儒道互补的综合体,儒、仙、侠的气质在他的身上都那样熠熠生辉。

## 二、情景兼写,不失古法——司空曙《云阳馆与韩绅宿别》

"大历十才子"是大历年间(766—779年)十位诗人所代表的一个诗歌流派,这个流派的诗人运用诗歌歌咏盛世,描摹自然山水,推崇隐逸生活,他们以一种深邃的眼光观瞻真实的外在世界,反映现实。该派别的诗歌语言优美,音律和谐,虽然在选材上相对比较单一,但是在诗歌技法上的造诣还是可圈可点的。司空曙为"大历十才子"之一,著有《贼平后送人北归》《江村即事》等诗。他的作品文字细腻,诗风疏淡,主题多为对羁旅情怀的抒发和对自然风景的赞美。

### 云阳馆与韩绅宿别

故人江海别,几度隔山川。
乍见翻疑梦,相悲各问年。
孤灯寒照雨,湿竹暗浮烟。
更有明朝恨,离杯惜共传。

这首赠别诗与众不同的地方在于,这里的惜别是乍见又别。诗歌开篇从上一次离别写起,境界阔大。"江海别"表现出上一次分别的环境,江海天涯,路途遥远,难分难舍,分别后相见也遥遥无期,诗人与韩绅相隔万里已经很多年了。这里以上一次的分别为起点,无形中叠加了这一次分别的离愁,似乎人生总是在沉浮与聚散中,人如浮萍,随风飘曳。

江海一别,时光荏苒,不知几度春秋,终于有机会相见,诗人几乎无法相信这是现实,"翻疑梦"表现了与友人重逢的那种无可名状的惊喜,然而又悲喜交加,因为等待他们的是下一次的别离。"相悲各问年"这句不禁让笔者想起杜甫的《赠卫八处士》里所描绘的景象:惜别时,友人还未成婚,如今儿女已然成人,友人无法相见,就像参星与商星一样,错过、孤独、寂寞,这些只能诗人独自承受。

这首诗颈联的景物刻画非常细腻。孤灯一盏,在摇曳的灯光里,窗外寒冷的细雨轻轻落下,夜在灯火的光影里蔓延,倾听离别的愁绪。关于夜雨的诗句,同学们会想起哪些?"夜雨闻铃肠断声""离恨做成春夜雨""潇湘一夜雨,滴碎客中心"等都是写夜雨的名句。夜雨的冷寂让人无法抵御,平添断肠之伤。颈联还描绘了另外一幅竹林湿烟图:在夜雨的冲洗之下,竹叶愈发青翠,林间只见雾霭沉沉,如梦似幻。诗人这里将实景和人物的心情融为一体,虚实相间,情意缱绻,耐人寻味。

诗歌的结尾,勾勒了友人举杯共饮的画面,彼此劝慰,依依不舍,表现了对友情的重视。尾联的语言简明,淡然,无事雕琢,自然贴切,可见诗人运笔自如,有潇洒闲逸之风。

### 三、相望知不见,终是屡回头——白居易《南浦别》

白居易,号香山居士,是同学们最熟悉的诗人之一,他现存的诗有 2 800 多首,是留存诗歌数量最多的唐代诗人。白居易聪慧过人,诗才不凡,是一位少年神童。他早年的生活颠沛流离,少年时代是在战乱中度过的,在贞元十六年(800 年)中进士后,开始了仕宦生涯,官至左拾遗。他勇于批评时政,创作了《秦中吟》《新乐府》等大量政治讽喻诗。因越职言事被贬为江州司马后,白居易的心态和理念渐渐变化,开始倾向于佛道,晚年的白居易礼佛参禅,独善其身,也曾因此多遭诟病。

白居易的诗歌文字力求朴素浅显,语言也相对直白,通俗易懂,节奏明快。元稹在《白氏长庆集序》中言,白居易的诗歌"王公、妾妇、牛童、马走之口无不道",足见白居易的诗歌传播范围之广。在白居易的诗歌中,叙事兼抒情的感伤诗歌是较为成功的,他融情于景的艺术手法很纯熟,善于采用声音、色彩、气氛相调和的意象来塑造画面,营造气氛,抒发情感,比如《长恨歌》中写行宫月色和夜雨闻铃的词句将伤感烘托到极致,《琵琶行》中描写枫叶荻花、江水浸月的孤寂极为生动。本节我们一起欣赏他的一首赠别诗——《南浦别》。

### 南浦别

南浦凄凄别,西风袅袅秋。
一看肠一断,好去莫回头。

赠别是一类常见的诗歌主题,比如以桃花潭水比喻友情,用落日衬托故人的依依不舍,或者表现在"杨柳岸""执手相看泪眼",又或者表达"谁人不识君"的旷达。赠别诗常在某一个特定的自然环境之下,通过对景物的刻画书写离愁,诗歌的语言大都精致典雅,用语凝练。白居易的这一首诗在遣词造句的风格上稍有不同,语言更加平实,情真意切。

这是一首五绝,在20字以内包含离别景与离别情,语言的简省和新颖是这首诗别出心裁的地方。"断肠"是诗歌中的常见意象,有的表现相思之苦,比如苏轼的《江城子》;有的表现游子之悲,比如马致远笔下那个在西风古道上踽踽独行的断肠人;有的表现怀乡离愁,比如韦庄说"还乡须断肠"。白居易的这首诗歌中,离人频频回首,但每一次回眸都肝肠寸断,两个"一"字将赠别难分难舍的情感表现得淋漓尽致。诗歌的末尾用类似日常对答的用语给这缠绵深情的别离画上终止符,看似平淡,却暗含许多无奈。

在景物的描摹上,这首诗歌妙在运用叠词进行渲染,"凄凄"与"袅袅"相对应,富有音韵美,且将秋风萧瑟、木叶飘零的情景展现在读者面前,怎能让人不觉得凄凉、伤怀?酸楚的悲情油然而生,使读者情不能已。

### 四、千种风情,更与何人说——柳永《雨霖铃》

柳永,这位"忍把浮名,换了浅斟低唱"的才子,在中国文学史的长河里具有重要的地位。他创作了大量的慢词,在词中运用铺叙手法,对北宋慢词的发展起到推动作用。柳永长于婉约词风,深沉蕴藉。宋代的俞文豹曾在《吹剑续录》中记载了一个故事,说翰林院有一个幕士擅长吟唱,苏东坡就请他评价自己与柳七郎的词,幕士说柳七郎的词适合十七八岁的女子拿着红牙板,唱"杨柳岸晓风残月";而苏东坡的词,适合关西大汉拿着铜琵琶、铁绰板,唱"大江东去",这个点评将苏轼和柳永代表的两种词风表达得很贴切。同时,宋代文人对柳永的词评价不高,这里也可见一斑。柳永的词在扩大词境的基础上,将浅近俚俗的语言运用到词中,"凡有井水处,皆能歌柳词",柳永将市井生活和底层社会的真实面貌展露出来,具有世俗化生活情调。

在柳永的词中,有一首慢词是享有盛誉的,将离情别绪写得凄婉动人,柔肠寸断。这首词就是《雨霖铃》,是慢词词史上较早的作品,调声哀怨,缠绵悱恻。

### 雨霖铃

寒蝉凄切,对长亭晚,骤雨初歇。都门帐饮无绪,留恋处,兰舟催发。执手相看泪眼,竟无语凝噎。念去去,千里烟波,暮霭沉沉楚天阔。

多情自古伤离别,更那堪,冷落清秋节!今宵酒醒何处?杨柳岸,晓风残月。此去经年,应是良辰好景虚设。便纵有千种风情,更与何人说?

这首词上阕描摹一对恋人依依惜别的情景。秋风萧瑟,暮色西沉,大雨滂沱之后,孟秋之蝉鸣声透露些许寒意。主人公在都城门外设帐饯别,却毫无饮酒之趣。一对恋人相对而立,牵着手不肯放下,泪眼婆娑,轻轻耳语,不觉已经声音哽咽,泪如雨下。然而,舟子却不解风情,催促客人及早上船,怎能不叫人哀伤。接着,画面推向远处,千里烟波,暮霭沉沉,江天寥落。诗人这里很巧妙地用"念去去"衔接远景,"念"为去声,形成词语的转折跌宕,音韵流转,情韵深沉,表达了对远去恋人的担忧和不舍。

上阕写分别之景,下阕泛说离恨别愁,在这冷落的清秋时节,内心的伤悲更是无以言表。"今宵酒醒"这两句虚实结合,是柳永的千古名句。在古诗词中,写到宿醉、借酒浇愁的情形有很多,酒是情绪的催化剂,也是感时伤怀、书写心意的宣泄口。柳永的表达方式很独特,用"杨柳岸"的"晓风"与"残月"来回应恋人酒醒后的问询,极具浪漫主义情调,将世事无奈、人生寂寞的悲情化在本无情的自然之景中,以诗情画意抒怀,浑然天成。柳永的词用语蕴藉,情思缜密,情意缱绻,堪称妙绝。

### 五、在隐逸与天伦之乐中寻求自适——黄庭坚《和答元明黔南赠别》

读罢柳永的《雨霖铃》,本节我们还要走近另一位宋代的著名诗人。他就是《核舟记》中那位立于船头,和苏轼共阅一册手卷的黄庭坚。黄庭坚是"苏门四学士"之一,开创了"江西诗派",偏重奇拗瘦硬的文风,有"夺胎换骨""点铁成金"的文学观点,在宋代具有较大的影响,和苏轼并称为"苏黄"。

同学们应该接触过不少友人赠别的古典诗歌,但对表现亲人离别的作品也许涉猎不多。黄庭坚的《和答元明黔南赠别》就是表现兄弟离别的诗。黄庭坚和他的兄长黄大临(字元明)手足之情甚笃。绍圣二年(1095年),黄庭坚因为"修史失实"的罪名被贬谪到边远的黔州,黄元明不远万里,将弟弟送至寓所,兄弟二人难分难舍。黄庭坚这首诗即书写此事,运用了大量的典故,蕴藉含蓄地表达了对兄长的深情厚谊和离愁别恨。

### 和答元明黔南赠别

万里相看忘逆旅,三声清泪落离觞。
朝云往日攀天梦,夜雨何时对榻凉。
急雪脊令相并影,惊风鸿雁不成行。
归舟天际常回首,从此频书慰断肠。

这首诗的颈联运用比兴手法来表现兄弟之情,比兴手法是一种传统的表现手法,宋代朱熹的解释为"比者,以彼物比此物也","兴者,先言他物而引起所咏之辞"。纷纷扬扬的飞雪中,鹡鸰鸟相互依偎着,这里比喻共同患难的兄弟。风骤起,鸿雁失群,只能独自飞翔,凄哀不已。对这两种自然界的动物的描绘,均有典故,二者分别出自《诗经》和《礼记》,诗人睹物兴怀,表现了风雪交加,惊风掠过,自己身处险境,兄弟离散的悲哀,同时"脊令并影"又是诗人所期待的景象。

赠别诗除了表现情意,也常常抒发心志和人生理想。在颔联中,诗人与兄长经过巫峡,想起楚王梦见神女的故事,这隐喻了诗人梦想落空,表达了对佞臣当道,时不我与的满腔悲愤。面对仕途的困顿,诗人期盼能兄弟同榻,夜雨共话,那是多么温馨宁静的境况。这一句黄庭坚仿效了韦应物和苏轼的诗意,希望与兄长相约归隐,在自然山水和亲人团聚的幸福时光中徜徉,享受天伦之乐。

在尾联,诗人将笔触落在元明的视角上,写出了兄长在归舟中频频回首,遥望天际,期盼诗人早日回归的场景,可见情意之深厚。从对方入手写情,更加深沉,耐人寻味。

## 第七节 羁旅行役

羁旅行役诗是古典诗歌中一种常见的类型。诗人因为很多原因长期客居在外,漂泊他乡;或者在被贬谪赴任途中,也可能是游历祖国的名山大川后,外在的风景激发诗人的所思所想、所感所悟,有对故乡的眷恋,有对时不我与的人生遭际的忧愤之情,也有对国恨家仇的哀伤。羁旅行役诗是古典诗歌中最具柔情的一道风景线。

### 一、高浑一气,古今独步——杜甫《登高》

我们在爬山登高时,常常会吟诵一句"会当凌绝顶,一览众山小"的豪言壮语,这是青年时期的杜甫北游齐赵期间所创作的《望岳》中的名句,表现了诗人意欲登上泰山之巅,睥睨天下的豪情。杜甫生于官宦之家,祖父杜审言是咸亨年间的进士,是"文章四友"之一,也是近体诗的奠基人之一。杜甫的母亲崔氏的家族也是当地的名门贵族。少年杜甫家境殷实,自幼好学,七岁就能作诗,"开口吟凤凰",而且有志于"致君尧舜上,再使风俗淳"。他少年时期受到较好的艺术熏陶,诗歌的审美意蕴别具一格,不同凡俗。在齐赵漫游期间,杜甫过了一段"裘马轻狂"的生活,他以饱满的热情歌颂雄鹰,描摹骏马,畅谈理想,书写积极进取的人生抱负。

然而,科举失利,干谒无果,仕途不顺,小儿子饿死,再加上接踵而来的安史之乱,杜甫的人生彻底奏响了悲歌。在蜀中漂泊期间他得到了严武的帮助,建成"浣花草堂",于是欣喜地写下了《春夜喜雨》,表达对暂时的安定的满足。永泰元年(765年),严武去世,杜甫离开成都,南下到达夔州一带,次年,五十六岁的杜甫病困交加,孤苦无依,独自登上夔州的白帝城外的高台,面对萧瑟秋江,百感交集,写下这篇千古名篇——被誉为"七律之冠"的《登高》。

### 登 高

风急天高猿啸哀,渚清沙白鸟飞回。

无边落木萧萧下,不尽长江滚滚来。

万里悲秋常作客,百年多病独登台。

艰难苦恨繁霜鬓,潦倒新停浊酒杯。

这首诗歌"一篇之中,句句皆律,一句之中,字字皆律",不但上下句相对,还有句中自对,如"天"与"风","高"与"急","沙"与"渚","白"与"清"都能做到相对,节奏感强烈,读来朗朗上口,字词精当、凝练,可见杜甫运用声律音韵已臻出神入化之境,沈德潜称其为"格奇而变"。

不过,选这首诗与同学们分享,不只在于研究格律之巧,更在于感受杜甫那力透纸背的悲凉。开头四联所写的夔州秋景中,秋风瑟瑟,猿声哀鸣,长啸九天,落叶飘零,茫无边际,滚滚的长江水奔流不息,时光流逝,无情更迭,有谁能知晓杜甫的愁苦?此时的杜甫漂泊无依,身在异乡,病痛缠身,在他人生暮年之际,晚景如此凄凉,羁旅之愁与人生苦痛交织在一起,因此他面对如此悲凉的秋景,几近断肠。

不过,杜诗作为一部安史之乱的血泪史,绝不是仅仅停留在个人的身世之哀。就像杜甫在《登岳阳楼》中所言,没有亲朋好友的书信,只有一叶孤舟飘零,这都不是诗人凭栏流涕的原因,真正的悲伤源自"戎马关山",边塞战事不断,吐蕃侵扰,民不聊生。同样,《登高》这首诗歌中,国家的艰难困苦才是诗人心中挥之不去的哀伤,鬓发已苍,潦倒不堪,都是因为时世之艰。

从这首诗中,我们可以感受杜甫诗歌沉郁顿挫的风格,它们留存着一个时代的印记,耐人咀嚼。

## 二、跋涉风尘,何不如渔翁之自在也——杜牧《旅宿》

对于唐诗,大家会更多地关注初唐、盛唐和中唐,对于晚唐的诗歌也许关注不多。在晚唐时期,唐王朝进一步走向衰败,宦官专权,朋党相争,藩镇割据,边塞忧患,经济凋敝。文人内心有着深深的沮丧和忧虑,他们的作品常常表现出对历史的追忆,对现实的喟叹,对自然的向往,他们将无奈与旷达、苦闷与纾解、热烈与冷静融会在作品中,文字里有一种柔韧的张力,似怨又似苦,似恨又似悟,饱含着深深的叹息与呐喊。

晚唐时期的文学史上,"小李杜"占有一席之位。其中"杜"就是指杜牧。杜牧生于官宦之家,祖父杜佑为三朝宰相兼学者,这是杜牧一直引以为豪的门第出身。然而,杜牧有太多不如意,他中进士后的十年里,大部分时间沉沦下僚,流连于酒市歌楼,落魄不羁。不过,史学世家遗风和对政治的关切,形成了杜牧对历史的深邃哲思,这种哲思带来的深沉感贯穿他的作品。这一节我们欣赏杜牧的一首羁旅怀乡之作。

### 旅　宿

> 旅馆无良伴，凝情自悄然。
> 寒灯思旧事，断雁警愁眠。
> 远梦归侵晓，家书到隔年。
> 沧江好烟月，门系钓鱼船。

此诗的写作背景是杜牧被外放到江西，客居旅店，家书隔年才到达，他只能独自一人黯然神伤，其情其景，令人感怀。

这是一首五律，首联直接入事，描摹了诗人茕茕孑立，孤独无依的情形，人物的肖像占据了整个画面，寒冷夜暮，昏黄的灯盏映照着诗人凝神沉思的容颜，诗人满腹愁绪，往事历历在目。窗外传来失群大雁的哀鸣，一声声，一阵阵，似乎惊醒了诗人的愁思，使他更加辗转难眠。同学们思考一下，诗人这里写大雁失群有没有象征意蕴呢？此处写大雁在长空哀鸣，孤独前行正是杜牧自己的写照。

夜不能寐的愁苦和思乡情切无法传达给他人，甚至家人的音讯只能隔年到达，无处安放的乡恋扑面而来。写到这里，诗人的无奈与痛苦到了无以复加的地步，无法消解。这首诗语言最精妙的是尾联，"烟月"着一个"好"字，境界全出，故乡的美景呈现在读者面前：江水微澜，笼罩着一片雾霭，月色溶溶，风光绮丽，堤岸之上，一艘垂钓的渔船闲置，清丽静谧，使诗人的羁旅之愁又平添了几分。虚景与实景交融在一起，梦境和现实出现在同一个空间里，体现出诗人不凡的笔力，耐人寻味。

### 三、羁旅穷愁，想之在目——温庭筠《商山早行》

本节诗歌赏析的标题"羁旅穷愁，想之在目"出自南宋魏庆之的《诗人玉屑》，是对《商山早行》中"鸡声茅店月，人迹板桥霜"一句的评价。这首诗歌描绘了旅途中寒冷凄清的黎明之景，抒发游子宦游在外的思乡、孤独、寂寞和无奈的情感。这首诗歌创作年代尚不明确，但通过诗人温庭筠的生平经历可以推断，本诗大约是他四十八岁离开长安赴襄阳，途经商山时所作。这首诗歌之所以闻名，很大程度上是因为颔联用语之妙，下面我们一起来分析这首诗。

### 商山早行

> 晨起动征铎，客行悲故乡。

> 鸡声茅店月，人迹板桥霜。
> 槲叶落山路，枳花明驿墙。
> 因思杜陵梦，凫雁满回塘。

同学们，轻声朗读这首诗，在你面前会呈现哪些画面呢？笔者看到了五幅画。第一幅是茅屋山月图：黎明时分，残月在青蓝色的天幕上，掩映着山间的茅屋，雄鸡报晓，打破了晨间的宁静。第二幅是板桥霜寒图：早春的木桥上一片雪白，那是霜降的印记，上面已然有些许浅浅的脚印，这早行的人，背影早已消失在溪涧尽头。第三幅是槲叶飘零图：槲树经历了一个冬季的枯败，在春风中飘零。落叶满山，传递着春的讯息。第四幅是驿墙枳花图：飘零的槲叶凄婉伤感，转角却见一墙明艳的枳花，枳花白似雪，一片欣然。第五幅是杜陵凫雁图：在故乡杜陵，春回大地，水暖鸭先知，凫雁在池塘嬉戏。

在羁旅行役诗中，景物的刻画是诗歌之眼，既是诗歌意境的载体，又是诗人情感的寓所。这首诗歌景物刻画颇具特色，值得研究。其一，颔联名句的名词叠加之法。诗歌中的纯名词组合，我们曾多次遇到过，很典型的例子有马致远的《天净沙·秋思》和白朴的《天净沙·秋》。多个词组的复用，在音律上充满了节奏感，在画面上，意象相连缀，景物非常形象，而且诗人这里听觉、视觉交互使用，让读者能通过不同的感官体验诗中之景，形成更加丰富而立体的审美画面。其二，颈联景物的对比效果。同学们都有观画的经历，如若我们赏的画都是一种风格，一种视角，一种色调，看久了，势必会生倦意，如果在画面中切换视角，视觉神经的触点会变得更敏感。在颈联中，诗人将槲叶飘零和枳花满墙两个画面放在一个视觉空间中，形成跳跃的灵动之感，在情绪上也有一种起伏。生命会衰败，但也有璀璨，这是亘古不变的哲理。其三，尾联景物的虚实相间。诗人漂泊在外，所见之景有凄哀，有明媚，情思随之涌动，然而，通向内心深处的却是梦里家乡。温庭筠真正的故乡其实在山西，杜陵只是一个他相对寓居较久的地方而已，却被他视为故乡。对于一个辗转漂泊的人来说，只要梦里能有自己眺望的方向，那就是难以言说的慰藉。这首诗歌将游子的孤寂和乡恋展现得淋漓尽致，却又含蓄蕴藉，给人以意犹未尽之感。

## 四、小令中调有排荡之势者——范仲淹《渔家傲·秋思》

词起源于燕乐，是配合燕乐进行演唱的歌词，到了晚唐五代以后被人们称为

"曲子词"。五代花间词派和南唐词为后期宋词的发展奠定了基础,词以疏淡清丽、婉约精致的词风进入人们的视线里。到了宋代,词在题材和风格上发生了转变,宋代中叶,以苏轼为代表的词人开创了豪放一派,打破了人们对词狭隘的传统观念,词的选材和意境更加宏大,不仅表现男欢女爱和离愁别绪,还能表现个人建功立业的爱国主题。到了南渡时期,词作为一种成熟的文学体式,用广袤的视角反映社会生活和时代气象。在苏轼高举词改革的大旗之前,宋代一位重要的文人对苏轼是有一定影响的,他就是范仲淹。

提及范仲淹,同学们一定会想起他的那句"先天下之忧而忧,后天下之乐而乐"。范仲淹现存的词只有五首,主要描写边塞生活和羁旅情怀,突破了宋词流连于儿女柔情的界限,风格雄浑豪放。

### 渔家傲·秋思

塞下秋来风景异,衡阳雁去无留意。四面边声连角起,千嶂里,长烟落日孤城闭。

浊酒一杯家万里,燕然未勒归无计。羌管悠悠霜满地,人不寐,将军白发征夫泪。

这首词上阕描绘了塞下风景,下阕借景抒情,表达了边塞战士的报国热情和思乡忧国的情感,用语真切。上阕的秋景,在诗人的笔下一片萧瑟、冷寂,这种意境的营设借助于多个景物特征。首先是自然风景,黄昏落日下,秋风吹拂着,雁向衡阳飞去,无意停留,虽然雁去是一种回环往复的自然现象,但"雁去"更突出了这里的荒凉。在自然风景中,诗人加入了边塞特有的人文景观——军中的号角声,这是从听觉的角度描写景物。

然而这样的战争状态并非边塞战士的意愿,国力衰弱,战士壮志难酬,眼看国家积弱积贫,却无法施展抱负。因为战事无功,征夫落泪,鬓发斑白,深深的家国之思席卷着远在边疆的战士们。号角声、羌笛声、秋风声,还有归雁、落日、满地寒霜,整首词弥漫着悲壮与苍凉。

## 五、老健深稳,意境自殊不凡——王安石《葛溪驿》

少年王安石喜欢读书,博闻强记,庆历二年(1042 年)以进士第四名及第,治平四年(1067 年)宋神宗即位后不久,先后任命王安石为江宁知府和翰林学士。从熙

宁三年(1070年)起,王安石推行新法,至熙宁九年(1076年)被罢相,王安石开始了隐居生活,最终在江宁(今南京)病逝。王安石被列宁称为"中国十一世纪改革家"。本节介绍的这首诗作于皇祐二年(1050年),王安石自临川前往钱塘,中途停宿驿站,听闻秋声,夜不能寐,故作此诗。

### 葛溪驿

缺月昏昏漏未央,一灯明灭照秋床。
病身最觉风露早,归梦不知山水长。
坐感岁时歌慷慨,起看天地色凄凉。
鸣蝉更乱行人耳,正抱疏桐叶半黄。

我们去读一首诗,常常是借助于诗句勾勒的画面渐渐进入诗境。这是一首七律,前两联描摹的是一幅羁旅苦愁图。窗外是昏暗的残月,照着无边无际的黑夜,迷蒙、幽暗,这正像诗人的内心,前路迷茫,心境低沉,有说不出的哀伤。户外间歇地传来漏壶之声,在这深夜更显得死寂和孤独,诗人心中烦忧,找不到宣泄之处。屋里时明时暗的灯盏,摇曳的灯光,牵动着诗人迷离的心绪,何处是归程?抱恙之躯对风露尤为敏感,因而诗人能早早察觉春秋迭代、时令更替,这种体察越是细微,越容易感受到深沉的痛苦。病中行役的旅者思乡之心切可想而知。诗人在梦中也常常回归故里,然而,梦中的他却不知家乡在山长水阔的哪处,又岂能即刻到达呢?现实与理想的矛盾向两个相反的方向拉扯着诗人,往任何一个方向,都有短暂的怡悦,但紧接着可能是加倍的痛苦和孤独。

如果这首诗只是停留在病中行役,借景物抒发一下悲情,那诗歌的意义也就仅于此了。然而,诗人在颈联宕开一笔,从个人的情感转入对国家的忧时伤怀。王安石历任知州、知县、通判、江东提点刑狱司公事等官职,秉公执法,关爱百姓,对于政治上的积弊较为关注,曾经创作过《省兵》《读诏书》等涉及民生的作品。"歌慷慨"正表现了他心忧天下的政治态度和人生抱负。

尾联诗人回到现实之中,聒噪的蝉鸣声中唯有叶半黄的疏桐和无知的秋蝉,无人能知晓他深沉的悲悯。

当时的社会危机四伏,一片凄凉。这首诗将思乡之情和忧国之恨融会在一起,表达了诗人深切的家国之悲,含蓄中蕴含了呼之欲出的激情,余味悠长。

## 第八节　即景抒怀

王夫之在《夕堂永日绪论》提到:"情景名为二,而实不可离。神于诗者,妙合无垠。巧者则有情中景、景中情。"即景抒怀是一种诗歌的写作手法,各类诗中都会用到即景抒怀。同时,即景抒怀诗也可以作为中国古典诗歌中常见的一种类型。对于即景抒怀诗,能通过品读刻画景物的文字,理解作者的情感,这是我们进行阅读鉴赏的主线。部编教材中有大量即景抒怀的篇章,学生可以全景式浏览教材中的即景抒怀作品,再阅读本章节的篇目。学习景物描写是本节的阅读重点。分析景物可以用哪些方法呢?把握景的层次、动静、颜色以及对名词、动词、形容词等进行推敲,我们可以更容易地触摸作者的情感。此外,作者运用的移情手法、寄情于物的手法,也是值得我们注意的。

### 一、超旷中独饶劲健——孟浩然《秋登兰山寄张五》

唐代浪漫主义诗人李白说:"吾爱孟夫子,风流天下闻。"这是李白对孟浩然风流潇洒、俊朗超逸的文风和为人的赞美。孟浩然早年有志于治世,但仕途困顿,一直不得志,一生未曾入仕,以隐士终身。孟浩然的诗风清淡,对景物的刻画很有特色,主题以反映田园生活、隐逸之趣和羁旅行役为主。

**秋登兰山寄张五**

北山白云里,隐者自怡悦。
相望试登高,心随雁飞灭。
愁因薄暮起,兴是清秋发。
时见归村人,沙行渡头歇。
天边树若荠,江畔洲如月。
何当载酒来,共醉重阳节。

登高怀远,抒发志意是古典诗歌中一个常见的母题,孟浩然在这首诗歌中,通过对登高所见景物的刻画,表达对友人的思念。

诗歌化用了南北朝陶弘景的《答诏问山中何所有》,用诗性的语言写出了隐者的飘逸。隐者隐居在白云缭绕的北山,一个"自",将怡悦舒畅、潇洒自得的姿态展

现出来。开篇以隐者之态着笔,不经意地流露出诗人对隐者的羡慕。孟浩然作为山水田园诗的代表人物,身处自然中,独有一份宁静和祥和,怡然自适,十分富有感染力,因此,我们可以在孟浩然的诗歌中感知闲逸和旷达。

在这首诗中,诗人直抒胸臆,写出薄暮带来的愁绪和惆怅孤寂。黄昏落日伴着哀愁,静静地守望,而隐者面对天清气朗的秋季,看着雁阵,心情又随之飞扬,兴致勃发,满腹愁绪也尽数消散。将目光投向远方,只见归村人三三两两,携带着劳动的工具回来,有的在渡头停歇,神色悠然。天边的树木像细细的荠菜,白色的沙洲在月色中更加朦胧,意境悠远。诗人不断变换视角,从远景和近景描绘山下的景色,既有实景,也有诗人的联想,在自然风景的基础上增加了人物这一灵动的元素,场景开阔自然,流畅而富有韵致。

到了诗歌的结尾部分,诗人更是兴之所至,热情地邀请友人张五一起把盏言欢,"何当"这个词语展现了诗人豪气的性格,约友人喝酒,竟然让友人带着酒过来,非常随性。和友人"共醉",畅所欲言,那是一件令人开怀的事。诗人选择了重阳佳节,凸显了相聚这个主题,更进一步体现了他对友人的思念之情。

## 二、沉雄之魄,清劲之气,写奇丽之情——柳永《八声甘州·对潇潇暮雨洒江天》

柳永词和东坡词常被放在一起比较,一个是十七八女郎歌杨柳岸晓风残月,一个是关东大汉唱大江东去。当时柳词并不被士大夫待见,但柳永有一首词被苏轼称赞"此语于诗句不减唐人高处",这就是《八声甘州》。让我们一起感受柳永《八声甘州》中悲壮阔大、高远雄浑的秋景吧。

### 八声甘州

对潇潇暮雨洒江天,一番洗清秋。渐霜风凄紧,关河冷落,残照当楼。是处红衰翠减,苒苒物华休。惟有长江水,无语东流。

不忍登高临远,望故乡渺邈,归思难收。叹年来踪迹,何事苦淹留?想佳人、妆楼颙望,误几回、天际识归舟。争知我,倚栏杆处,正恁凝愁!

这首词上下两阕分别写景和抒情,结构井然,脉络清晰,起伏跌宕。词上阕的境界宏大,一改柳永婉约柔媚之风,景物的刻画是形成这一效果的关键,请同学们将目光放到词的上阕,先试着找一找其中的景物有哪些妙处。首先,叠词的运用具有音韵美。第一句"潇潇"是雨落之声,除了声音,潇潇还给人以雨急骤之感,秋江之上,潇潇暮雨,水天一色,那是何等辽阔,开篇就勾勒了一幅暮雨秋江的寥阔远景,甚是宏大。第二个叠词是"苒苒",这个词和荏苒相似,但叠词更能将时光流逝的无奈表现出来,情意缱绻,让人感同身受。其次,上阕景物的刻画在炼字上颇显功力。一系列动词的运用,比如"洒""洗""冷落""残照""衰""减""休",非常凝练而准确地将清秋薄暮、风霜凄紧、夕阳残照、百花凋残的凄凉之境描摹出来。而伴随美景的消歇,只见那长江流水,默默无声地向东流逝,诗人运用了拟人的修辞手法来写流水,流水不语的情态,将诗人的心事也蕴蓄其中了。局部字词品读之余,我们从整体的视角再来看上阕的景物。因为描绘的景物比较多,经常会涉及景物的角度和层次变换。上阕从远景起笔,镜头推移到近处,最后又将视角推向远方;同时,景物的角度从"江天"到"红翠",也就是从高到低,景物具有层次感,富于变化,我们在写作时可以借用类似的表现手法。

词的下阕为抒情,开头一句说"不忍",但在词的末尾却又倚栏远眺,矛盾的语言凸显了诗人内心的纠结和迷茫:害怕危楼凭栏,因为那会让人更加思念家乡、思念亲人,羁旅苦愁无法排解,但又因为太过于孤独,很希望能到高楼远眺,遥望故乡。因为在家乡那里,我的爱人正在妆楼颙望,期盼我的归舟。对于远方的佳人,诗人妙用一笔虚写,情意绵绵,同时,诗人巧妙地化虚为实,描绘了佳人等候的情形,画面更加生动。

这首词表达了客居他乡的游子对故乡的思念之情,"叹"和"苦"以简笔勾勒了诗人滞留之苦闷。这首词也代表了当时大多数漂泊无依的知识分子的情绪,是一篇值得反复品读的名篇。

### 三、正气塞天地,而情语入妙至此——范仲淹《苏幕遮》

鉴赏一首诗词,通过品读文字,体会诗人寄寓在作品中的情感,这个环节可以是我们鉴赏的宗旨,也可以是品鉴的起点。如果为前者,我们是从文字、画面、音律入手,一步步走近诗人,通过知人论世,以诗人的创作经历和风格为基础,体会诗人的情感;如若为后者,也许通过两遍的吟读,我们就可以初步捕捉诗人的意图和情感,然后,以此为媒介,我们沉浸在诗歌的文字里,研习诗人表达中心情感的技法和锤炼文字的艺术。这两条路径都是较为常规的思维轨迹,当然,两条路径在有些地方是重叠和可逆的,借助的载体也是有交叉的。比如都是借助语言、文字、意象、意

境、手法等,而且,很多环节也都是可以合并和共存的。在日常研读诗词时,我们可以任意选择以上鉴赏路径,这都是可以采用的思维训练方法。

## 苏幕遮

碧云天,黄叶地,秋色连波,波上寒烟翠。山映斜阳天接水,芳草无情,更在斜阳外。

黯乡魂,追旅思,夜夜除非,好梦留人睡。明月楼高休独倚,酒入愁肠,化作相思泪。

对于这首词,笔者将带着大家采用第二种路径鉴赏。这首词是一首羁旅怀乡之作,首先请寻找一下这首词中抒发情感的句子。"黯乡魂"和"相思泪"这两句应该是在吟读时会关注的句子,句意很明显是表达乡情乡恋。一个远离家乡的游子,他在外淹滞已久,常常深夜辗转反侧,难以入眠,希望在梦中与家人相遇,却事与愿违。"黯乡魂"一句采用虚实结合的写作手法,将理想与现实的矛盾呈现在眼前,让人为之感怀。最妙的是最后一句,明月皎皎之时,切不可独自登楼,因为此情此景,只有无法排遣的羁旅之苦,故乡远在他方,归期无计。就像柳永的《蝶恋花》中写的一般,"拟把疏狂图一醉",最后的结果是强颜欢笑,唯有更深沉的孤独,范仲淹举杯消愁,却化作相思泪痕,"酒""愁肠""相思泪",这是多么具有真情实感的动人之语。

其次,在捕捉情感的基础上,大家再来纵观这首词的景物刻画。要表现羁旅怀乡的哀愁,诗人采用了黄昏、斜阳、秋天、落叶这些常见的景物和意象,但读来没有凄凄切切之感,相反景物的搭配呈现出一种宏大的意境。这源自作者写景时的景物角度,具有辽阔的空间感。词开篇的第一景为"碧云天",接着是"黄叶地",两种颜色的勾勒,上与下的构图,整个画面的纵深感就形成了;接着诗人再一次拉伸镜头,开始用动态的秋波含烟、水天相接和静态的斜阳映山给画面加以点染,将秋天的晴朗日暮之景勾画了了,语言简洁,画面具有立体感,意境深远,色泽浓艳却清丽如画,诗人的描摹技法令人称绝。

这首词雄健沉郁之中蕴含低回婉转,阔大雄浑中又有柔美秀雅,值得多多品读,边读边思。

### 四、笔轻而韵秀,造迷离恍惚之境——秦观《点绛唇·桃源》

秦观是"苏门四学士"之一,文风蕴藉清婉,雅淡凝练。看到"桃源",大家或许会想起东晋著名山水田园诗人陶渊明的名篇《桃花源记》，假托渔人误入桃花源一事，表达作者反对战争、剥削与压迫，对和平、宁静、幸福生活的向往，文章是陶渊明所绘制的一幅理想生活的图景，我们可以从文中感受到陶渊明"久在樊笼里，复得返自然"的精神愉悦，他通过虚实相交的方法勾勒了一个神秘、灵动、令人企慕的乌托邦。

秦观同样有写桃源的文字，但似有些不同。可先默读《点绛唇·桃源》两遍，试着找出这首词中表达诗人心迹和情绪的句子。

### 点绛唇·桃源

醉漾轻舟，信流引到花深处。尘缘相误。无计花间住。

烟水茫茫，千里斜阳暮。山无数。乱红如雨。不记来时路。

上阕是"尘缘相误。无计花间住"，下阕是词的最后一句"不记来时路"。"无计"是没有办法，因为被尘缘相误。尘缘本来是佛教用语，佛经中认为色、声、香、味、触、法为"六尘"，它们是让人滋生"欲"的根源。这里秦观是泛指名利对自己内心的羁绊。秦观的人生经历中，多次的贬谪是他挥之不去的苦闷。绍圣元年（1094年），新晋宰相章惇大肆打击祐时的旧党，苏轼、黄庭坚和秦观都属于被排挤的对象。秦观在屡遭贬谪的颠沛流离中，陷入一种无法自拔的悲哀中，这首词也是被贬郴州期间所作。

桃花源，该是落英缤纷，芳草鲜美，如梦似画的吧？显然，秦观没有如此绘景的心绪。下阕写了四种凄苦的景象。烟水茫茫，水天相接，雾霭沉沉，烟波浩渺，一片迷茫，看不清远方，天涯苦远，没有方向。斜阳黄昏，余晖点染了天际，黄昏是一天中人的情绪很容易波动的时候，夜幕降临，自己将要独自面对漫长的深夜，面对辗转反侧，面对空寂落寞。群山矗立，静默地守候着万物。暮春中的落花残红，像飞雨一般。诗人笔下的暮春之境，有一种淡淡的忧伤。北宋著名现实主义诗人梅尧臣说："状难写之景如在目前，含不尽之意见于言外。"秦观这里所写的景物，是他内心情感的折射，暗淡、感伤、阴郁、不得志的苦闷都融入这凄迷的画面之中了。而且，最值得称道的是，秦观的文风很闲逸，没有用力雕刻之感，语言清淡自然，似平凡口语，却能造如此深邃的意境，可见秦观笔力的稳健。

### 五、感伤之本，岂在蕉雨——吴文英《唐多令·惜别》

宋代词人吴文英对于大多数人来说并不是耳熟能详的名字，因此，我们先简单了解一下他的大致生平。吴文英,字君特,号梦窗,晚年又号觉翁,四明(今浙江宁波)人,南宋词人。师承周邦彦,文字典雅、含蓄蕴藉。吴文英游幕一生,在苏州、杭州和越州三地居住时间最长,在苏州期间,他曾经北上,到达过淮安、镇江、吴江、无锡等很多地方。他每到一处,常有题著,在南宋的文坛上留下了大量作品。本节鉴赏的词书写了他漂泊生涯的羁旅离愁,诗人在词中通过对景物的刻画,表达了他复杂的情绪和离别的惆怅。

## 唐多令

何处合成愁。离人心上秋。纵芭蕉、不雨也飕飕。都道晚凉天气好,有明月、怕登楼。

年事梦中休。花空烟水流。燕辞归、客尚淹留。垂柳不萦裙带住。漫长是、系行舟。

这一首词同学们可以和范仲淹的《苏幕遮》对照着赏析。词中直接表达心迹的句子是首句,和《苏幕遮》有所不同。《苏幕遮》中是上阕写景,下阕抒情,结尾情感升华,深邃凄婉。这一首则是开篇蓄势,直露情感,诗人运用一组设问开头,运用说文解字之法将"愁"字意蕴和盘托出,即离人心上之秋,技法巧妙,自然贴切,非常形象地将离别、秋季这两个同样具有哀愁的元素组合在一起,为后文的景物铺陈与情感抒发作铺垫。

开篇蓄势之余,诗人继续撷取具有秋季特征的景物进行描摹,这里诗人转换了观察的视角和感官,在视觉描写中加入听觉体验,即使没有雨,芭蕉也因为飕飕的秋风,传出响声,打破秋夜的静谧。思考一下,这里为何要写到芭蕉?芭蕉有没有特殊的意蕴?的确,芭蕉在古诗词中常常与孤独忧愁的情感,尤其是离别情感联系在一起,因为芭蕉发出的声音让人有凄切之感。比如李煜的《长相思》中"帘外芭蕉三两窠"抒发了寂寞相思,蒋捷《一剪梅》中"绿了芭蕉"表达时光流逝。

此外,范仲淹与吴文英都写到了明月高楼,都不敢轻易攀登,因为这样的夜里,独自淹留,伫立在高楼,对着明月,只有无尽的相思缱绻。

吴文英词的下阕紧承上阕的叙事和写景。写梦的手法与《苏幕遮》有异曲同工之妙,梦只是情感得到慰藉,心灵短暂释放的狭窄空间。"燕辞归"和"垂柳不萦"都运用了比兴的手法,燕子辞巢而去,客却苦苦滞留,垂柳不能系住她的裙带,却牢牢地拴住"我"的行舟,结尾燕与客、裙带与行舟两组对比,意趣生动,表现寂寞无奈无法排遣,令人叹息。

这首词开篇设问,蓄势而发,结尾又浓墨一笔回收,呼应收束,颇有意味。

## 第九节　雅趣哲理

世人多有推崇唐诗、贬抑宋诗的倾向,理由是唐诗重情、重诗韵,体现了这种文体的基本特征;然而宋诗太重理,或有口语化之嫌疑,或因诗风幽深奇峭,诗味有所削减。其实非也。用诗的语言说理与体现神韵并不矛盾,本节将带着同学们共同欣赏以表现理趣为主的一类诗歌——雅趣哲理诗,让我们一起赏析形神兼美、情趣盎然的佳作。

### 一、奇情奇想,笔势峥嵘——《生年不满百》

本章节为雅趣哲理诗歌专题,我们从《古诗十九首》中的《生年不满百》开始赏析。

**生年不满百**

生年不满百,常怀千岁忧。
昼短苦夜长,何不秉烛游!
为乐当及时,何能待来兹?
愚者爱惜费,但为後世嗤。
仙人王子乔,难可与等期。

初读这首诗,我们很容易获得这首诗中非常显性的主题:人生苦短,应该及时行乐。确实,诗人用了四句诗表达这层意思。"何不""何能"这两句带着强烈的祈使和反问的语气,告诉我们及时行乐的重要性和必要性。诗歌的首句将"不满百"和"千岁忧"对举,表达了短暂的人生还要承受无尽的痛苦与烦忧,这是多么令人难耐,所以一定要享乐和洒脱。

其实,选择这首诗歌时,笔者曾经有过些许犹豫,担忧同学们望文生义,抓着诗歌中秉烛夜游,及时行乐的主题,浅层次地理解作品,对主题的把握失之偏颇,不过,也正是因为有这样的担忧,笔者认为应该和同学们一起来鉴赏这篇富含哲理的

优秀作品。

如果我们脱离文字的表面含义,进行深度思考,就要提出这个问题:诗人为何有如此深沉的忧虑?

东汉中后期,社会动乱,民生凋敝,统治思想崩溃,曾经那些以实现人生理想为目标,以节操伦常为最高价值标准的文士们安身立命的精神支柱崩塌,看着上层社会的腐败、虚伪,人民生活的悲苦,他们一直以来所守望的信仰变得缥缈。人生的价值是什么?人生的出路在哪里?

在汉初,感慨生命短暂、人生无常的哀伤是文学的主旋律之一,而在愈演愈烈的动荡社会背景下,这样的感怀愈加强烈。诗人们将对人生和社会的痛与思寄寓在诗歌之中,他们用诗人的视角和眼光去审视外在世界,以期为痛苦的灵魂寻求短暂的慰藉。这一时期,诗人们以悲哀为基调,产生了闺怨、友情、相思、怀乡、宦游等主题的作品,其中的代表作就是《古诗十九首》。这组诗中有抒发别离之苦的诗歌,也是以感叹人生短暂、生命无常为主题,从而提出珍惜友情与爱情等。

面对社会动乱、家园残破、有家难归,安定的生活无望,正当的职业无法获取,为了排遣苦闷,文人在寻找一条精神自救之路,唯有精神豁达才能远离时代痛苦的烙印。

同时,这首诗歌对于人生行乐的几点建议也是很有价值的:不能吝啬钱财,不要企慕神仙。在那个时代,当人们的精神找不到出路时,求仙问道是很常见的,而诗人能有这样的意识,有唯物主义的客观态度是很值得赞赏的。

## 二、心华结撰,工巧天成——李商隐《锦瑟》

晚唐的诗人中,李商隐是最能继承杜甫在格律诗上的成就的。李商隐擅长律诗、绝句,文采斐然,诗意朦胧,风格独特,善用典故,诗歌成就很高,尤其以"无题诗"闻名于世。然而李商隐的一生有太多坎坷。李商隐二十出头就中进士,诗才显著,曾经担任过县尉、秘书郎和东川节度使判官等职,但长期处于"牛李党争"的政治漩涡中,遭受排挤,潦倒落魄。后其妻子病逝,李商隐终生抑郁苦闷。《锦瑟》这首诗是李商隐最负盛名的一首七律,这首诗的意象丰富,主题朦胧且多元,一直没有定论。在雅趣哲理诗这一节,笔者选择这首诗,希望同学们通过品读文字,借助前人的理解,形成自己独到的阅读体验。

## 锦 瑟

锦瑟无端五十弦,一弦一柱思华年。
庄生晓梦迷蝴蝶,望帝春心托杜鹃。
沧海月明珠有泪,蓝田日暖玉生烟。
此情可待成追忆?只是当时已惘然。

这首诗标题是"锦瑟",但它也许并不是诗歌的主题,只是取了首句的前两个字而已,本质上这是一首无题诗。全诗语言华美,含蓄蕴藉,大量的典故更增加了诗歌的意蕴之美。

首联"无端"是说锦瑟无缘无故多弦,弹奏出来的音乐非常伤感,这里"无端"一词表达了诗人的哀怨。一开篇就从弦乐之音起兴,弦乐之音让人思念过往年华,引发了诗人的岁月感慨。中间的两联典故是这首诗的一大亮点,请同学们借助资料,初步了解四个典故的意义。第一个"庄周梦蝶"是《庄子》中的寓言典故,庄子梦见自己化身为蝶,栩栩而飞,醒来之后,不知是自己做梦变成蝴蝶,还是本为蝴蝶,梦中变成了庄周。这则典故体现了虚幻与真实的矛盾,这是凡尘俗世中人们经常会遇见的矛盾,唯有"物化",使人性复归,让人按照原来的天性自由自在地存在于宇宙之间,消除物我、主客、现实和梦境的疏离才是正道。第二个典故是"杜鹃啼血",蜀地君主杜宇禅位退隐,国亡身死,化为杜鹃鸟,鸣啼声哀怨凄切,口中流血。第三个典故是"沧海珠泪",南海有个鲛人,在月夜泣泪成珠。最后一个典故是"良玉生烟",传说春秋时期,吴王夫差的小女儿紫玉爱慕韩重,但未能嫁给他,因而郁郁而终。她死后现原形,把明珠赠给韩重后化成一缕轻烟。这个典故形容可望而不可即的事物。这几句想象奇特,语言凝练、静美,意境空灵神奇。

那么,这四个典故的作用是什么?作者想借此表达什么呢?

关于这首诗歌的主题,一说是咏物怀人,另一说是悼念亡妻。苏轼曾评论说中间两联表达了"适、怨、清、和"四种声情,认为这是描写音乐的咏物诗。众多说法中,认为诗歌主题是"悼亡"和"自伤"的居多。诗人追忆自己的青春年华,感慨自身不幸的遭遇,表达了悲愤的心情。

## 三、意境恣逸,则东坡本色——苏轼《和子由渑池怀旧》

嘉祐元年(1056年),苏洵带着21岁的苏轼和19岁的苏辙赴京赶考。路途漫

长导致他们的马匹累死,只好改为骑驴。他们曾在渑池投宿一间佛寺,并在墙壁上题诗留念。后来科考中兄弟俩同时中进士,名噪一时。谁知正当苏轼将在朝堂挥斥方遒之时,却传来母亲病故的噩耗。三人回乡奔丧,三年后归京,苏轼被授予大理评事、签书凤翔府判官,弟弟苏辙送他到郑州,想到苏轼将会再次经过渑池,写了一首《怀渑池寄子瞻兄》,诗中云:"相携话别郑原上,共道长途怕雪泥。"这里"怕"表现了苏辙对兄弟俩前途莫测的担忧,不知走上政治舞台的他们将会面临怎样的人生风雨。苏轼的这首诗就是应和弟弟的诗,他以通达的人生态度回应了苏辙。

### 和子由渑池怀旧

人生到处知何似,应似飞鸿踏雪泥。
泥上偶然留指爪,鸿飞那复计东西。
老僧已死成新塔,坏壁无由见旧题。
往日崎岖还记否,路长人困蹇驴嘶。

开头四句整散并用,意境空灵,行文超逸,诗人运用了比喻和设问的修辞,开篇就将对人生的深刻喟叹形象地刻画出来。漫漫的人生路途,会经过很多地方,经历很多处境,所到之处就像飞鸿在雪地上偶然留下的爪痕,随意留下一些印记,就飞向未知的方向。人生有太多的偶然,太多的未知,当我们遭遇不如意,我们应随遇而安,以顺其自然的态度去应对,少一些烦恼,少一些计较,不被生老病死和荣辱贵贱所左右,那是一种自在自得。

这首七律前后两联的意境形成鲜明的对比,后四句回忆过往的路途经历,人困驴嘶,长路漫漫。这段记忆也是未来苏轼所遭遇的坎坷的象征。

苏轼作这首诗时才过弱冠之年不久,但后来的人生中,他确实达到了诗歌中的洒脱境界。他被贬谪到密州做太守时,有气贯长虹的《江城子·密州出猎》,词中说"亲射虎,看孙郎";在《超然台记》中,他说"凡物皆有可观,苟有可观,皆有可乐",苏轼认为物质生活的困乏不足为意,畅饮之乐和果腹之快均可获得;"乌台诗案"后,苏轼被贬黄州,但"谁怕?一蓑烟雨任平生"勾勒出了他潇洒不羁的风采。

苏轼的一生困顿迷茫,颠沛流离,自称"问汝平生功业,黄州惠州儋州"。苏轼在北宋中期的政治斗争和权力倾轧中经历了宦海沉浮,遭受了人生挫辱,但他在老庄哲学、佛禅玄理中追求超脱,拓展自己的精神空间,用平常心对待人生的各种不如意,在旷达的哲学视野中关照生命和社会。可见,苏轼不会真的因坎坷而困窘,因为恣逸率性、闲逸洒脱才是苏轼的精神底色。

### 四、悲欢离合总无情——蒋捷《虞美人·听雨》

蒋捷,字胜欲,号竹山,南宋词人。南宋覆灭后,他隐居不仕。他的诗主要书写亡国之痛和故国之思,风格萧疏俊逸,喜欢作奇语,在文学史上独树一帜。

雨,是大自然的馈赠,在诗人笔下,雨或是风姿绰约、妩媚婀娜的,或是刚直爽朗的,或是渺渺如烟的,雨的形态、声音不停地变换,不同的季节、不同的心情,会使雨这个意象呈现不同的意境。面对雨景,我们的内心会变得更加澄澈,我们会愿意看到最真实的自己。蒋捷的《虞美人·听雨》即是如此。

#### 虞美人·听雨

少年听雨歌楼上。红烛昏罗帐。壮年听雨客舟中。江阔云低、断雁叫西风。

而今听雨僧庐下。鬓已星星也。悲欢离合总无情。一任阶前、点滴到天明。

这首词在结构上非常工整,语言也通俗易懂,同学们通过吟读,把握词中意思几乎没有难度。诗人以人生的不同阶段为线索,以听雨为载体,表现不同年龄、不同时期的心情变化,从少年的声色犬马,放荡不羁,到中年心境茫然,负重前行,再到老年时期两鬓斑白,心如止水。人的一生不知有多长,也会遭遇很多未知。希望同学们能捕捉诗人写作时的心情,尝试体会其中深意。

请同学们走进这首词营设的意境中,仔细地品读文字,想象画面。第一幅画面里是一位张狂少年穿梭于灯红酒绿中,那真是"少年不识愁滋味"的年龄,歌楼、红烛构成了主要的生活画面。壮年时期,对于文人士大夫而言,是渴望建功立业,渴望在属于自己的人生舞台上有所建树的时期,然而,结局常常是时不我与的遗憾。诗人伴着一叶扁舟,顾影自怜,形影相吊,江面广阔,没有边际,失群的大雁在秋风中发出响彻长空的哀鸣。壮年和少年时的情景对比,令人不禁感叹生命的奇妙,在这漫长的人生之旅中,如若归来依旧是少年,那该多好。

这首词最深刻而动人的语言在下阕,当鬓发斑白,青春只在记忆里时,我们回望过去,感慨万千。诗人的第三个场面选择得很好,在僧庐下,虽然没有完全大彻大悟、超脱凡俗,但那种平静与不甘、痛苦与隐忍、无奈与豁达的矛盾情感,都汇聚在"点滴到天明"的夜雨之中了。这首词是蒋捷内心的真实写照。蒋捷的先辈为宜兴大族,他本人也为咸淳十年(1274年)的进士,但南宋覆灭,他满含亡国之痛,只能

选择隐居。他孤高不群的个性和炽烈的爱国情怀让他因国家的动乱覆灭而痛苦抑郁,最后他选择了静默的人生状态。

这首词虽然只有三个画面,却写尽了一生的繁华与悲苦,当我们到达一定的年龄,拥有丰富的阅历时,就能感受人生的悲欢离合,会更能理解和体悟这首词中的哲理,或者会"心有戚戚焉"。

### 五、放情烟霞,诗酒自娱——张可久《人月圆·山中书事》

元曲分为元杂剧和散曲,散曲是元曲的一个分支,分为小令和套曲,小令由一支曲子构成,比如我们学习过的白朴的《天净沙·秋》和马致远的《天净沙·秋思》等;套曲是在同一宫调内,由几个曲牌组成一组曲子,比如关汉卿的《一枝花·不服老》。本节的这首《人月圆·山中书事》是一首小令。这首小令的作者是张可久。张可久是元朝著名散曲家、剧作家,与乔吉并称"双璧",与张养浩合称为"二张"。张可久的作品清新淡雅,注重格律。

#### 人月圆·山中书事

兴亡千古繁华梦,诗眼倦天涯。孔林乔木,吴宫蔓草,楚庙寒鸦。数间茅舍,藏书万卷,投老村家。山中何事?松花酿酒,春水煎茶。

这首小令最著名的一句是:"山中何事?松花酿酒,春水煎茶。"山间的隐居生活是怎样度过的?诗人不经意地设问,云淡风轻地以一笔托出:用松花来酿制美酒,汲取山涧里的春水,用以煎茶。想象一下,山间弥漫着云霞雾霭,看着丛林野芳、淙淙溪泉,没有案牍之累,没有权力倾轧,在天地自然之间,唯有自己真实独立、率性放达地存在,那是多么自在的生活状态。诗人语言清新,格调雅正,描绘了自由自在的隐居生活。

诗人深谙如何用文字表达情绪色彩。散曲以淡雅自然的语词收束,假如前文的格调是一致的,那文字很难形成起伏跌宕之势,所以在布局上,需要形成高下之势。诗人一开篇运用"千古繁华梦"拉伸时空感,紧接着用"倦天涯"承接,将人生如梦,人不过是历史中的倦行客的客观事实摆在眼前,人们不知道命运将会如何,即使是曾经不可一世的煊赫者,也不过是岁月的尘埃。孔林种满了乔木,吴宫花草在小径上蔓延,当年的楚国何其繁华,如今只剩寒鸦在楚庙上空飞旋,荒芜的杂草成了历代贤士的最后注脚。

然而，同学们也万不可断章取义，觉得盛世繁华都是过往云烟，我们应该追求虚无的人生。笔者很认同艾瑞克·弗洛姆在《逃避自由》中的观点，他坚信有积极的自由存在，如果我们能克服对自己在生命中位置的根本怀疑，在自发活动中拥抱世界，并与之相连，就可以获得应有的力量和安全。哪怕曾经四通八达的道路，如今只剩断垣残壁，曾经鲜花着锦，如今变为残红狼藉，我们也应该积极地拥抱世界，拥抱人生，寻求自己前进的方向。我们可以挑战自我，像山中的溪流一样，冲破崇山峻岭的阻隔，汇成奔腾的激流；也可以豁达洒脱地接受人生中的一切顺境与逆境，从容地在天地间舞出人生的精彩。

## 第十节　悼亡游仙

《庄子·至乐》中记载："庄子妻死，惠子吊之，庄子则方箕踞鼓盆而歌。"惠施不解，庄子曰："察其始而本无生，非徒无生也而本无形，非徒无形也而本无气。杂乎芒芴之间，变而有气，气变而有形，形变而有生，今又变而之死，是相与为春秋冬夏四时行也。"这大概是生死观最豁达的典故了。生离死别是人生中最为难耐的，本节让我们一起赏析与生死观命题有关的一类诗歌——悼亡游仙诗。

### 一、翱翔九天上，骋辔远行游——曹植《游仙》

游仙诗是中国古典诗歌的一个类型，起源于汉代以前的辞赋，主要以遨游仙境为主题，歌咏逍遥世界，抒发作者内心的忧思。在先秦时期，列子、庄子等人对于神仙传说的描述对人们的观念有一定影响，随着国家中央集权的加强，作为国家统治者的皇帝希望能世代继承王权，称霸天下，于是开始渴求长生不老，派人炼丹寻仙。秦始皇曾经作《仙真人诗》，鲁迅认为"其诗盖后世游仙诗之祖"。

文人创作游仙诗，曹植是其中的重要代表，他的游仙诗绝大多数都是在乐府诗的基础上创新的。曹植一生波澜起伏，对建功立业的渴望与命运多舛的悲哀侵蚀着曹植敏感的内心。在谢灵运心中"才高八斗"的曹植，因为聪慧，早期深得曹操的喜爱。他人生的分界线是建安二十二年（217年），曹丕被封为太子，曹操去世后，曹丕上台，曹植的厄运开始了。曹丕的不断打压，让曹植从那个风流倜傥的贵族公子沦为一个委曲求全的失意之人。现实世界无法解决矛盾和痛苦，曹植只好在虚妄的精神世界里寻求短暂的慰藉。下面我们一起来欣赏曹植的这首游仙诗。

### 游 仙

人生不满百，岁岁少欢娱。
意欲奋六翮，排雾陵紫虚。
蝉蜕同松乔，翻迹登鼎湖。
翱翔九天上，骋辔远行游。
东观扶桑曜，西临弱水流，
北极登玄渚，南翔陟丹丘。

这首诗歌的首句和《古诗十九首》中的《生年不满百》很相似，开篇即在诉说生命短暂这个话题。这样短暂的人生里，我们应该做一些什么呢？诗人紧接着呈现了自己的生活状态，"戚戚"是忧惧、忧伤的样子，在没有曹操保护的日子，亲兄弟让自己颠沛流离，精神压抑，自己随时担心有性命之虞，我们可以想象诗人内心的愁苦。"意欲奋六翮"两句表现了曹植希望在尘世之外有一个广大而自由的空间任由自己去翱翔，他在理想与现实的矛盾中徘徊，渴望被云霞掩映的紫色苍穹。这首诗歌描述了大量仙界的环境和到达的方式，"翱翔""骋辔"表明诗人希望能找到逃离现实苦难的工具，从而扶摇直上，到达自己向往的理想境界，最后的"东、西、南、北"是诗人向往而企慕的理想居所。

曹植后期是非常忧郁苦闷的，他后期的作品一方面向往神游仙境，一方面又是反对神仙思想的，足见诗人内心的煎熬与痛苦，所幸他在文学的空间里可以找到一个出口。

## 二、朱门何足荣？未若托蓬莱——郭璞《游仙诗·京华游侠窟》

郭璞，字景纯，东晋著名文学家、训诂学家、风水学者，建平太守郭瑗之子。郭璞博学多识，好古文、奇字，精天文、历算，长于赋文，著有代表作《游仙诗》十四首。郭璞的游仙诗虽然以"游仙"为主题，但他不是完全沉溺于游仙之境，在虚妄的世界里浮沉，他的游仙诗融入了隐逸的思想，有老庄的旨趣和玄言诗的成分，是那个时代文人集体意识的体现。他的诗歌一方面向往与世无争的仙人之境，一方面抒发动乱的现实世界所带来的痛苦和那些无法放弃的人生理想。强烈的矛盾感让他的游仙诗有一种喷薄的奇气，浩大、广阔又深沉。

## 游仙诗·京华游侠窟

京华游侠窟，山林隐遁栖。
朱门何足荣？未若托蓬莱。
临源挹清波，陵冈掇丹荑。
灵溪可潜盘，安事登云梯。
漆园有傲吏，莱氏有逸妻。
进则保龙见，退为触藩羝。
高蹈风尘外，长揖谢夷齐。

人的社会属性和个体属性之间有交叉和融合关系。然而，到底孰重孰轻，一直是一个值得探究的命题。这首诗开篇呈现了两种不同的生活状态。一种是在酒肆歌楼流连，放浪形骸的生活，另一种是遁迹山林，栖息于云霭中，不问世事，没有案牍劳形的生活。对于两种状态，该如何取舍呢？对此，诗人再次运用朱门与蓬莱的对比回答。朱门虽然富贵，但倏忽变迁，不是永恒的，相对而言，蓬莱仙山可以超越尘世的喧嚣与浮华，确是一个理想之境。四句诗句，将繁荣、喧嚣与静谧、空灵的两种境界表现出来。诗人运用问句启发读者思考哪种生活更为理想，其实这也是诗人自己一直纠结的问题。我们通过郭璞的生平可以知晓，他虽然有隐逸之志，但最终还是未能逃离官场的牵制，后因为反对王敦谋反被杀。

但是，尽管如此，郭璞一生都在追求精神的超脱，他的诗歌是他逃逸的空间，描绘了他欣然向往的理想生活方式：可以在澄澈的水渠边掬饮清波，继而攀上陵岗采食初生的灵芝。除此之外，诗人展开浪漫的想象，灵溪集聚天地之精华，在此隐居，可以养性。这里似乎有一种隐喻，即云梯不能成为成仙飞天的路径，暗喻无须费尽心机谋求功名利禄。然而，诗人是否必须抛弃仕宦的道路呢？如果直接回答这个问题会过于直白，因此诗人引用了典故。"漆园有傲吏"指庄子，讲述的是庄子不愿为楚国国相，拒绝重金的故事。"莱氏"指老莱子，在《列女传》中，他隐居躬耕，本来答应了楚王的出仕邀请，但是他的妻子劝告他食人酒肉，受人官禄无法避祸。于是他接受了妻子的建议，继续过着隐居的生活。诗人用此典故表达他不需要那种昙花一现的风光，而要追寻真正的自由。

本诗语言风格潇洒风流，表达了诗人想要摆脱一切尘世的束缚，追求隐逸之乐。

## 三、方外玄语,不拘流例——李白《庐山谣寄卢侍御虚舟》

李白是继屈原之后最富有个性的浪漫主义诗人,他从政治漩涡中抽离,以一种飒然的姿态傲视权贵,关心民生,在山川自然中纵情放歌,以雄奇绚烂的文字点染了盛唐的诗坛,也以傲骨铸就了自由奔放的唐代风韵。他的诗歌善于汲取神话故事和民间传说,文字逸动瑰玮,代表着盛唐文学艺术的巅峰。李白的游仙诗正是其诗歌风格的典型体现。

### 庐山谣寄卢侍御虚舟

我本楚狂人,凤歌笑孔丘。
手持绿玉杖,朝别黄鹤楼。
五岳寻仙不辞远,一生好入名山游。
庐山秀出南斗傍,屏风九叠云锦张,影落明湖青黛光。
金阙前开二峰长,银河倒挂三石梁。
香炉瀑布遥相望,回崖沓嶂凌苍苍。
翠影红霞映朝日,鸟飞不到吴天长。
登高壮观天地间,大江茫茫去不还。
黄云万里动风色,白波九道流雪山。
好为庐山谣,兴因庐山发。
闲窥石镜清我心,谢公行处苍苔没。
早服还丹无世情,琴心三叠道初成。
遥见仙人彩云里,手把芙蓉朝玉京。
先期汗漫九垓上,愿接卢敖游太清。

这首诗歌是写景的名作,诗人用绮丽的笔触描绘了庐山壮丽的风光和山水,勾勒了狂放不羁,在仙境中逍遥遁世的隐士形象。

诗歌一开篇,诗人用楚狂人嘲笑孔子的典故,表明自己不囿于世俗的束缚,冲破羁绊,像楚狂人那样去游览名山大川。起句就如此高调,颇有李白的豪侠之气。接着,诗人继续勾勒自己的形象,他手持着仙人所用的绿玉手杖,在晨曦的霞光中辞别黄鹤楼。崔颢有一首《黄鹤楼》,其中有关于费祎驾鹤登仙的典故。李白这里也有自比之意。诗人初步勾勒了自我形象后,继续描绘景物,从侧面烘托了隐士的形象。景物描写的语言可谓浓墨重彩，层次分明，视角不断地变化和迁移，从鸟瞰庐山、九叠云屏、湖青黛光到仰视金阙、三石梁、香炉、瀑布等景物，诗人选择了庐山最具有代表性的景物进行刻画，最后又从全景的角度整体描绘，并且着笔的视角腾空飞跃，灵动奇绝，将庐山的景物刻画得惟妙惟肖。

和庐山之景相辉映的是长江的雄伟。诗人登临高山，眺望长江，看长江浩浩荡荡，向东海奔流，万里的黄云飘浮，瞬息万变，浪涛似雪翻涌。自然景物有如此阔远的意境，其中必定有诗人内心的投射。在雄奇的自然景观面前，诗人笔锋陡然一转，突然写到谢灵运走过的地方，满是青苔，将人生无常，物是人非的境况呈现在读者面前，令人唏嘘。

在这首诗中，李白表现出求仙访道的乐趣。其实，在诗人具有闲情逸致的笔触下，隐藏得更深的是诗人因政治失意而避世求仙的愤世之情，诗人借用浪漫的想象，在凌空飘飞的心灵舒展中寻求慰藉。这首诗歌的情感是相对复杂的，一方面有对孔儒思想的调侃嘲弄，一方面有对道家思想的崇信，想要摆脱尘世，追求神仙的自由随性，但又脱离不了对现实风物的眷念，多元的矛盾交织杂糅在一起，形成诗歌独特的艺术魅力，耐人寻味。

## 四、有声当彻天，有泪当彻泉——苏轼《江城子·乙卯正月二十日夜记梦》

苏轼有两首著名的《江城子》，一首是在密州时所作，词中描摹了万人空巷的围猎场面，表现自己的英武勇猛，又以魏尚自比，抒发了自己渴望被朝廷重用，建功立业的豪情壮志。这首词一改词的柔媚之态，充分地彰显了苏轼豪壮之气骨，从题材和风格上突破词的原有特征，是词史上的一座里程碑。本节我们欣赏另一首《江城子》，它体现了苏轼柔情的一面。

### 江城子·乙卯正月二十日夜记梦

十年生死两茫茫，不思量，自难忘。千里孤坟，无处话凄凉。纵使相逢应不识，尘满面，鬓如霜。

夜来幽梦忽还乡，小轩窗，正梳妆。相顾无言，惟有泪千行。料得年年肠断处，明月夜，短松冈。

至和元年（1054年），十九岁的苏轼迎娶了十六岁的王弗，王弗才貌双全，聪慧守礼，温柔乖巧，其父王方和苏洵是故交。苏轼曾经在《南乡子·寒玉细凝肤》一词中从美貌、歌声、舞姿三个方面描绘了王弗的美丽和他们幸福的新婚生活。婚后两人相敬如宾，举案齐眉，琴瑟和鸣。苏轼是多个领域的行家，在诗词、书法、绘画、音乐、舞蹈、戏剧等方面都有成就，我们可以想象，能与苏轼同频的人，本身一定具有不同凡俗的审美感知力和才学。然而，天妒红颜，王弗在二十七岁时不幸病故，苏轼遭受巨大的打击，他在《亡妻王氏墓志铭》中，以平静的语气述说着无尽的沉重与悲痛。

十年后，也就是熙宁八年（1075年），苏轼徙知山东密州，年已四十的苏轼梦中与亡妻相见，写下了这首"有声当彻天，有泪当彻泉"的悼亡之作。作出这个评价的是江西诗派重要诗人陈师道，"彻天"与"彻泉"两组词语将这首词满含泣泪的感染力呈现在读者面前。

读罢这首词，触动你的句子是什么呢？

就笔者而言，是上阕的"纵使相逢应不识，尘满面，鬓如霜"。张爱玲的散文《爱》中说："于千万人之中遇见你所遇见的人，于千万年之中，时间的无涯的荒野里，没有早一步，也没有晚一步，刚巧赶上了，那也没有别的话可说，惟有轻轻地问一声：'哦，你也在这里吗？'"苏轼和王弗相识于唤鱼池畔，二人是天作之合，韵成双璧，一起生活十年，夫妻之间鹣鲽情深，然而如今只有孤坟和月夜下的短松冈。夫妻二人在梦中终于相见，却不曾料到，相逢后互相不认识，因为诗人已尘埃满面，鬓发如霜。王弗去世后的十年，苏轼经历了什么？他反对王安石的新法，政治上不得志，让他颇受压抑，政务繁多，生活困顿，加上对亡妻的思念，苏轼"鬓如霜"的悲戚是可想而知的。

第二句让笔者动容的词在下阕。苏轼在这首凄绝的词中嵌入了一个明媚温馨的画面：小轩窗外，艳阳斜映，那"鬓云欲度香腮雪"的爱妻正在梳妆，或许还会羞怯地给夫君看看，自己画的眉深浅几何，是不是很美。温馨的画面陡然转至"相顾无言"，泣泪千行。纵有千言万语，也道不尽彼此无尽的相思之情，这亦真亦幻的梦境和佳人不在的残酷现实形成张力，像一个巨大的、深不可测的漩涡，将诗人所有的情感裹挟着沉入深渊，使人痛到无法哭泣，无法呼吸，文字的魅力令人称绝。

诗人开篇用"十年生死""千里"形成一种居高临下的悲哀，末句以肃穆的明月之夜和孤寂的短松冈收束，所有的情、所有的泪顷刻间戛然而止，生生扼住所有情愫。苏轼是一个运笔绝妙的天才，一首悼亡之作写得如此浑然天成，可敬可叹。

## 五、极"无理"之辞,正是极"有情"之语——贺铸《鹧鸪天·重过阊门万事非》

中国文学史上,写悼亡的名篇,除了《江城子·乙卯正月二十日夜记梦》,还有潘岳的《悼亡》、元稹的《遣悲怀》和贺铸的《鹧鸪天·重过阊门万事非》,本节我们一起品读贺铸这首满腹辛酸,怀念亡妻的悼亡之作。

对于贺铸这位词人,同学们也许不是太熟知,但他的名句"试问闲愁都几许,一川烟草,满城风絮,梅子黄时雨"是我们耳熟能详的佳句,贺铸也因此被称为"贺梅子"。贺铸一生富有传奇色彩,他是一位家道中落的贵族子弟,博闻强记,词有盛名。他怀抱着建功立业的渴望,但仕途坎坷,一直沉沦下僚。他迎娶了宋宗室济国公赵克彰之女赵氏,夫妻伉俪情深,但无奈妻子逝世,他万分悲痛,在从北方回到苏州时,回想起和亡妻一起生活的点点滴滴,看到眼前物是人非,悲从中来,创作了这首凄情缠绵的《鹧鸪天》。

### 鹧鸪天·重过阊门万事非

重过阊门万事非,同来何事不同归?梧桐半死清霜后,头白鸳鸯失伴飞。
原上草,露初晞。旧栖新垅两依依。空床卧听南窗雨,谁复挑灯夜补衣?

这首词的词牌名为"鹧鸪天",贺铸曾经将其命名为"半死桐",这源自枚乘的典故。枚乘在《七发》中说,龙门有棵梧桐树,它的根半生半死,把它砍伐后制成琴,琴声为天下之至悲,这个典故是形容丧偶之痛。诗人运用了比兴手法,写梧桐半死和鸳鸯失伴,将自己痛失爱侣,孤独、寂寞、苍老的悲苦情形表现出来,用语凄凄,感人至深。

宋词分为豪放派和婉约派,婉约派柔婉圆润,清新绮丽,豪放派题材广阔,境界宏大。无论是哪一种风格,起句的形式对一首词具有重要的影响,要满足"龙头凤尾"的概念。这首词的第一句是疑问句式,横空而来,将物是人非的悲悯之感推向深处。同来,却不同归,曾相携相伴却半路走散,阴阳相隔,所有的美好只能在记忆中去寻找踪迹。相思成恨意难平,加上诗人自己的生活有诸多不顺,人生的色彩黯淡无光,令人伤感至极。

现当代诗歌讲究"建筑美",对诗歌的格式较为重视,古典诗歌亦然。整首作品的布局精巧,牵动着读者的情绪。诗人用赋开篇,中间接着运用比兴,表现自己踽

踽独行的哀伤,在下阕的开篇,兼用象征手法,借原野上的晨露初晞表达诗人对妻子的哀怜和思念,艺术形象非常鲜明。词的末尾一句用类似蒙太奇的手法将妻子伴着夜雨缝补的情景铺陈在面前,但诗人不是单纯地剪辑,而是再次运用和首句相呼应的疑问句式,抒发肺腑之叹:谁来为自己缝补衣裳呢?声泪俱下,凄哀动人。

# 中篇 中国现当代诗歌鉴赏

　　中国现当代诗歌作为古典诗歌的发展与延伸,结合新的历史背景,呈现出不同的语言风格与外在形式。鉴赏和研究现当代诗歌,要充分探寻诗歌的历史源流,感受相似主题、不同体裁的诗歌的语言魅力。另外,现当代诗歌阅读存在一些误区,如何正确引导,激发学生阅读现当代诗歌的兴趣,是现当代诗歌教学的一项重要任务。

　　现当代诗歌鉴赏单元分为三章。第一章主要从现当代诗歌的历史演变、美学特征、美育价值入手,分析现当代诗歌在文学表现手法上的独特性,解析其艺术价值,为学生的阅读作铺垫。同时,本章从鉴赏主客体的角度分析对现当代诗歌的认识误区,规范一些基本的概念,减少学生对诗歌的理解偏差。第二章主要为现当代诗歌鉴赏手法的解析,重点从情景融入、锤字炼句、联想想象、表现手法和情感主旨几个方面阐述现当代诗歌赏析的方法。第三章甄选了四十五首现当代诗歌,根据不同的流派进行分类,带领同学们感受其艺术魅力。本章包含了尝试派、人生派、创造社、湖畔诗派、新月派、现代诗派、七月诗派、九叶诗派和朦胧诗派九个主要流派的诗歌,愿同学们能在现当代诗歌的文学殿堂里尽情徜徉。

# 第四章　中国现当代诗歌的审美研究

审美是人与世界之间所形成的一种无功利的情感关系状态。主体对客体对象进行鉴赏、认知、评判，并能依据审美主体的心理特征形成一种相对稳定的观念，这种观念反映了主体对外在世界的思维敏感度。审美客体的范围很广泛，包含文学艺术的各个方面。在本章，我们针对审美客体——现当代诗歌进行研究，从诗歌的历史演变、美学特征、美育价值这几个方面进行分析。让我们更全面地认识现当代诗歌，走进现当代白话诗的艺术。

## 第一节　历史演变

关于传统诗歌的变迁，王国维曾有一段论述："四言敝而有楚辞，楚辞敝而有五言，五言敝而有七言，古诗敝而有律绝，律绝敝而有词。盖文体通行既久，染指遂多，自成习套。豪杰之士，亦难于其中自出新意，故遁而作他体，以自解脱。一切文体所以始盛终衰者，皆由于此。"[①]

这一论述较为生动地讲述了传统诗歌演变的历程，一定程度上反映了中国文学发展的历程。现当代诗歌也遵循文体变更的定律。现代诗歌起源于白话文运动，当时被称为"白话诗"。胡适的《尝试集》是中国现代第一部白话诗集。在自序中，胡适说："因此，我到北京所做的诗，认定一个主义：若要做真正的白话诗，若要充分采用白话的字，白话的文法和白话的自然音节，非做长短不一的白话诗不可。这种主张，可叫做'诗体大解放。'"[②]

《尝试集》表现了个性的解放、人道主义和民主自由，虽然在文学性上比较匮乏，也不能真正体现现代诗歌的诗意特质，但作为第一本白话诗集，胡适搭设了旧

---

[①] 王国维.王国维文学论著三种[M].北京：商务印书馆，2010：34.
[②] 胡适.胡适文集(9)[M].北京：北京大学出版社，1998：81.

体诗向白话诗的过渡框架,是有时代性和开拓性的。这部诗集在局限中敢于创新,成为现代诗歌史上不可磨灭的里程碑。

纵观中国文学发展进程,《尝试集》的出现,使现代白话诗逐渐取代旧体诗,这是历史使然。诗歌的革新,可以追溯到"戊戌变法"前后的"诗界革命"。1899年,梁启超在《夏威夷游记》中正式提出"诗界革命"的口号,提出了诗歌改良和自救的主张,即诗歌必须有全新的境界。这场中国文学史上的变革对于当时诗歌主流意识中的拟古主义、形式主义形成了巨大的冲击。但是,他们所作的新诗让诗歌的语言变得更加狭窄,无法体现诗歌的艺术魅力,而且,由于诗歌形式大于内容,以致诗歌脱离人民大众,没有生命力。即使当时的新诗仅浮于形式,诗歌改良的旗帜还是被黄遵宪、谭嗣同和夏曾佑等人举起来了,人们对诗歌改革的意识也泛起了波澜。

现代诗歌真正的崛起,是从20世纪初的"新文化运动"开始的。"新文化运动"是我国近代思想启蒙运动史上的大事,民主与科学的新思想与中国反帝反封建精神结合,文化学者们开启了一场声势浩大的文化革命,而其中,诗歌这种具有重要地位的文学体裁的解放就成为了这场革新运动的先锋。随着《新青年》率先发表白话诗,《新潮》《少年中国》《每周评论》等著名刊物也相继发表白话诗,整个文学界开展了关于诗歌解放的大讨论。保守者对于先行者采用的这种诗歌体式极力反对和批评,但是时代的浪潮早已是不可逆转的洪流。

时代风潮决定文学走向。20世纪的第一个20年,正是新旧思想的交汇时期,政治、经济发展,思想、文化、意识这类上层建筑必须顺应大时代的发展规律。笔者认为主要有内外两个方面的因素影响现代诗歌的产生与发展。

其一,古典诗歌在新时期的拓展和重建。古典诗歌是中国文化殿堂的璀璨明珠,是历史留给我们最瑰丽的文化遗产之一,但对于这样的巅峰,后世的文学想要在保留旧制的基础上发展,是非常困难的,唯有超越和创新才是真正的出路。文学发展的新路径如何开辟的问题,摆在了这批具有进步思想的文化研究者面前。作为开路先锋,现代诗歌正是历史的选择,这和诗歌这种文学体裁本身的特征也是有关系的。因为诗歌篇幅短小,易于模仿,最关键的是,诗歌是一种"兴发志意"的文体,它在表情达意上,相对于其他文学体裁更加直观。在"我手写我口,古岂能拘牵"的口号下,一些文人开始打破传统诗歌的旧体式,采用分行的形式,并增加标点符号,弱化和突破旧体诗复杂的声律要求。李骞在《20世纪中国新诗流派研究》中称不少自由诗为"放脚体"抑或"白话自由体新诗写作"。① 所以,新体诗歌的产生,首先源自诗歌的文体特质和古典诗歌在新时代的发展需求。

其二,西方文学思想的传播和影响。孙玉石先生在《中国现代主义诗潮史论》中谈到现代诗歌概念时解释道:"一种是表现现代人情感的现代诗歌;另一种是指在西方象征主义和现代主义等各种诗潮影响之下产生的作为一个流派而存在的中国新诗。"②梁实秋在《新诗的格调及其他》中甚至发出这样的感叹:"新诗,实际就是中文写的外国诗。"③以上两位大家的观点都在诠释这样一个事实:现代诗歌的产生涉及文化引进和世界文学的融合问题。胡适、陈独秀、鲁迅、郭沫若、郁达夫、李大钊、钱玄同、成仿吾、田汉、徐志摩、林语堂、萧三和蔡元培等,都曾于"五四"前出国留学,他们将国外最新的思想带了回来,并且他们中的绝大多数人又成为这场文化革新运动的主力军。比如郭沫若,他的诗歌受到了西方浪漫主义诗人惠特曼、雪莱等人的影响;1925 年,留学法国的青年诗人李金发出版了他的第一部诗集《微雨》,宣告了中国新诗史上"象征诗派"的诞生。这是欧美现代派写作技法在中国现代文学中的典型体现。

1949 年后,进入中国当代诗歌的发展阶段。在 1949 至 1976 年近 30 年的时间里,中国当代诗歌的集体化写作倾向十分鲜明,诗人们遵循相对统一的规范,在题材、主题、语言形式和审美风格等各个层面表现出趋同性。在 20 世纪五六十年代的诗坛,以郭小川、贺敬之等诗人为代表的政治抒情诗,以闻捷、李季、张志民等诗人为代表的生活抒情诗,以李瑛、公刘、顾工等诗人为代表的军旅诗,此三种主题成为当时的诗歌主流。1978 年以后,伴随着国家经济的复苏,文化事业迎来了春天。在 20 世纪下半叶的中国当代诗歌发展史上,"朦胧诗"崛起,诗歌在艺术上更为多元化,诗歌创作进入一个全新的时期。同时,被称为"第三代"诗歌运动的"新生代"诗歌在 80 年代初期开始酝酿,到了 90 年代成为诗歌的主流,他们反对朦胧诗经典化的诗歌理论,被称为"后朦胧诗""后新思潮""当代实验诗"等。90 年代具有代表性的新生代诗歌团体是南京的"他们文学社"。此外,四川的"非非主义"诗歌、"莽汉主义"诗歌等诗歌流派各展风采。"第三代诗人坚持诗歌遵循'反理想''反崇高''反优美'的目标时,也坚持探索诗歌艺术对于人类精神深度的挖掘。"④

---

① 李骞.20 世纪中国新诗流派研究[M].北京:中国社会科学出版社,2012:12.
② 孙玉石.中国现代主义诗潮史论[M].北京:北京大学出版社,2010:7.
③ 梁实秋.新诗的格调及其他[J].诗刊,1931(01).
④ 吴秀明.中国当代文学史写真[M].北京:北京大学出版社,2010:718.

中国源远流长的、辉煌的古典诗歌，在经历时代的选择后，以全新的姿态呈现在人们的眼前，在社会文化急剧变化的浪潮中，现当代诗歌成为引领时代风向的航标灯。

## 第二节 美学特征

古典诗歌向现当代诗歌演变，遵循历史的规律，这是传承与革新的伟大尝试。现代白话诗作为一种文体存在并发展，最显性的变化发生在格律层面和结构形式层面。相较于古典诗歌，白话诗拥有更高的自由度，是一种不受定式限制的美学。其实，现代诗歌的创作更具有挑战性，既无现成可套用的模板，又要有属于自己的独特规范，并呈现出生动的艺术表现力，这都需要在创新的路上摸索，融会传统与国外文学思潮，进行可行的改良和创造。

胡适在进行新诗的创作时，借用了西方诗歌创作的"分行"形式。西方诗歌分行规则主要通过两个元素予以界定，即节奏（rhythm）和押韵（rhyme），以"行"为计数单位，规定每个诗行单位内的"音步"数目、每个音步的"格"以及行末的韵式。但西方现代诗歌放弃了对节奏和押韵的要求，只是保留了诗行这一基本形式。诗歌分行的形式具有明显的节奏性，形成具有韵律之美的完整诗意，能让读者在阅读过程中，感受到跳跃思维与视觉美感相匹配，在一定程度上也能辅助阅读。最早的新诗刊印在 1918 年《新青年》第四卷第一期，共有 9 首，第一首就是胡适的《鸽子》，这首诗歌发表时文字是竖排形式，后来被改为横排分行的形式。

分行是形式，形式为内容服务。现当代诗歌的另一特征，完全传承古典诗歌的精神，即诗歌是抒情的艺术。关于诗歌的抒情性，叶嘉莹先生说："中国古典诗歌最重要的质素，就是那份兴发感动的力量。"[①]诗歌是一种感发的生命，这种生命包含着诗人对外物的感动，并将这种感动传达给读者，不同的读者，有不同的知识背景，所生发的理解又是丰富多样的，这让诗歌的意蕴之美形成新的绽放。鉴赏过程包含了诗人、文本和阅读者三方面美学理念的碰撞与融合。从写作意图而言，现代白话诗歌和古典诗歌的抒情特征是一以贯之的。

那么现当代诗歌表现的意蕴和情感的内涵是什么？笔者认为艾青的诗歌理论

---

[①] 叶嘉莹.古典诗词讲演集[M].石家庄：河北教育出版社，1997：2.

非常精练和形象地阐述了这个问题。他说:"真、善、美,是统一在先进人类共同意志里的三种表现,诗必须是它们之间最好的联系。""我们的诗神是驾着纯金的三轮马车,在生活的旷野上驰骋的。""那三个轮子,闪射着同等的光芒,以同样庄严的隆隆声震响着的,就是真、善、美。"①艾青运用比喻,从美学和历史学角度阐述了诗歌这种艺术在不同的历史时期的共性,这种共性与人类最真实的情感相关联。

综上所述,中国现当代诗歌和古典诗歌有诸多同一性,从某种意义上说,现当代诗歌是古典诗歌新生的藤蔓,是古典诗歌在新的政治、经济、文化背景下所产生的新型体式,现当代诗歌将古典文学的意蕴美用全新的形式继承下来。当然,我们知道,文学还有很多丰富的形式,如散文、小说、戏剧等,和这些文体相比,现当代诗歌又具有哪些特性呢?

第一,现当代诗歌具有音乐性。汉语是单音节的,有四声音调的乐音语言,其中的双声叠韵词就形成乐感。古典诗歌采用押韵、平仄、对仗的手法,使诗歌具有了音乐性。四言、五律、七律、词等结构的出现,更进一步强化了音乐性。那么,现当代诗歌的音乐性是否因为对声律追求的弱化而不明显了呢?鲁迅先生在回复一位新诗爱好者的信里说到,新诗"要有韵,但不必依旧诗韵,只要顺口就好",这里说的顺口,就是强调了汉字声韵的特征。现代汉语没有入声,汉字收音除了阳声的鼻音,就是阴声的母音,所以同韵的字很多。诗歌创作时,诗人可以利用这个特征,形成以双声、叠韵、叠字和押韵为基本元素的和谐音韵效果。比如徐志摩的《再别康桥》,在两节八行诗句中,连续运用三次"轻轻",连续使用两次"悄悄",形成回环往复的音韵美,又营造了柔和而感伤的情调。戴望舒的《雨巷》中,"芬芳"和"彷徨"运用了双声,"忧愁"采用叠韵,让诗句抑扬顿挫,富有变化。押韵是古典诗歌中的一个基本概念,现当代诗歌亦然。古典诗歌押韵要求相对严格,现当代诗歌较为自由,但也是"戴着镣铐跳舞"。朱自清先生运用卞之琳的《傍晚》对押韵进行解说,有一定参考意义。他认为,依据《中华新韵》,《傍晚》中用的全是本韵,但"驴"和"去"、"声"和"顶"则是平仄通押,"阳""强""驴""顶"都是跨句押,轻音字通常只作"多字韵"的韵尾,不宜与非轻音字相押韵。从这段论述中,我们可以看出现当代诗歌的音乐性依旧是一个显性特征。

第二,现当代诗歌的修辞是另一重要特征。修辞包括拟人、比喻、夸张、排比和象征等,比如贺敬之的《回延安》中"杜甫川唱来柳林笑""母亲延安换新衣""千万条

---

① 艾青.诗论[M].北京:人民文学出版社,1980:171.

腿来千万只眼"等诗句,运用拟人、夸张表达对延安的深情厚谊;梁上泉的《月亮里的声音》里描绘彝族姑娘抱月琴像"抱住一个圆圆的月亮",比喻新颖贴切。诗歌承载着诗人情感,诗中常常会大量使用修辞手法构筑广袤的时空感,从而具有丰富的意义。

第三,现当代诗歌具有时代性。诗歌的发展总是以时代为背景的。从原始的农业社会向工业社会的发展中,人类在现代化的进程中完成自我价值的塑造和认同,所以,现当代诗歌在抒发个人情志的基础上,会有更多对社会的认识,这是一种集体意识的个性化;而面对工业文明带来的弊端,社会风俗人情的变化,诗歌对社会价值观的探讨会更深刻。我们阅读现当代诗歌,要立足于当时的社会文化背景,钻研诗歌内涵与个性气质,才能更加全面地理解现当代诗歌。

## 第三节 美育价值

文学制度包含文学理论、文学创作和文学教育三个方面。中国传统的教学主张历来关注诗教传统。孔子说过:"不学诗,无以言。"为何诗歌具有这样无可替代的教育价值?这是因为诗歌是传统文化中璀璨夺目的明珠,这种光芒从古典诗歌延续到现当代诗歌,一脉相承。但古典诗歌的教育意义认可度更高,现当代诗歌因为对声律要求弱化,从显性的角度来说,语言与意境的美感是不如古典诗歌的,所以重新评估现当代诗歌的美育价值,对于重建学生对现当代诗歌的印象,是非常必要的。

诗歌的教育是一个世界性话题,优秀的诗歌对于青少年的心灵成长具有重要的作用。我们不仅需要借用灿烂历史文化中的古典诗歌,还需要一种与时代相并行的活的文体。在科技和文明高度发达的时代,在现当代诗歌这种文学养料的濡染下,敏锐的现当代诗学眼光与传统文化相融,才能造就具有文化品格与人文素养、具有高雅情趣、思维敏捷和视域辽远的复合型人才。同时,诗歌教育对于整个民族的话语方式和语言习惯也是一种潜移默化的优化。

此外,培养哲学思辨能力也是现当代诗歌的意义之一。亚里士多德在《诗学》第九章里有深刻阐述。他说:"诗人的职责不在描述已发生的事,而在描述可能发生的事,即按照可然律和必然律是可能的事……因此,诗比历史是更哲学的,更严肃的,因为诗所说的大半带有普遍性……诗的目的就在此,尽管它在所写的人物上安上姓名。"①这段文字强调了诗歌表达规律的普遍性,是一种可以预测和推演的逻辑。宋代严羽的《沧浪诗话·诗评》中写到:"诗有词理意兴。南朝人尚词而病于理,本朝人尚理而病于意兴,唐人尚意兴而理在其中,汉魏之诗词理意兴无迹可求。"②从古典诗歌到白话诗,诗歌中的理趣始终是一大特点,也是学生通过学习和品读可以体验的。比如现代诗人卞之琳于1935年创作的《断章》:"你站在桥上看风景,看风景的人在楼上看你。"将世间人物、事物的息息相关、相互依存、相互作用表达了出来,也表现了超然而珍贵的感情。现当代诗歌会借助自然风物、社会现象或者生活趣事,深刻而形象地讲述生命的真谛。学生在学习现当代诗歌时,在有限文字中探究人生和事物的内涵,并形成具有个性特色的主观认知和思辨习惯,这对于学生思维能力的培养是正向的引导。

　　现当代诗歌题材林林总总,数量日渐增多,甄别最适合中学生阅读的诗歌,做有效的导引是诗歌教学中很重要的命题。早在20世纪末,"语文大讨论"和《星星》诗刊就提出"下个世纪中学生读什么诗"的问题,这对数年来的现当代诗歌教学理论是一次冲击。此后,国家教材在诗歌的类型和数量上作了相应的调整,从义务教育到高中的诗歌教学,出现了不少诗歌教学的先驱者,他们是探索现当代诗歌教学的引路人。他们倡导教学要符合学生审美认知和心理发展规律,伴随着现代信息教育技术的发展,新的诗歌教学方式也借助了人工智能(AI)课堂、慕课等手段,这些学生喜闻乐见的教学手段为现当代诗歌教学的蓬勃发展注入了一股新鲜的力量。

　　当然,除了教学方法的尝试,现当代诗歌教学还需从简单的对字、词、句、篇的单项分析走入更深的诗歌内涵分析。如何把握诗歌深层次的艺术价值,实现诗歌教学目标,是我们需要深入思考的。

---

① (古希腊)亚里士多德著;陈中梅译注.诗学[M].北京:商务印书馆,1996:140.
② (南宋)严羽著;普慧等评注.沧浪诗话[M].北京:中华书局,2014:50.

# 第五章 中国现当代诗歌鉴赏基本知识

在中国古典诗歌的鉴赏中,我们总结过一些基本的阅读方法,比如诵读法、知人论世法、对比阅读法等,这些阅读鉴赏方法在现当代诗歌中也同样适用。不过因为现当代诗歌不受格律的限制,格式也相对自由,鉴赏的难度有时甚至超过古典诗歌,所以在鉴赏现当代诗歌时,我们要切实结合现代汉语用语习惯,在现代白话文语境中解析诗歌。本章我们将从情景融入、锤字炼句、联想想象、表现手法和情感主旨五个方面来探究鉴赏现当代诗歌的方法。

## 第一节 情景融入

我们在朗诵现当代诗歌时,可以采用一些辅助手段,从歌曲、故事以及画面三个方面来完成情景融入。

其一,歌曲融入情景。诗歌的音乐性和歌曲如出一辙,充分把握这一特征可以让学生阅读诗歌时更深入地体会到诗歌情感。比如在学习戴望舒的《雨巷》时,播放唐磊的《丁香花》:"你说你最爱丁香花/因为你的名字就是她……"那种凄婉迷茫的意境相重叠,对诗歌的鉴赏有一定的催化作用。现当代诗歌改编成流行歌曲的有很多,其中最著名的是李叔同的这首《送别》:"长亭外/古道边/芳草碧连天/晚风拂柳笛声残/夕阳山外山。"这首歌的序曲一响起,就能营造声声催泪、离别苦寒的伤感意境。另外,徐志摩的《偶然》也被改编成了歌曲。可见,音乐、文学具有互通性。我们可以借助歌曲想象现当代诗歌中的情景。

其二,故事融入情景。了解诗人,知道诗人的一些经历或者故事会让我们更深入地感知作品。比如在学习徐志摩的《草上的露珠儿》时,我们可以搜集徐志摩在剑桥大学的学习经历和故事。他在剑桥的两年深受西方教育的熏陶,欧美浪漫主义和唯美主义对他具有较大的影响。这段时间,他和林徽因的感情使他诗情喷涌,在此背景下创作了《草上的露珠儿》。可见,诗歌创作背后的故事是我们走近诗歌的桥梁。

其三,画面融入情景。现当代诗歌除了有音乐性特征,强烈的画面感是又一重要特征。比如作家牛汉在1986年创作的《汗血马》,描写了汗血马极力飞奔,耗尽汗和血,到燃尽生命的过程,展现了悲壮与奇美的华丽篇章。如果学生对于汗血马并不是太了解,可以找一些汗血马奔腾于荒漠的照片或者视频。这样的情景融入方式,会有助于我们理解汗血马生命的壮美。

## 第二节 锤字炼句

诗歌鉴赏中,除了反复地诵读,感知文字的音韵之美,还需要仔细推敲字词的深层含义。同学们在阅读现当代诗歌时,要找准诗歌的诗眼,反复咀嚼诗歌中的动词、形容词及其他关键词。

本节谈及的锤字炼句之法主要从标题、诗眼和关键词三个方面进行探讨。

首先,紧扣标题字句,预测诗歌主题。现当代诗歌的标题常常是一首诗的主题所在,同学们在阅读诗歌之前,借助标题对诗歌内容和主题进行初步的预设,是我们阅读诗歌的第一步。如何根据标题预测内容呢?首先,选择标题中的关键词,首选里面的核心名词、动词和形容词。比如阅读海子的《面朝大海,春暖花开》,选择标题中的名词"大海""春"和"花",思考这三个名词在诗歌中的含义。大海给我们以辽阔、浩渺之感,春天则是播种和孕育希望的季节,花是美好事物的象征,代表着欣欣向荣。接着从主题上预测:这首诗借用这一系列积极美好的意象,表达的是对美好人生境界的向往吗?阅读这首诗后,一方面我们的初步推测得到了印证,另一方面诗歌还传达了诗人更深层次的情感:向往幸福但又有无法抑制的孤独凄凉。再如余光中的《乡愁》,根据标题"乡愁"可初步推测:诗人的主题以乡恋为主,那么应该包含热爱与眷念,为何忧愁?借用什么来表达乡愁呢?带着思考阅读诗歌,就能对文中的几组比喻有更深的体会,并能更容易地理解诗人的思念与祝福。

其次,抓住诗歌的诗眼,理解诗人情感。所谓"诗眼"是诗歌中表达主旨最确切的词句,是理解一首诗歌主旨的关键。找到诗眼,便于我们触摸诗人的情感。诗眼的特征在诗歌中还是较为明显的。诗眼有时是最能体现诗人情感或者情绪的字词,比如"愁""思""忆"等;有时是诗歌中统领全篇的词,统领全篇的可能是某一动作行为,也可能是全诗表现的最主要情感。不过,诗眼只是作为辅助,有些诗歌的诗眼不是显性的,我们在阅读中就要从诗人的写作意图出发进行赏析。

第三,锤炼诗歌中的关键词,深化主题。诗歌是语言的艺术,诗歌通过丰富的形象构筑诗境。阅读时,以诗歌中的关键字词为鉴赏起点,有助于我们理解和把握诗意。比如,汪国真的《热爱生命》中的"风雨兼程""寒风冷雨"点明了热爱生命,使生命绽放,需要经历意志磨炼。"影""泞""命"几个同韵的仄声字将真实的人生境况展现在面前,抒发了诗人对爱情的向往和对飞扬的人生的歌颂。

对字词句的锤炼是品读现当代诗歌的重要手法,这对于阅读鉴赏有很好的导引作用,同学们要培养细读文本的能力。

## 第三节 联想想象

刘勰在《文心雕龙·神思》中说:"古人云:'形在江海之上,心存魏阙之下。'神思之谓也。文之思也,其神远矣。故寂然凝虑,思接千载;悄焉动容,视通万里。"[①]这句话强调了联想和想象对文本生成的影响,它们是连接主体与客观世界的纽带,是作品创作中的重要因素。在作品鉴赏阶段,采用创作者的构思方式去品鉴作品,能更容易理解诗人的技法与情感表达。

对于现当代诗歌,我们如何找寻想象和联想的触发点呢?笔者建议可以采用以下方法。

其一,将字词联结成画面,借助画面展开想象和联想。比如鉴赏艾青1938年的诗《我爱这土地》,对"暴风雨所打击着的土地"的画面展开想象:天色幽暗,青山如黛,突然骤雨倾盆,席卷着深褐色的泥沙冲刷着土地,土壤龟裂,溅起青栗色的泥浆。对"悲愤的河流"同学们可以继续展开想象:平阔的远方,雾霭迷蒙了群山,一条蜿蜒的河流奔涌向前,卷起枯枝朽木与碎石细沙,层层叠叠,怒涛声震耳欲聋,冲击着河道间的巨石,激起千丈浪花。对于"激怒的风"和"温柔的黎明",我们可借助曾经在生活中、文学作品和影视作品中所看到的画面继续进行想象。这些画面连缀在一起,成为诗歌的背景图画,接着就可以对画面所传递的情感进行思考了。通

---

[①] (南朝梁)刘勰著;陆侃如,牟世金译注.文心雕龙译注[M].济南:齐鲁书社,1995:359.

过对画面的理解,我们感受到作者对国家的炽烈情感。

其二,确定修辞手法,运用想象和联想,感知意境。何其芳的《我为少男少女们歌唱》中,"一阵微风""一片阳光"运用比喻,这些比喻表达了什么呢?同学们可以回到喻体本身,展开想象。微风吹拂,阳光和煦地照着,这写出了诗人的歌声像微风一样吹拂,像阳光一样温暖少男少女。诗歌中的修辞,尤其是比喻和拟人两种手法,增强了语言的形象性,深化了诗歌的意境。阅读诗歌时,通过想象,将运用比喻和拟人手法的句子在头脑中呈现出来,加深读者对诗歌语言的解析,感知诗人寄寓在修辞手法中的情感,从而揣摩诗歌的艺术手法,为诗歌写作打下基础。

无论是古典诗歌还是现当代诗歌,凝练的文字中常常包含着无形的广袤空间,阅读时,不要局限于个别的字词,要让诗意的形象思维逸动飞扬,在文字载体上融入我们的理解与情感,融入生活体验,融入对文学作品的体悟,跟随着诗人在诗歌自由的文字里任意驰骋。

## 第四节　表现手法

诗歌的表现手法很多,本节我们主要选择修辞和意象两个主要的要素进行解析。

### 一、修辞

现当代诗歌中修辞手法的运用让诗歌的艺术空间得以延展,增强了文字的感染力。阅读鉴赏时,领悟诗歌修辞手法的内涵,是我们准确把握作品意蕴的关键。修辞手法的种类丰富,包含比喻、拟人、排比、通感、顶真等手法,下面我们对一些常用的修辞手法进行解析。

第一,比喻手法是现当代诗歌经常使用的修辞手法。比喻连接本体和喻体,通过喻体凸显本体的特征。比喻对事物的特征进行描绘和渲染,给人以鲜明的印象,使抽象的道理具象化。诗人舒婷1977年创作了《致橡树》,其中丰富的比喻热情而坦诚地歌唱着诗人的理想,也表达了其独立深情的爱情观。诗人借用攀援的凌霄花、痴情的鸟儿、泉源、险峰、日光和春雨六个比喻,从反面突出了诗人既不愿意借助对方炫耀自己和满足虚荣心,也不愿意湮没在对方的浓荫下,而是认为自己可以奉献日光般的温暖和春雨般的情意。在"我"的眼里,"你"的"铜枝铁干"像刀,像剑,这里的"刀""剑"凸显了对方的侠气和风骨,将刚毅熔铸进对方的骨骼。而"我"确是与之相对的"红硕的花朵",像沉重的叹息,又像英勇的火炬,这一对比喻中还兼有对比,叹息的深沉和火炬的光明将"我"个性中截然相反的两个方面呈现在读者面前,引发读者的深思。这一首诗歌独特、精美的形象和比喻表达了男女之间真诚的爱情应为一种亲密、平等和互相尊重的关系,令人感叹。

第二,拟人手法增加了诗歌的灵动之感。拟人可能是把非生物拟人化,将人的行为和情感赋予物,让本身不具有生命意识的事物有了人的特征,也可能是把生物拟人化,凸显了被拟物某一方面的特征,让事物更加形象化。比如何其芳《我们最伟大的节日》中的"你终于在旧中国的母体里,生长,壮大,成熟,你这个东方的巨人终于诞生了"运用拟人手法歌颂了那个成长起来的新生的国家,增强了语言的感染力,表达了对祖国的赞叹之情。席慕蓉的《莲的心事》中,诗人把花比拟为"我",让花具有人格化的特征,真切地表达了青春女子的心态,文字曲折深婉,富有内涵却不隐晦。

第三,象征手法是现当代诗歌的重要表现手法。象征手法,即根据事物之间的某一联系,借助具体形象(象征体)来表现抽象的概念、思想和情感,运用象征,让文本更加深刻蕴藉,耐人寻味。顾城的名篇《一代人》写道:"黑夜给了我黑色的眼睛/我却用它来寻找光明。"语言凝练深刻,兼具批判性和抒情性。"黑夜"象征恶劣、黑暗的社会环境。"我"象征一代人,表现身处黑暗,却依旧心慕"光明"的执着追求。

此外,排比、通感、反复等手法也是诗歌中常见的修辞手法,而且这些手法往往还杂糅在一起,同时使用。比如何其芳的《月下》:"如白鸽展开沐浴的双翅/如素莲从水影里坠下的花瓣/如从琉璃似的梧桐叶/流到积霜的瓦上的秋声。"同时采用了比喻、比拟、排比和通感的手法,表现了梦的纯洁、静美,也表达了诗人的无奈、离别的忧伤和深切的思念。反复手法在现当代诗歌中尤为常见,通过句子或者词语的重复出现,突出诗人的情感,从而达到写作意图。比如戴望舒的《雨巷》中反复的"悠长""丁香一样",增强语气或语势,格式整齐有序,又回环起伏,富有音韵美。

修辞手法是现当代诗歌阅读的重要突破口,我们对含有修辞的句子,要仔细品读与琢磨,这是我们感知诗意的路径。

## 二、意象

在古典诗歌单元,本书曾经谈及意象这一诗歌鉴赏专有名词的含义和运用。

在现当代诗歌部分,我们继续对意象的相关问题进行探讨。意象这个诗歌的基本单位,融会了意与象两个基本元素,意象是诗人的主观心意、情感与客观物象结合而形成的具象。意象承载诗人的思想和情绪的意义,是诗歌鉴赏中联结读者、文本与诗人的桥梁,阅读的过程即诗人借助适当的客观物象寄寓他的内在心意,读者品读文本,再通过意象深研作品的内涵。现当代诗歌的意象常常带有比喻或象征的艺术色彩。

一些比喻类意象源于比喻的修辞所形成的意象。比喻主要有明喻、暗喻和隐喻三类。明喻在诗歌中是同时出现本体和喻体,中间有比喻词"如""像""若""好像"等。徐志摩的《沙扬娜拉》中"最是那一低头的温柔/像一朵水莲花不胜凉风的娇羞"运用明喻,以水莲花这个意象加以渲染,突出了女子柔媚娇羞的风韵,其娴静与纯美之感溢于言外。闻一多先生的《死水》中把旧中国比作"一沟死水",是一种明显的隐喻手法,死水这个意象包含了诗人对中国沦为半殖民地半封建社会的叹息,对社会的腐朽不堪予以尖锐的抨击,表达了诗人对统治者的愤慨之情。

此外,现当代诗歌的意象具有鲜明的象征意义。所谓象征,指长期约定俗成的具体事物代表抽象意蕴,或者部分代替全体,个别代替一般。比如太阳意象代表光明,月亮意象代表思念,白杨意象代表高洁等。舒婷的《祖国啊,我的祖国》中,诗人用"破旧的老水车""熏黑的矿灯""干瘪的稻穗"等一系列意象表现了祖国长期积弱积贫的状态,接着,诗人运用"千百年来未落到地面的花朵"象征了祖国人民美好而幸福的希望和对未来的无限憧憬。

除了意象表现出来的比喻特征和象征意蕴,意象的组合方式在现当代诗歌中也具有一些典型性。一般而言,诗中列举的一系列意象是并列组合的,代表了一系列相似或者相近的含义。冯至的《蛇》中有"蛇"与"寂寞"、"草原"与"乌丝"、"梦境"与"花朵"三组意象,"草原"与"乌丝"性质比较相似,形成线条感,"蛇"与"寂寞"、"梦境"与"花朵"这两组意象是不同性质的物体,搭配出流动感和立体感。舒婷《致橡树》中,把"你"的铜枝铁干比作"刀""剑""戟",把"我"的红硕的花朵比作"沉重的叹息""英勇的火炬",两组不同的意象,在语言色彩和情感表现上属于相对的两种风格,形成互补的效果。

现当代诗歌的意象解读方法其实和古典诗歌一脉相承,只是需要注意白话文新的语境和用语习惯而已。借助意象,是理解现当代诗歌的重要方法。

## 第五节 情感主旨

情感主旨是诗歌的归属,我们阅读诗歌,最终是通过字词和诗境触摸诗人寄寓在诗歌中的情愫。本节我们从意境体味、对比分析和知人论世的方法探寻诗歌的主旨。

### 一、意境体味

"司空图认为:'意'指诗人的主观情志,'象'指客观物色,'意'与'象'融合和统一,产生形色兼备的'意象',是创造艺术形象和诗歌意境的艺术思维过程。"[①]意象是融入诗人主观情思的客观物象,意境是多个意象叠加而形成的生活图景,意境比单个的意象具有更加丰富的内涵,是诗歌的情感底色。阅读现当代诗歌,借助于意境的分析,我们能深入作品的内在情思。

下面我们来欣赏同学们较为熟悉的《再别康桥》,思考如何通过意境理解作品的主旨。《再别康桥》是新月派诗歌的代表作。新月派提出新诗的三个美学标准:音乐美、绘画美、建筑美。在这首诗歌中,这三个美学标准都得以凸显,诗人在诗歌中营造了情景交融的场面。诗人徐志摩故地重游,带着对理想破灭的伤感和对母校的眷恋,在康桥的昔日岁月成为他最珍贵的回忆。于是,在他的眼里,"西天云彩""河畔的金柳""软泥上的青荇"等一系列事物都附有自己的情感色彩,柳树这个意象本有"留"的意蕴,这里更表现了诗人的伤感。软泥上的青荇和河水中的柔波,让康河此刻明净妩媚,波光荡漾,这种自由自在的意境,也是诗人所追求的。接着,诗人开始了寻梦之旅,诗歌进入新的意境。从"浮藻""彩虹似的梦"到"星辉斑斓",诗人以绚丽多彩的意境表达了自己对往昔生活的眷念,同时也表达了对明天充满希望与热情。

起伏的感情线是这首《再别康桥》的主要线索,诗人用了虚实相间的手法,以"金柳""柔波""星辉""软泥""青荇"等形象而富有语言色彩的意象,绘制了一幅幅流动而唯美的画面,动静结合,形成柔和、静谧、空灵、灿烂的意境,表达了作者对往昔美好的无限眷恋,对即将到来的离别的伤怀。然而,诗人又能做到"哀而不伤",对未来表现出积极、热烈和豁达的态度。矛盾的情感萦绕在这首诗歌的语言文字

---

① 朱立元.美学大辞典[M].上海:上海辞书出版社,2014:274.

和所描绘的风景图画中,层层叠叠地荡漾,感性与理性、过往与未来交织,诗人在时空的交错换位中从沉寂、彷徨到决绝,形成耐人寻味的意境,情感的真挚和炽烈让这首诗成为新月派诗歌中的佳作。

## 二、对比分析

在现当代诗歌中,对比手法是一种常见的诗歌写作手法。这一手法将具有明显差异和矛盾对立的物象或者意象放在一起进行对比,用以突出某一方面的某些特征,从而达到诗人议论抒情的目的。在对比手法中,形成对比的双方在同一背景之中,处于一个完整的艺术共同体内,形成相互照应和对举的关系,让诗歌的内在空间得到拓展,同时,主体事物的形象得到凸显。

和对比相似的两个概念是衬托和类比。衬托是以一个主要事物为核心,其余事物起陪衬和烘托的作用。类比是以两种不同事物或者道理的类似点为基础,进行同类的比较。三者的不同点在于,对比的双方有正反面和差异性,衬托有主次之分,类比是近似物的比较。下面我们将通过现当代诗歌中的对比手法探讨主旨。

《有的人》是现当代诗人臧克家为纪念鲁迅逝世十三周年所创作的一首抒情诗歌。诗人运用对比手法在诗歌中搭建了主体框架。从开篇一直到末尾,简明而反复的对比贯穿整首诗歌作品。"有的人活着/他已经死了,有的人死了/他还活着。"诗人开门见山地呈现出不同的两种生存状态,再从两种人的灵魂、动机、行动、后果互相对照和映衬,凸显了伟大与卑劣的巨大反差,也表现了诗人对美丑善恶的褒贬态度。鲁迅的精神在这首诗歌中,照亮一切,成为这个时代应该追随的火炬。诗人热情地讴歌了鲁迅"甘为孺子牛"的一生,赞美了他为人民而活的无私精神。

汪国真的《山高路远》也采用了对比手法表现主题。"呼喊是爆发的沉默/沉默是无声的召唤/不论激越/还是宁静",诗歌一开篇将"爆发""沉默""激越""宁静"几组相对的词语排列,表现了积极乐观的精神风貌与畏缩退却的反差。诗人在诗歌中召唤青年搏击长空,奋进昂扬,鼓励健康向上的蓬勃意志。通过对比,抽象的意象变得更加形象化,具有新颖而美好的意蕴。比如"双脚磨破/干脆再让夕阳涂抹小路/双手划烂/索性就让荆棘变成杜鹃",将奋斗者超越苦难的柔韧表现出来,把那种不放弃、顽强执着的人生姿态描摹得淋漓尽致。而且,这里除了对比,还有对比事物的相互转换和诗人多视角的解析。诗人将痛苦化为美好的形象,既表达了对坚韧的歌颂,也突出了对苦难的不屑,从而达到精神的制高点。

对比手法，无论是在古典诗歌，还是现当代诗歌中，都是一种常用的表现手法，在鉴赏诗歌时，它是探究作者主旨的有效路径。

## 三、知人论世

在20世纪70年代末至80年代初，诗坛上曾经出现了一个流派，这个流派以不可抑制的叛逆精神对抗当时流行的现实主义创作原则，他们思考人的本质、自我价值和人格尊严，他们的作品注重创作主体个人意识和内心情感的抒发，在表现手法上大量采用隐喻、暗示、象征等，拓宽了作品的物化空间，深度挖掘人作为精神主体的自由支配权。这个诗歌流派不曾拥有统一组织和宣言，但他们在共同的历史背景下形成集体意识。他们经历过"文革"时期知识青年"上山下乡"运动，当时的这些知识青年普遍有一种对时代的怀疑、不解、愤怒和对抗，对理想幻灭的失落、沮丧和执念。这个流派就是"朦胧诗派"，其中的代表人物有舒婷、北岛和顾城等。

朦胧诗采用的表现手法多样，意象跳跃，以至于主旨大多比较隐晦难懂，在阅读时，要善于借助诗人的生平背景，采用知人论世的方法，以便探求作品的主旨。

比如，鉴赏北岛的《回答》就需要紧密联系诗人的生平和所处时代。这首诗歌创作于1976年清明前后，是第一首公开发表的朦胧诗，刊载在《今天》上后又刊载在1979年的《诗刊》上。这首诗歌字夹风霜，气干云霄，对那个颠倒是非黑白的世界予以猛烈的抨击。诗歌中艺术化地塑造了普罗米修斯这个人物形象，并且诗人以他自况，表现了青年知识分子个体意识的觉醒，勇挑时代重任的气魄，以及从历史的深渊中超脱和迈向未来的决心。诗人用一种呐喊的语势向外宣告："告诉你吧，世界/我——不——相——信！"破折号的停顿和强调表现了诗人毅然决然的挑战者形象，不向命运低头，不沉溺于苦难的渊薮。结尾诗人回到对历史文化的骄傲、自豪中，在历史和未来的转换里寻求再生的力量，表现了对祖国的依恋和信赖，对民族饱含的深情。如果不对作品背景进行剖析，的确很难理解北岛深邃而热烈的无奈与呐喊。所以，知人论世是阅读现当代诗歌可以采用的有效路径。

不仅仅是朦胧诗，现当代诗歌中还有一些主题相对比较隐晦的诗歌，同样可以采用知人论世的方式来赏析。比如闻一多先生的《抱怨》，是一首耐人寻味的诗歌。诗歌语言自然流畅，看似轻松，但其实诗歌的主旨不容易理解。这首诗表现了"我"的艺术创作和"上帝"的艺术创作，诗人写"我"沉浸在创作中时，"你"的咳嗽声触动了"我"，"我"不由自主地"写成了一首悲歌"，我们不禁会疑惑，"你"到底是谁呢？

但走近诗人,我们方可了解,这首诗歌是诗人对艺术规律和个人创作实践的总结。闻一多在诗歌的内容和表现形式上追求个体意识的自觉。"你"代表了"我"的真实感受,"我"创作时要受到真实感受的修正。此外,"上帝"要写作,我们这些芸芸众生作为他的作品也是相互依存的。世界的普遍规律即生命个体应该相互关联依存,和谐地共存。

走近诗人,了解诗人,是我们深度理解现当代诗歌的关键。

# 第六章 开启中国现当代诗歌之旅

相对于古典诗歌而言,现当代诗歌在语言的使用上具有更高的自由度:不拘泥于格式和韵律,表达诗人情感的方式更加灵活。现当代诗歌流派比较多,有对古典诗歌创作方法进行创新的诗人,有受到西方诗歌创作风格影响的诗人,每一个流派的诗歌作品都在一定程度上反映时代的思潮,是我们感知时代命脉的载体。

"五四"学制部编教材中,相较古典诗歌,中国现当代诗歌选篇的数量大大减少,仅有14篇。其中,六年级1篇,七年级2篇;其余11篇都放在九年级,九年级上5篇,九年级下6篇。九年级是学生在初中度过的最后一个学年,这一时期的学生知识更完备,学习框架更完善。由于教材选篇数量少,笔者认为课外现当代诗歌的拓展阅读十分必要。丰富的文本阅读有助于学生理解课内篇目,也可以激发学生对现当代诗歌的阅读热情。

本章的现当代诗歌主要包含了尝试派、人生派、创造社、湖畔诗派、新月派、现代诗派、七月诗派、九叶诗派和朦胧诗派九个主要的流派。

## 第一节 尝试派

从尝试派这个名字就可以想象,现代白话诗歌诞生之初,它作为一个新的诗歌流派,执着地革新和开创新诗写作的历程。从胡适那些理性有余、诗意不足的白话诗,到被胡适称赞为"新诗中一首最完全的诗"的《三弦》,尝试派诗人是开拓新文化的先驱者,在文学历史的长河里留下了不可磨灭的足迹。

### 一、陈言务去,开拓创新——胡适《尝试集》

胡适先生的《尝试集》是现代白话诗的开端,也是现代文学史上第一部白话诗集。也许,有同学读过这部诗集;也许,你觉得它缺乏诗意;也许你发现《尝试集》中的作品还从属于不同的诗体,前后体例不一致,有些是脱胎于旧体诗,有些是旧体诗与白话诗的拼接,但请用历史的眼光去看待和评价这部作品。

下面介绍胡适《尝试集》中的两首著名诗歌,第一首是《蝴蝶》。

## 蝴　蝶

两个黄蝴蝶,双双飞上天。

不知为什么,一个忽飞还。

剩下那一个,孤单怪可怜。

也无心上天,天上太孤单。

这首诗作于1916年8月23日,是胡适写得较早的一篇诗作。它发表于1917年的《新青年》第2卷第6号,是《白话诗八首》的第一首。这首诗描写了黄蝴蝶失去伴侣后的孤独,反映出诗人远离家乡,形单影只的苦闷。

次年,胡适又创作了《鸽子》。

## 鸽　子

云淡天高,好一片晚秋天气!

有一群鸽子,在空中游戏。

看他们三三两两,

回环来往,

夷犹如意,——

忽地里,翻身映日,白羽衬青天,十分鲜丽!

这首诗语言比较平实,欢快热烈,展现了"五四"时期的时代精神。

《尝试集》作为一部开新文学风气的诗集,是现代文学史上的里程碑,它引起了文学理论界的广泛争论。它具有让我们洞察新文学走向的价值。在这部诗集中,我们除了可以了解和回顾20世纪20年代,白话诗歌如何从古典诗歌的巅峰中另辟蹊径,实现大胆的尝试;还可以看到,一种新的文学样式在萌芽期的稚嫩和真切。

《尝试集》除了在诗体和节奏韵律方面做了大胆的尝试,在内容上,作品主要表现个性的解放、人道主义和民主自由精神,具有典型的反封建色彩,是特定历史背景下的文学宣言。

胡适的这部诗集,也是他的文学主张的集中体现。胡适的文学主张主要体现在三个方面。第一,认为作诗如作文;第二,提倡"八事";第三,提倡诗体大解放。

作诗如作文的观点主要是对古典诗歌形式的背离,胡适倡导创作自由的白话诗,这一主张成为促成文学革命的理论内涵,率先走出了一条诗歌革新的道路。"八事"是胡适1917年发表的《文学改良刍议》中的观点,"八事"又名"八不主义",包含须言之有物、不摹仿古人、须讲求文法、不做无病之呻吟、务去滥调套语、不用典、不讲究对仗、不避俗字俗语。胡适的"八事"比较全面而系统地针对文学发展中存在的形式化问题提出独到的见解主张,可能一些刻意避开古典文学的做法会有一些偏执,但结合新文学的使命和特征,白话诗确实需要彻底的改革和大胆的取舍。诗体大解放是胡适在《尝试集》自序中提出来的理论主张,胡适认为,文学作品情感的抒发有赖于自由舒展的形式,所以改革诗歌,首先是从形式上进行革新,只有打破旧体制的束缚,才可能有真正的白话诗。

《尝试集》的创作始于1916年7月,第一编写于胡适留美期间,后两编写于他归国后。诗集出版于1920年,两年之内销售量达一万册。1922年增订四版,此版流传最广。每一版本的《尝试集》都有名家提出修改意见,可见胡适也是在不断地摸索中前行。虽然《尝试集》具有鲜明的局限性,但我们还是要看到它开拓创新的一面。胡适在《自序》中说:"既已自誓将致力于其所谓'活文学'者,乃删定其六年以来所为文言之诗词,写而存之,遂成此集。名之曰去国集。"《尝试集》是现代文学史上不可不谈的一部经典。

正如陈子展所说,《尝试集》的"真价值"主要在于"与人放胆创作的勇气",以及其中体现的"'前空千古,下开百世'的先驱者的精神"。

## 二、象征与悲悯,沉郁顿挫——康白情《草儿》

毕业于北京大学的康白情是中国现代白话诗歌的开拓者之一,也是"新潮社"的创始人之一。"新潮社"是20世纪初在北大校园里兴起的一个学生社团,这个学生社团以《新潮》为阵地,倡导民主与科学,希望为中国新文明建设打下基础。在"五四"时期兴起的文学社团中,"新潮社"算是先驱者,具有较大的影响力。这个社团旗帜鲜明,推崇新文化运动,依循着《新青年》的足迹,同旧的体制抗争,追求新的思想与文学主张。康白情及"新潮社"成员参加"五四"运动,在1919年7月召开"少年中国学会"成立大会;同年创办《少年中国》月刊。从康白情的经历,我们可以看到一位正义的进步青年的形象。诗歌《草儿》是康白情在"五四"运动前夜创作的一首现代诗,这首诗歌描摹了劳动人民的悲惨生活与命运,表达了诗人对他们的深切同情,被誉为臧克家同类主题作品《老马》的"姊妹篇"。

## 草 儿

草儿在前,

鞭儿在后。

那喘吁吁的耕牛,

正担着犁鸢,

眍着白眼,

带水拖泥,

在那里"一东二冬"地走着。

"呼——呼……"

"牛吧,你不要叹气,

快犁快犁,

我把草儿给你。"

"呼——呼……"

"牛吧,快犁快犁。

你还要叹气,

我把鞭儿抽你。"

牛呵!

人呵!

草儿在前,

鞭儿在后。

    相比上一篇的古典诗歌,本篇的诗歌明显在语言上更通俗,因为没有平仄、格律的限制,语言具有流畅度和舒展性,形式自由而活泼。这首诗歌运用了象征手法,重点描摹耕种的牛的辛劳,真实表现劳动者的辛苦。这样的象征手法在传统诗歌中也有较多的使用,比如,《诗经》中《硕鼠》以"硕鼠"象征剥削百姓的统治者。

    这首诗歌重点渲染了牛拉犁的辛苦。诗人表现牛的悲凄,主要是通过这一行为个体身处的环境来烘托的:鞭子冰冷无情,要获得芳草这样的生存资料是以被剥削作为代价的,行为个体没有自由支配的权利。诗人还着意描绘了牛耕地时的情态,"眍着白眼,带水拖泥","呼——呼"中的破折号表现了牛呼吸的艰难,将处于底层的生产者没有自我,痛苦挣扎的形态表现出来。牛遭到难以承受的压迫,那么,牛所象征的底层劳动人民的处境更是一言难尽。

这首诗是康白情的诗集《草儿》中的第一篇,也是诗人诗歌集名字的由来,诗人通过牛的形象,抒发了悲天悯人的情怀,在那个被白色恐怖笼罩的年代,这样的呐喊是符合时代的心声的。

### 三、在古典与现代交融中的哲思——俞平伯《暮》

俞平伯,与胡适并称为"新红学派"的创始人,他在《红楼梦》研究上的成就,不仅体现在数量上,更体现在内容创新上。相比胡适对《红楼梦》的研究仅停留在历史考证阶段,俞平伯已经将考证与艺术鉴赏结合,他在"五四"精神现代转型期的背景下引入了史学与艺术并兼的双重审美标准,以一种新的视角研究《红楼梦》。这样一位独具个性特色的红学家,还是一位在新文学运动初期创作白话诗歌的先驱者。古典与现代的融合,在俞平伯的诗歌里有怎样的表现形式呢?这是我们关注的内容。

关于俞平伯,我们需要了解他的家学渊源。其父俞陛云在古诗词研究方面颇有造诣,俞平伯从小受到诗词文化的熏陶,拥有非常坚实的旧学基础。可见,新旧诗歌的转型,本身并非新旧对立,新诗是在旧诗的基础上,在新时期呈现的新体式。

俞平伯的新诗理论的核心是"自由",以自由为主体精神的诗歌创造,在中国新诗的发展史上具有深远的意义。他曾参加北京大学的新潮社、文学研究会、语丝社等文学团体,提倡"诗的平民化"。1922年,俞平伯和钱玄同、刘半农和沈尹默等人发起"歌谣研究会",出版了《歌谣月刊》。同时,他也重视民间文化资源对诗歌的影响,提倡对民间文化的挖掘,让人民群众参与到诗歌创作中来。

下面我们一起来欣赏俞平伯的一首白话诗,感知现代汉语表现形式下的古典意蕴。

**暮**

敲罢了三声晚钟,
把银的波底容,
黛的山底色,
都销融得黯淡了,

> 在这冷冷的清梵音中。
> 暗云层叠,
> 明霞剩有一缕;
> 但湖光已染上金色了。
> 一缕的霞,可爱哪!
> 更可爱的,只这一缕哪!
> 太阳倦了,
> 自有暮云遮着;
> 山倦了,
> 自有暮烟凝着;
> 人倦了呢?
> 我倦了呢?

  这首诗歌有一种浓郁的古典诗歌的感伤韵味。古典内蕴与现代语言形式的杂糅,在尝试派诗人的诗歌中是很常见的。晚钟、黛山、明霞、暮烟是古典诗歌中表现哀愁、孤独的常见意象。诗人通过一系列典型意象的交叠使用,营造了忧伤、清冷和孤寂的日暮之景,将诗人漫步西子湖畔时哀愁的心情描绘得淋漓尽致。这里的景物刻画富有韵味,诗人并没有直接描绘天色,而是先通过听觉,感受到暮色的降临,在古寺的钟声里,清远的梵音将湖波与黛山"销融得黯淡了"。于是,诗人情不自禁地赞叹,反复使用"可爱"和"一缕"将诗人此时的惊喜之情表现出来,从哀愁与忧伤转到愉悦的回忆,也让他本身孤寂的内心得到些许慰藉。

  最后,当暮色西沉,诗人感受到了倦意,那些无生命的自然之物可以在天地间找到栖息之所,"太阳倦了/自有暮云遮着/山倦了/自有暮烟凝着",那我们这些真实的生命个体呢?我们如何寻求精神的皈依?可见,诗人不仅仅是生理上的困倦,更有心理上的茫然和期许。本诗表达了诗人对爱的呼唤,这正是诗人执着追求的人道主义精神。

### 四、如闻其声,余意不尽——刘半农《教我如何不想她》

  刘半农,出生于清代末年,是文学家、语言学家和教育家,天资聪慧,曾经系统地向国人介绍过安徒生、列夫·托尔斯泰、屠格涅夫和小仲马等外国作家,他的《汉语字声实验录》荣获"康士坦丁语言文学专奖",他也是我国第一个获得此国际大奖的语言学家。刘半农是新文化运动的先锋,与胡适、沈尹默合称为"新诗三巨头"。这位充满了冒险精神和创意的语言学家,用饱满的诗情挥毫而就一首《教我如何不想她》。

### 教我如何不想她

天上飘着些微云,
地上吹着些微风。
啊!
微风吹动了我头发,
教我如何不想她?

月光恋爱着海洋,
海洋恋爱着月光。
啊!
这般蜜也似的银夜,
教我如何不想她?

水面落花慢慢流,
水底鱼儿慢慢游。
啊!
燕子你说些什么话?
教我如何不想她?

枯树在冷风里摇。
野火在暮色中烧。
啊!
西天还有些儿残霞,
教我如何不想她?

看到这首诗的题目,同学们大概会觉得这是一首爱情诗吧?不错,这首诗原题是《情歌》,是刘半农旅居英国时所作,后来在编入他的诗集《扬鞭集》时才更名。赵元任先生曾为这首诗谱曲,广为流传。一般意义上,这首诗歌是表达诗人远离故土,对祖国的深切思念之情。但根据诗歌的意象,能读出更多元的主题。我们暂且不纠结于诗歌的"她"是祖国,还是"我"的心上人,而是沉浸到诗歌的文字中去,体会这首意境优美的白话诗的独特诗意。

这首诗描绘了这样的场景:天空微云,清风拂过大地,在大自然的美景中,"我"的心中情不自禁开始思念"她",希望能与"她"一起共享这和煦的微风,看云卷云舒。诗人运用起兴的手法,开篇布景,让读者也被感染。接下来的一节依然是美景,但时间转为夜晚,月光与海洋像恋人一样相融,那样贴切自然。刘半农选择的意象富有情韵又自然顺畅,不像一些新诗的意象僵硬牵强。第三节借用水面落花之景和水底潜鱼之形,在前一节的静态中增加了灵动之感,画面的变换避免了审美的疲劳,而且叠词"慢慢"连用,以反复的手法将落花伴着流水流向远方的情景描摹出来,植物与动物意象的交叠咏唱热烈的生命迹象。到了这里,诗人的文字陡转,与前面部分的诗境形成阶梯状。"枯树""冷风""野火""暮色"这些意象表现出来的孤冷凄迷与前面文字的柔情似水全然不同。这些意象象征了那个多灾多难的旧中国,那个从凄风苦雨中走过来的满目疮痍的世界。诗人渴望"她"的强大,感受到国家兴亡,匹夫有责。在诗人的意识里,无论是明媚还是凄雨,"她"都时时刻刻印在"我"的心底。

整首诗运用了比兴手法,一咏三叹,在反复的吟咏中表达了"我"对"她"的深情厚谊,在新诗中独树一帜,具有音乐美。

这首诗歌在语言学上还有一个重要的价值,就是创造了"她"字的字意和用法。这首诗歌之前,汉语中男女通用"他"字,刘半农曾经想用"伊"来表示女性第三人称,但觉得不够庄重,于是在反复地推敲之后,用"她"来代替,这一做法得到了广泛的响应并一直延续到今天。就这一点而言,刘半农的这一尝试对现代汉语发展是非常有意义的。

## 五、"新诗中一首最完全的诗"——沈尹默《三弦》

中国现代文学史上最早的白话诗歌是胡适1917年在《新青年》上发表的《白话诗八首》。1918年5月后,刘半农、沈尹默也开始在《新青年》上发表白话诗。1918年8月,《新青年》第5卷第2号刊载了沈尹默的《三弦》,胡适评价说:"从意境上和音节上,都可算是新诗中一首最完全的诗。"胡适作为新诗的先驱者,对这首分段不分行的散文诗歌有如此评价,可见这首诗歌在文学样式和意境上的创新是很有价值的。

## 三　弦

　　中午时候，火一样的太阳，没法去遮拦，让他直晒着长街上。静悄悄少人行路；只有悠悠风来，吹动路旁杨树。

　　谁家破大门里，半院子绿茸茸细草，都浮着闪闪的金光。旁边有一段低低土墙，挡住了个弹三弦的人，却不能隔断那三弦鼓荡的声浪。

　　门外坐着一个穿破衣裳的老年人，双手抱着头，他不声不响。

　　同学们初读这首诗时，请先不要把注意力放在诗歌所描绘的画面和词义上，而是留意一下诗歌中词语的音韵。我们会发现，诗人采用了一系列声母为"d""t"的字，并且将阳声字和阴声字交错排列，形成似三弦一样的声音律动感。比如第二段"低、低、土、挡、弹、的、断、荡、的"等字中，阳声韵有"挡、弹、断、荡"，杂糅阴声韵，就形成变化多样的语音结构，达到起伏跌宕的艺术效果。这首诗歌其实受到了旧体诗词在声韵上的表现手法影响，以双声叠韵来帮助音节的和谐。沈尹默虽然是新诗的推崇者，但后来又创作了大量古体诗，所以，一个诗人的写作习惯是有一贯性的，真正的变革确实需要观念上的彻底革新。但就从这一首诗来说，沈尹默所采用的白话形式很彻底，在那个时代是很不容易的。

　　根据诗歌的段落，请同学们来欣赏诗中的三幅画面。这三幅画面观察的视角是远景、中景和近景，由远而近进行推移，三个画面之间互相映衬又独立存在，画面之间既有对立又有交融。我们先看远景。烈日、长街、无人的街道，这时，有悠然吹来的风轻拂杨柳，这样的镜头式剪裁，为后文人物的出场布景。这是一条正午时分清冷的街道。此时的"静"为后面的三弦之音铺垫。

　　第二段写"绿茸茸细草""浮着闪闪的金光"，这里的景和前面似乎有不同，在静谧中透着生机与灵动。"浮""闪"一改晌午的寂寞和孤寂。在古诗词中，有写清晨、写日暮、写深夜的诗句，但表现正午这个时段的作品的确不多。可能诗人在这个时段很难将情感寄寓在景物之中，并准确地表达，而这首诗歌运用光线和色泽的跃动感，较为新颖地抒发了人物的情感和心绪。

　　在诗歌的第三段，诗人描绘了那个拨弄三弦的老人，但诗人并没有直接写老人在弹奏三弦，只是以肖像刻画和动作刻画塑造了老人的形象。他的姿态和动作流露出内心深切的孤独与哀愁。这幅画面描摹了当时社会的一个侧面，颓废的屋墙背景之下，音乐艺术的美撑起整个空间。这首诗歌抒发了诗人对人世命运的慨叹，

有一种人文主义的气息。

## 第二节 人生派

文学研究会是新文学运动中最早成立的文学社团,于1921年1月在北京成立。代表人物有周作人、郑振铎、茅盾、王统照、许地山、叶绍钧、朱自清、冰心、庐隐、俞平伯、老舍和丰子恺等。文学研究会注重文学的社会功利性,倡导"为人生"的现实主义文学。"为人生"这个观念也体现这些诗人的价值观念,所以他们常常被称为"人生派"。

### 一、走过风雨沉沉的夜和荒郊——朱自清《光明》

"两手攀着上面,两脚再向上缩,向左微倾……我的泪很快地流下来了。我赶紧拭干了泪。"这段话同学们觉得熟悉吧,它出自感动了几代人的散文《背影》。作者朱自清毕业于北京大学,任教于清华大学,是我国著名的散文家和民主战士。1919年他开始发表诗歌,是文学研究会的早期成员。文学研究会主张文学是一种工作,是"于人生很重要的工作"。朱自清和叶绍钧、俞平伯等人在上海成立了现代文学史上的第一个新诗社团——中国新诗社,这个社团以"为人生"为核心主张。

朱自清的散文根据内容的不同,语言风格也有差异。写景的散文凝练明净,典雅秀丽,质朴清新;叙事的散文真挚深沉,自然平实;游记散文清丽精巧,文字简练。他的散文充满了诗意,看似清淡却内涵丰富,丰腴多姿。相比之下,朱自清的诗歌更有一种坚硬的内核,蕴藏着呐喊和作者的深厚情感,像剑,像戟。

《光明》是朱自清在1919年创作的一首现代诗歌。

### 光　明

风雨沉沉的夜里,
前面一片荒郊。
走尽荒郊,
便是人们底道。
呀! 黑暗里歧路万千,

> 叫我怎样走好？
> "上帝！快给我些光明吧，
> 让我好向前跑！"
> 上帝慌着说，"光明？
> 我没处给你找！
> 你要光明，
> 你自己去造！"

新文化运动中，真正奠定朱自清新诗人地位的是他的长诗《毁灭》，这里笔者却选择了诗人的诗文集《踪迹》的第一首诗歌——《光明》。为何选择这样一首从思想深度和艺术表现力上都略显稚嫩的诗歌呢？那是因为这样的诗歌有典型的时代烙印。这首诗使我们了解在那个特定的历史背景之下，文学艺术与社会文化的关联，并能真正体会到文艺的社会性和艺术价值。这首诗歌是在新文化运动的时代浪潮中产生的，觉醒的一代憧憬着光明的社会，意欲冲破黎明前的黑暗，走出无尽的漫漫长夜，迎接第一缕朝阳和曙光，朱自清这首诗歌正是那个时代的歌声与呐喊。诗人将当时的社会比作"风雨沉沉的夜"和"荒郊"，运用象征的手法，表现了内忧外患的事实和黑暗困苦、没有出路的社会现状。

这首诗歌的力量在于启迪。面对无尽的荒芜，黑暗里的万千歧路，诗人巧妙地设置了"上帝"这个角色，这符合在黑暗的世界中苦苦挣扎的劳苦大众的心理，他们把自身的幸福寄托于神祇，渴望有拯救自己的救世主。诗人虚构的这一形象与他自身无神论的观点并不矛盾，这更多的是一种艺术的假借手法。诗人在诗中表达了自己真实的观点：听天由命的无为之态是无法拯救自我的，只有勇敢地向着光明奔跑，去开拓和创作，才可能获得自由与实现理想。

## 二、望极天涯不见家——刘延陵《水手》

《水手》是诗人刘延陵于1922年发表在《诗》第一卷第一号上的一首白话诗歌。这首诗歌得到文学评论家较高的评价，梁宗岱和余光中先生都认为这首诗歌语言单纯而清新，余光中先生说《水手》是早期新诗中最成熟、完美的佳作之一。这首诗歌的成功在于意象的构图与意象的对比，两种不同的画面对比形成艺术张力，诗人在两种场景的切换中抒发了深切的乡情乡恋，而且诗人以一种诗意的浪漫方式来叙述和描摹，灵动真切。

同学们在阅读之前,可以先根据这首诗歌的标题"水手"对诗歌内容进行推测。第一,主人公为水手,诗歌中是否有对水手在海上航行的生活及环境的描写?第二,这首诗歌表现了水手怎样的情感?是对大海的依恋,对瑰丽的自然景观的喜爱,还是表现远游的羁旅之思?下面我们带着这样的推测去阅读诗歌。

## 水 手

月在天上,
船在海上,
他两只手捧住面孔,
躲在摆舵的黑暗地方。

他怕见月儿眨眼,
海儿掀浪,
引他看水天接处的故乡。
但他却想到了
石榴花开得鲜明的井旁,
那人儿正架竹子,
晒她的青布衣裳。

的确,诗歌中有对水手的海上生活和环境的刻画。"月在天上/船在海上"用语简练,通过两个事物不同地理位置的描绘和对比,勾画了空寂辽远的背景:海上生明月,月色如水,海水在漆黑的夜荡漾着层层的浪涛,远处,一叶孤舟随流水飘向远方。这个场景透着深深的孤寂。

在这样寂寥的环境中,主人公出现在画面里,"躲""黑暗"两个词语表达了主人公害怕月夜的孤寂,将主人公幽微的心情表达出来。月亮在古诗词中的含义是非常丰富的。它代表着相思与思乡;表现古代文人墨客或者羁旅游子的孤独与寂寞;月亮盈虚变化表现了宇宙中时空的流转等。这里的月亮引发的是水手缱绻的怀乡之情。此外,水手不愿面对的是海天连接处那个魂牵梦萦的故乡,故乡似近又似远,迷离梦幻,想靠近却又无法企及,水手心中的煎熬像潮水翻涌,心绪难宁,万千矛盾在心中起伏。整首诗营造了一幅孤独、凄冷的海上明月之景。

这首诗歌最明艳动人的句子在末尾。诗人并没有直接地抒情,表达水手对故乡的思念，而是用石榴花、青布衣裳和井勾勒了一个爱人劳作的画面，朴素而灵动，表达了水手对爱人深切的眷念。石榴花嫣红一片，和爱人柔情的脸庞交相辉映。水手远在天涯，无法与爱人朝朝暮暮，缠缠绵绵。这个人物特写替代了任何直接或间接的抒情，蕴含着深情，更进一步衬托了水手的孤寂，诗歌流淌着甜蜜的忧伤。

最后，让我们回到诗人写这首诗歌的初衷。诗人借诗歌表达什么情感？当时诗人远离家乡，背井离乡的孤独和水手有形似之处，诗人以水手自比，表达了孤独凄凉之感和思乡之情。

## 三、母爱、童真与自然的颂歌——冰心《繁星》

提起中国现代文学史上著名的女作家冰心，同学们大概会想起散文《寄小读者》吧，这部集子有三辑，分别为"往事""寄小读者"和"冰心自传"。冰心文字中的温情与对自然和人生的看法，成为了我们童年时代所认知的世界的底色。冰心有两部著名的诗集——《繁星》和《春水》，两部著作是齐名的，但笔者更青睐《繁星》，原因有三个。第一，《繁星》创作于"五四"的高潮期，在强调个性的张扬和狂飙突进的时代精神之下，《繁星》里洋溢的温柔与和谐是那个时代最美的补充。第二，《春水》的风格比较接近冰心的"问题小说"，诗意不够浓厚，而《繁星》更有诗意。第三，冰心写作《繁星》时还是二十岁左右的稚气未脱的少女，文字里有一种"东方古典式的自我型浪漫主义"，且《繁星》与传统文化有千丝万缕的联系。因此，笔者将带着同学们一起了解冰心的第一部诗集《繁星》。

这部诗集收录了诗人两年内的164首诗歌，这些诗最早是发表在《晨报》上的。这部作品受到了印度诗人泰戈尔《飞鸟集》的影响，主要包含母爱、童真和自然三个方面的内容。冰心是以"爱的哲学"著称的，母爱，正是爱的哲学的集中体现，是出发点，也是归属，因为母爱是孕育万物的源泉，也是生命的原动力。所以，在《繁星》中，冰心将母爱视为最崇高的情感加以歌颂。与母爱紧密相连的，是童真、童趣和童心，诗人认为，充满童真的世界是最美的世界。与母爱和童真相对应的，是大自然，作者的诗歌中有对自然的崇拜和歌颂，人与自然和谐相处，母爱、童真和自然融为一体。

### 繁星（一五九）

母亲呵！

> 天上的风雨来了，
> 鸟儿躲到它的巢里；
> 心中的风雨来了，
> 我只躲到你的怀里。

　　这首诗歌一开篇，就是对母亲的呼唤，运用感叹句表达对母亲的依恋和赞美。这里有两处"风雨"，联结了两种情感——鸟儿对巢穴的依赖和"我"对母亲的眷念。鸟儿遭遇风雨，回到巢穴避雨，而"我"在生活中遭遇挫折和坎坷，就会躲到母亲的怀里向母亲索求慰藉。通过"天上的风雨"和"心中的风雨"，"鸟儿"和"我"，以及"巢"和"怀"的类比，突出母亲的怀抱永远是儿女的避风港，讴歌母爱的温暖和伟大。

## 繁星（一三一）

> 大海呵！
> 哪一颗星没有光？
> 哪一朵花没有香？
> 哪一次我的思潮里
> 没有你波涛的清响？

　　这是首借大海歌颂自然的诗歌，朗读起来具有音韵美，"光""香""响"分别押"ang"韵，增添了诗歌音乐性。整首诗运用了排比和反问的修辞，语势强烈，表达了诗人对大自然的热爱。最后一句"波涛的清响"在"我的思潮里"，意境很优美，表现了自然的无限魅力。

## 繁星（二）

> 童年呵！
> 是梦中的真，
> 是真中的梦，
> 是回忆时含泪的微笑。

　　诗人在这首诗中回忆童年是"含泪的微笑"，表现了回忆的甜蜜和失落的哀愁，童年既有欢乐也有成长的烦恼。在诗人的笔下，童年真切地留存在我们的记忆里，是最真的梦。

冰心的诗歌带有一种女性独有的纤柔,她的语言清新秀丽,诗歌中充满了哲理,这些诗歌里的思想总是和诗中描绘的具体形象糅合在一起。她以"满蕴着温柔,带着忧愁"的抒情风格,深沉而又浓烈地歌吟着纯正的爱,描绘着大自然的美;诗歌的文字轻柔雅丽,韵律浑然天成,意境优美清丽。

《繁星》美在纯真、朦胧和蕴藉,同学们可以去静心读一读里面的诗歌,一定会获得不一样的审美体验。

### 四、我将用无所为和沉默求乞——鲁迅《求乞者》

在尼采的众多著作中,鲁迅对《查拉图斯特拉如是说》很是欣赏,他认同其中"重新估定一切价值"的批判性思想,也从中获取灵感。鲁迅的散文诗集《野草》中有一些篇章,在思想主题和表现手法上都受到了尼采的影响。这篇选自《野草》的散文诗——《求乞者》就包含鲁迅对一切价值重新估定的批判主义态度,一方面,他赞同查拉图斯特拉的慷慨布施,因为在这个冷漠自私的社会,这样的善意是鲜见而可贵的。诗人对社会的虚伪和漠然表示不齿,给予批判。同时,从另外一个角度,诗人同样厌恶卑躬屈膝的求乞者,他们没有灵魂地行走在冷寂的街道上,毫无尊严地寄生与苟延残喘,诗人对此更是不屑。这首散文诗最先发表于1924年12月8日《语丝》周刊第四期,多角度地表现了鲁迅对于人生意义的探索,对生存状态的求索。人在困境中突围与破茧重生,其精神意志才能得到真正的自由,人才能摆脱烦腻、疑心与憎恶。《野草》包含了鲁迅深沉的哲学主张,这一首《求乞者》是其中非常具有代表性的一篇,意蕴深厚,耐人寻思。

#### 求乞者(节选)

我顺着剥落的高墙走路,踏着松的灰土。另外有几个人,各自走路。微风起来,露在墙头的高树的枝条带着还未干枯的叶子在我头上摇动。

微风起来,四面都是灰土……

这首诗歌构筑的背景之冷寂具有力透纸背的艺术效果。诗人反复使用"高墙""灰土"表现那个破败颓废的社会,那个充满了罪恶和冷漠的旧社会,那个应该被推倒重建的旧体制。在这个世界里,人的理想与信念坍塌,乞讨者的贪婪、卑微与路人的自私冷漠形成强烈的角色的对立,构成艺术张力,让人深思人异化、人与人之间关系疏离的根源何在。因为整个社会处于白色恐怖和病态之中。出路在哪里？如何找到真正的解救方法呢？诗人似乎也没有能找到答案，所以他也在失落和痛苦中踽踽独行。他也不能去布施拯救那庸碌的灵魂，只能任由那个荒凉的人际社会堕落、瓦解。

诗人在运用两个求乞者和周围的人将矛盾渲染到极致之时，巧妙地宕开一笔，设想自己也成为"求乞者"，他在对身份的假想中，在现实与虚无的交替中，在象征与隐喻中，决然地表示，他的选择是"无所为和沉默"。因为鲁迅不愿与贪婪自私的人同流合污，保持着清醒独立的人格精神。但他真的会沉默吗？非也。只是因为没有人和他站在一起，没有同道者，所以他唯有沉默。这里表现了诗人深深的落寞和孤独。

这首诗歌，表现了在新文化运动分野之后，诗人渴望战斗，但又陷于无助的孤寂中，沮丧而又迷茫。鲁迅一方面批判虚假麻木，没有尊严，缺乏抗争精神的奴性人格，另一方面在努力唤醒自觉、反抗，鼓励超越功利主义的理想和信念，像一枚高擎的火炬，照出一片天空。

### 五、现实而奇异的诗意世界——徐玉诺《将来之花园》

徐玉诺是"人生派"诗人中一闪而过的流星，他在短暂的时间里创作了大量的诗歌，被那个时代所铭记，留下不灭的印痕。徐玉诺的诗歌以热情的笔触，炽烈的情感，表达对芬芳大地的歌颂，也展现了对黑暗现实的怒吼。他通过作品写出了对苦难祖国的敬爱之情，也表达了"血和泪的歌吟"。徐玉诺的第一首新诗《冲动》发表于《文学旬刊》，自此他登上了新诗的历史舞台，1922年8月他的个人诗集《将来之花园》出版，是现代文学史上的第8部个人诗集。诗人思考社会和人生，追求理想和光明，也对现实的黑暗近距离地观察，写出痛彻内心的感受，使现实主义诗学进一步深化。

叶圣陶先生曾经为《将来之花园》写下了万字评论《玉诺的诗》，他认为徐诗具有"奇妙的表现力、微妙的思想、绘画般的技术和吸引人的格调"。此外瞿秋白、朱自清、闻一多等都对他的诗高度赞扬。

### 命　运

前面是黑暗的；无论怎么聪明的人，连他眼前一分钟也不敢断定没有什么不好的事情出来。立在黑暗中的是命运——他挥着死的病的大斧,截断了一切人的生活和希望。

在这首诗中,诗人用"大斧"这个意象将人面对命运的无奈展现得淋漓尽致。

徐玉诺围绕着诗歌的主题,以诗人的独特审美眼光进行解析,他的文字里渗透着他对外在世界的思考。我们需要回归到诗人特定的语境中理解当时的时代精神。

同时,徐玉诺的诗歌具有丰富的色泽,灵动和鲜活是他诗歌的注脚,那种难以名状的鲜活气质使诗歌富有感染力。比如这首《故乡》表达了他对故乡的眷恋之情。

## 故　乡

满眼是白马奔腾的大海,
一瞬千变的天云,苍苍的摺盖了故乡的图画;截断了故乡的情丝。
太阳一抖一抖的落下去了!
异乡的孩子,性急而且无聊;
太阳坠着他的心了。

故乡是我们记忆中遥远而温暖的存在。在诗人勾勒的故乡场景中,景物鲜活而生动。诗人将对故乡的情思渲染得如诗如画,婀娜多姿。

诗人表示,将来的花园就是孩子的花园,诗人将更美丽、更新鲜的花纹织在上边,即渴望将蓬勃的诗意之美掬在手心,给予人们。但面对外在的无奈和痛苦,诗人又情不自禁痛苦和退缩。纯洁、忧郁和浪漫共存,给人以宁静之感和幻想的冲动。诗中描绘的那种富有多元意蕴的真实、超脱尘世又诠释着现实的诗意世界让人向往和沉醉。

## 第三节　创造社

1921年6月8日,一批赴日留学的主要成员郭沫若、成仿吾、郁达夫等在日本东京帝国大学郁达夫的寓所中,成立了新文化运动早期的文学团体——创造社。早期创造社反对封建文化、复古思想,崇尚天才,主张自我表现和个性解放,认为文学需要遵从创作者的内心需求,文艺思想表现出浪漫主义和唯美主义倾向。创造社的这种艺术倾向在打破封建文学"文以载道"的旧传统方面,具有积极的作用,作品展现出鲜明的个性解放色彩。

## 一、飞奔、吼叫与燃烧中涅槃——郭沫若《天狗》

创造社前期创办的刊物有《创造》季刊、《创造周报》和《创造日》等。这些刊物上刊登了很多郭沫若的诗歌、郁达夫的小说以及其他创造社成员的作品,这些作品表现出来的反帝反封建思想,和欧洲18世纪启蒙主义、19世纪浪漫主义文学中的人道主义精神和个性解放思潮具有相似性。因为当时创造社的成员大部分具有在日本留学的背景,他们受到日本的唯美主义影响较大。随着西方的作品不断被译介到国内,唯美主义也开始在中国传播。这种思潮对于身处水深火热的社会环境中的文人而言,是一种慰藉。

郭沫若的《女神》是一部具有强烈的浪漫主义特质,张扬着时代精神的作品,这部作品奠定了白话诗的正宗地位,相比前面出现的现代诗歌,这部作品更加系统地展现新诗的艺术品格和思想魅力,具有里程碑式的意义。在《女神》中,强烈的主观精神让作品充斥着一种决绝的反抗意识,有对社会现实的批判和重建社会的呐喊,有自我理想覆灭后的痛苦、挣扎与超越,诗人将炽烈的情感融入诗歌的语言中,展现一种狂热的精神意象。这篇《天狗》就是极具代表性的作品。

诗人开篇呐喊着,把自己比作是天狗,并且大胆展开想象,塑造自己吞没日月、星球和宇宙的狂放形象,语势强烈,有一种排山倒海的气势。

### 天狗(节选)

我飞奔,

我狂叫,

我燃烧。

我如烈火一样地燃烧!

我如大海一样地狂叫!

我如电气一样地飞跑!

我飞跑,

我飞跑,

我飞跑,

我剥我的皮，

　　我食我的肉，

　　我嚼我的血，

　　我啮我的心肝，

　　我在我神经上飞跑，

　　我在我脊髓上飞跑，

　　我在我脑筋上飞跑。

　　上面节选的是原诗的第三节。这一节表现了"五四"时期个性解放是需要经受磨砺和痛苦的洗礼的，要像烈火一样燃烧，像大海一样奔腾和怒吼，像电气一样飞奔，在绝境中经受煎熬和灼烧，才能有改变山河、世界和宇宙的能量。诗人不仅仅要冲破外在世界体制，也要突破自我，只有完全抛却自我，改变一切才能涅槃重生。个人在摆脱旧思想的羁绊时，升腾起获得自由和重生的快乐，表现了"五四"时期崇尚科学、民主和自由，张扬个性的独立解放意识。

　　这首诗歌运用了大量的比喻、排比、象征等修辞手法，情感真挚，想象大胆，语言富有气势，一气呵成，成为当时时代精神的完美注脚。

## 二、神秘的微颤——宗白华《我们》

　　宗白华，他的名字常常是和一部美学名著——《美学散步》同时出现的。宗白华先生是我国著名的哲学家、美学家和诗人。散步是古今先贤思考人生，探寻生命价值和意义的方式，如亚里士多德的学派被称作是"散步学派"；庄子时常在林间独自漫步和深思。宗白华的《美学散步》包含了他一生所写的关于美学的篇章，包含了文学、哲学、艺术、心理等多个领域的美学主张，对虚与实、空灵与充实等问题加以探讨。阅读这部著作似在林间漫步，林中鸟语花香、姹紫嫣红，深邃灵动，美不胜收。

　　关于诗歌，宗白华先生曾经在给郭沫若的信中说过："我们心中不可没有诗意、诗境，但却不必定要做诗。"宗白华认为，诗歌是写出来的，不是作出来的，诗歌不属于现实部分的事实，而是属于比现实更高的事实，诗人是光、爱和热的传播者和颂扬者。那么，他的诗歌有怎样的表现形式呢？

### 我们

　　我们并立天河下。

人间已落沉睡里。

天上的双星

映在我们的两心里。

我们握着手,看着天,不语。

一个神秘的微颤

经过我们两心深处。

牛郎织女的民间传说是我国文学的一个主题,被许多诗人传唱,它传达了古今人们对爱情的美好渴望,焦灼、迷离、痛苦和甜蜜的情感都融于这个传说中。秦观在《鹊桥仙》中感叹:"两情若是久长时,又岂在朝朝暮暮!"宗白华巧妙化用这个故事,运用浪漫主义想象,文字含蓄凝练,形象鲜明而生动,意境耐人琢磨回味。

本诗标题是"我们",在诗歌的开篇,突出了"我们"独立于"人间"这个群体,"我们"有别于这个沉睡的群体而存在于天地之间,并立在天河之下,那是一条澄澈、神圣的天河。此刻,牛郎、织女星映衬在"我们"的心中,这里的景与情共同构筑了一个多元浪漫的意境,且意象之间形成呼应的效果,情景交融,凸显了"我们"之间真挚、浪漫的情感。诗人作为美学家,擅长形象的创造,给人以美的享受。

诗人表现"我们"站立时相对不语的情景,用一种静默的方式诠释相依相恋的两个人之间的绵绵情意和缱绻深情。同学们试想一下,璀璨的星光中,牛郎与织女在银河相遇,那遥不可及的美好神话故事,在人间同样演绎着,细腻真切地述说着爱情的美好、快乐和幸福。

宗白华擅长写现代抒情诗歌,在20世纪20年代初期的"小诗运动"中,宗白华具有较大的影响力,其语言富含哲理,他善于从一个美学家的视角来进行诗歌创作和鉴赏,诗歌流淌着一种诗中有画,诗中有情,诗中有意的韵味。

## 三、黄昏细雨中的忧伤小夜曲——王独清《我从Café中出来》

对于王独清这位作家,同学们也许不是太熟悉,他是创造社的重要成员之一。王独清生于陕西蒲城,1915年离开家乡来到上海。不久,他东渡日本后回到上海,担任编辑,1920年又再次赴法国,直到1925年才回国。王独清的游学经历和生活环境的频繁变化,对他的文学创作和思想认识都具有一定的影响。他的文艺主张具有兼容性,而且1920年在法国考察欧洲古典建筑的学习经历,更是丰富了他的文艺创作。王独清出生于封建没落官僚家庭,孤独无依、失家离国的哀愁萦绕着这位漂泊的作家,再加上他接受了象征派的影响,那种感性的,浪漫主义的,略带感伤,甚至还蕴藏着颓废的气息成为他诗歌情感的标签。本节我们来欣赏他的一首诗歌《我从Café中出来》。

### 我从 Café 中出来

我从 Café 中出来,
身上添了
中酒的
疲乏,
我不知道
向那一处走去,才是我底
暂时的住家……
啊,冷静的街衢,
黄昏,细雨!

我从 Café 中出来,
在带着醉
无言地
独走
我底心内
感着一种,要失了故国的
浪人底哀愁……
啊,冷静的街衢,
黄昏,细雨!

  初读这首诗,同学们的体会是什么呢?读者眼前会浮现出一个醉醺醺的流浪汉形象,踉踉跄跄,潦倒凄苦,在寒风凄雨中踽踽独行,无人理解他的忧伤,无人怜悯他的苦楚,他像一个多余的人,在冷静的街衢,自生自灭。这是诗歌给我们的直观感受。我们还需要从语言、结构、文化内涵以及诗人的创作风格等角度综合地看待这首诗。

诗人写作这首诗歌时,身在法国,Café在法语中是咖啡馆的意思。诗人去咖啡馆不是像浪漫精致的法国人一样闲逸和潇洒,而是酩酊大醉,疲惫不堪地游走,环境的雅致和主人公现状的对比,给读者以强烈的感观刺激。此外,酒的意象在古诗词中具有丰富的意蕴,或者是"举杯邀明月"的孤独,或者是"酒入愁肠,化作相思泪"的哀伤,或者是"醉里挑灯看剑"的寂寞,又或是"何以解忧?唯有杜康"中的慰藉。这首诗歌中的酒是为缓解远离故国的伤怀。

另外,我们还需要了解王独清对于音乐美和建筑美的追求。诗人的审美理想:(情+力)+(音+色)=诗。诗人注重诗歌的形式和音韵美,在这首诗中,诗人采用了参差错落的语言连缀,除了起始句,每节二五、三六、四七、八九押韵,两节对应句字数相同,形成对称图形,具有强烈的层次感和立体感。而且长短起伏变化的句式与作者酒醉的形象相得益彰,那种断续与连绵,低落与炽烈的韵律和节奏,将诗人对祖国的眷恋表达得淋漓尽致。

### 四、朦胧梦幻的青春哀怨——冯乃超《消沉的古伽蓝》

中国现代诗人、作家、文艺评论家冯乃超先生出生于日本横滨的华侨家庭。他在日本第八高等学校学理科,毕业后,先后在京都帝国大学哲学系、东京帝国大学哲学系社会学科学习,后改学美学与美学史。1926年他在《创造月刊》发表诗歌,1928年发表诗集《红纱灯》,这部作品共有四十三首诗歌,诗歌有明显的象征主义倾向,表达朦胧的情感和青春的哀怨,有一定的感伤色彩。本节我们欣赏其中的名篇之一——《消沉的古伽蓝》。

#### 消沉的古伽蓝

一

树林的幽语,嗡嗡;
暮霭的氛氲,朦胧;
远寺的古塔,峙空;
沉潜的残照,暗红;
飘零的游心,哀痛;
片片的乡愁,晚钟。

## 二

消沉的情绪，苍苍；

天空的美丽，凄怆；

祷堂的幽寂，渺茫；

黄昏的气息，颓唐；

万籁的律动，衰亡；

消沉的古寺，深藏。

## 三

万古的飞翔，沉沦；

夜静的信仰，身殉；

无言的缄默，巡逡；

苍茫的怀古，无尽；

传奇的情热，灰烬；

墓坟的纪念，青春。

阅读这首诗歌，首先会被诗歌均齐的句式和韵律所吸引，这首诗歌具有鲜明的音乐美和建筑美。每一行诗句都采用了典型的现代汉语的主谓结构，且运用标点起停顿和强调作用。每一行运用的音节都是五、二分，让句子具有韵律感，且一二节的押韵字读来浑厚饱满。这样的结构设计在现当代诗歌中并不常见，更体现了它的独特性。

此外这首诗歌的第一节通过对景物的刻画与描摹，表达了诗人深切的情感。在诗歌的字里行间，我们能感受到一种朦胧蕴藉但似又呼之欲出的痛苦和颓废情调。古寺的晚景中，雾霭、树林、古塔等景物，与天空的色泽交相辉映，古寺的静穆与乡愁对举，形成迷离凄婉的意境，让人欲罢不能。

在诗歌的第二节，带着第一节的愁绪，诗人去观察和体味周围的景致，那消沉的情绪，无所依傍，再美丽的天空，给人也是说不尽的凄怆之感。在寂寥的黄昏里，颓唐、衰惫的情感成为主调，融进了古寺深深的幽静之中。这一节相比前一节，情感更加低沉，似乎进入了暗流的漩涡里，找不到归路，更无从述说。无论是诗人还是读者都沉入了冷寂的氛围之中。

诗歌的第三节和第二节不一样，不再是一种灰暗的基调，而是静默，在静默中爆发，似毁灭，又似再生，在那肃杀、沉重的意象中，我们感受到诗人难以名状的情感。

正如朱自清先生所说,冯乃超善于借助铿锵的音节,得到催眠一般的力量,歌咏颓废、阴影、梦幻和故乡等,诗歌的感情色彩非常丰富。

### 五、一首忧伤与怅惘的乐曲——穆木天《落花》

1923年穆木天在东京大学攻读法国文学,期间受到法国象征主义诗歌的影响较大。法国象征主义诗歌具有较强的艺术个性,这个诗歌流派的作品主张用有声色的具体物象来表达诗人微妙的内心情感,将诗人内心体验和客观世界连接起来,运用含蓄蕴藉的文字表达诗人幽微深隐的情愫,这种情感既有人生体验,也有个人的意志和追求。象征主义诗歌拒绝直白,反对机械地表达抽象,强调诗歌的艺术可感性,追求曲径通幽的艺术意境,诗歌充满了迷离的意蕴之美。

穆木天的《落花》就是有象征主义特点的一首抒情诗。

落花,这是一个唯美的标题,也是古典诗歌中的经典意象,如"乱红飞过秋千去""花落人亡两不知""落花人独立,微雨燕双飞"……穆木天的《落花》创作于1925年,当时正值诗人在日本留学。诗歌中通过落花的典型意象,描绘了其飘落的状态,表达了诗人对爱情的追求和对人生漂泊的感叹,整首诗歌具有浓郁的象征主义色彩,意境朦胧、怅惘而忧伤,有婉约词风余韵。

### 落花(节选)

我愿透着寂静的朦胧 薄淡的浮纱,
细听着渐渐的细雨寂寂的在檐上激打,
遥对着远远吹来的空虚中的嘘叹的声音,
意识着一片一片的坠下的轻轻的白色的落花。

啊!不要惊醒了她,不要惊醒了落花!
任她孤独的飘荡!飘荡,飘荡,飘荡在
我们的心头,眼里,歌唱着,到处是人生的故家。
啊,到底哪里是人生的故家?啊,寂寂的听着落花,

妹妹 你愿意罢 我们永久的透着朦胧的浮纱,
细细的深尝着白色的落花深深的坠下,
你弱弱的倾依着我的胳膊,细细的听歌唱着她,
"不要忘了山巅,水涯,到处是你们的故乡,到处你们是落花。"

在诗歌的开篇,诗人营设了落花的唯美意境。"寂静的朦胧""细雨寂寂""空虚中的嘘叹"几个词组为起点,全篇也围绕着这样的意境进行诗歌创作。诗中寄寓了诗人对爱情的憧憬与眷念故乡的伤怀,这两种情感交织缠绕。

穆木天认为,诗人应该创造"纯粹的诗歌",诗歌需要注重音乐美和绘画美,应该将"音"和"色"放到诗的文字中来。音乐的律动感与语言的画面感保持和谐,让读者如闻其声,如见其形,形成良好的审美效果。就像这首诗歌中白色的落花,和文字的律动一起轻盈飘飞,似舞回旋,带着情,载着爱。

朱自清说穆木天的爱情诗"托情于幽微远渺之中,音节也颇求齐",在"五四"后期的爱情诗中,确是别具一格的。

## 第四节 湖畔诗派

湖畔诗派受到"五四"时期文学思潮的直接影响。"五四"运动是中国历史上空前的反帝反封建政治运动、思想解放运动和文学革命运动。运动高举思想自由、个性解放的大旗,这与当时的文学主张相呼应,体现了时代的脉象,湖畔诗派也在这样的背景下应运而生。

湖畔诗派创作了大量爱情诗,这和诗人的人生阅历也有较大的关联。湖畔诗人多为二十几岁的青年人,他们追求新的思想,希望摆脱世俗的影响,以青春洋溢的热情和志趣歌咏"爱"和"美",用他们独有的纯真放情吟唱爱情的歌谣。

### 一、一曲女性的赞歌——冯雪峰《落花》

对于湖畔诗派的诗人,朱自清有一个评价,他说"真正专心致志做情诗的,是'湖畔'的四个年轻人"。冯雪峰是这群年轻人的其中之一,他的爱情诗真挚明快,诗歌的韵味、绘画的艺术与理性的思考融为一体,读他的诗歌有一种简明与深幽、凝练与含蓄共存之感。

《作家文摘》第 2427 期 11 版中有一篇评论冯雪峰的文章,题为《冯雪峰:从诗歌开始的跌宕人生》,这篇文章讲述了以文化人身份活跃在政治舞台上的冯雪峰传奇跌宕的一生。关于冯雪峰的人生经历,几件大事是不得不说的。第一件事是"四一二"反革命政变。冯雪峰因加入中国共产党,在他翻译的书稿上,写有"献给为共产主义牺牲的人们"而被捕。在那个白色恐怖的年代,冯雪峰和另外几位湖畔诗人,在"五四"民主精神的鼓舞下,以少年的纯真,追求文学创作和精神意志的自由。第二件事是冯雪峰出狱后在鲁迅的指引下,筹备成立"中国左翼作家联盟"。第三件事是皖南事变后他在上饶集中营受到两年的折磨,濒临死亡的他,写作的诗歌数量竟然超过了在湖畔诗社时的作品。冯雪峰的湖畔派诗歌是1921年在杭州读书期间创作的,共28首,朱自清评论为"清新和缠绵的风格",这一节我们欣赏一首《落花》,同学们可以对比一下上一节穆木天的《落花》,看看同一时期不同流派的两位诗人对同一物象的描摹有何区别。

## 落 花

片片的落花,尽随着流水流去。
流水呀!
你好好地流罢。
你流到我家底门前时,
请给几片我底妈;——
戴在伊底头上,
于是伊底白头发可以遮了一些了。

请给几片我底姊;——
贴在伊底两耳旁,
也许伊照镜时可以开个青春的笑呵。
还请你给几片那人儿,——
那人儿你认识么?
伊底脸上是时常有泪的。

这首诗歌创作时间为1922年3月10日,诗人离开自己的出生地,在杭州第一师范学校读书,当时诗人只有十九岁,青春少年,稚气犹存。诗歌中将自然美景与亲情爱情联结在一起,借助落花的意象,表达对三个女性的赞美和祝福,诗歌洋溢着青春、美和活力。

在三个女性中,诗人是将母亲放在首位的。童年时期家境困顿的生活状态,加之父亲打骂母亲的记忆在诗人的内心深处留下了伤痕,以落花遮盖母亲的白发,是诗人的第一个设想。他感念这位养育自己,却默默承受着生活重负的女人。后面两个女子,一个为姐姐,一个是爱人,诗歌运用了虚实结合的手法,结尾含蓄地以脸上带泪收尾,给人以无限的想象。

穆木天的诗歌受到法国象征主义诗歌影响较大,诗歌中的朦胧意象是典型特征,这首《落花》体现了湖畔诗派清新和美的风格。

冯雪峰后期的诗歌风格是迥然不同的。他的《灵山之歌》是一首"狱中明志"的作品,以奇异化的想象,表现了对黑暗现实的挑战,对光明的热烈追求,在自我找寻的"物我合一"中,诠释着个体生命的丰富内涵,具有浪漫主义色彩。

## 二、回旋深沉,清新浏亮的"五四"情诗——应修人《妹妹你是水》

应修人曾参加"中国左翼作家联盟"。1932—1933年他领导并参与了沪东区英美烟厂工人的罢工斗争。1933年,他在与国民党特务搏斗时牺牲。他的诗歌里洋溢着对封建礼教的反叛精神,对爱情的追求也非常热烈,诗歌具有民歌和外国近代诗歌的风格。

《红楼梦》第二回中,七八岁的宝玉说"女儿是水做的骨肉,男子是泥做的骨肉。我见了女儿便清爽,见了男子便觉浊臭逼人。"女人和水的这组比喻因为本体与喻体之间风格和气质的相似性,成为大众审美中已然接受的通行认知。应修人有一首著名的现代诗歌作品《妹妹你是水》,运用三种不同形态的水比喻心爱的女子,写出了女子风姿绰约的美。应修人是左翼作家联盟成员,作品具有较高的思想性和艺术性。他曾在1922年同潘漠华等作家合出诗集《湖畔》。本诗选自湖畔诗人诗集《春的歌集》,作品语言具有民歌的风格,热烈、活泼,既直白动情又清新淡雅。相比其他湖畔诗人,应修人创作的爱情诗数量不多,但这首诗歌在"五四"时期的情诗中具有一定代表性。

### 妹妹你是水

妹妹你是水——
你是清溪里的水。
无愁地镇日流,
率真地长是笑,
自然地引我忘了归路了。

  妹妹你是水——
  你是温泉里的水。
  我底心儿他尽是爱游泳,
  我想捞回来,
  烫得我手心痛。

  妹妹你是水——
  你是荷塘里的水。
  借荷叶做船儿,
  借荷梗做篙儿,
  妹妹我要到荷花深处来!

  这首诗歌具有三方面的艺术特征。

  第一,形象贴切的暗喻,使诗句行云流水。对于主角"妹妹",诗人在三节中运用了三种暗喻,每一种喻体与主体之间都能通过诗人巧妙的语言联结在一起。第一种喻体是清溪,谈及清溪,我们能想到的画面是什么呢?黛色如烟的青山相对,遥远的山间,一条似白练一样的溪流淙淙流淌,伴着仲春的姹紫嫣红、盛夏的星夜鸣蝉、暮秋的层林尽染和寒冬的万籁俱寂,溪水明净澄澈,映着天,倚着风,听着云,一年四季,岁岁年年,静静地流淌。它不争不抢,不急不躁,永远在那里。妹妹就像这清溪,率真地对着我笑,这是多么清雅的比喻。第二节将妹妹比作温泉,瞬间切换读者的审美视角,呈现跃动、欢乐、活泼的一面,和前面的暗喻形成动静呼应的艺术效果。第三节的喻体是荷塘,巧妙借用了荷花在古典诗歌中的意蕴,突出了人物个性中的高洁与端庄,三个比喻形态各异,耐人玩味。

  第二,阶梯式层进结构的运用,使诗歌的建筑美凸显。早在创造社的诗歌作品中,我们就能看到诗人对作品整体框架均齐、统一的追求。这首诗歌要运用三种比喻表现诗歌的主体,如果仅是并列式的平面延伸,很难调动读者阅读的兴趣,所以,在均齐的格式下,从内涵上进行由浅入深的推演,必然能加深作品的内在意蕴。诗歌中的三个比喻,像三种人生的状态,从纯真到活泼到典雅,一层层地推进,将妹妹的个性美表现得淋漓尽致,余味悠长。

  第三,鲜活的词语搭配与运用,使诗歌呈现灵动感。作品的体裁和风格,都是要围绕着主题的。这首诗歌是表达对爱人热烈的爱慕与追求,表达精神层面的渴慕与共情,那么,文字载体要能承托这一主旨要求。在本诗中,我们能找到大量非常生动的词语组合,比如"长是笑""烫得我手心痛""荷叶做船儿""荷梗做篙儿"等,让诗歌有一种逸动的歌韵,扣人心弦,充满了诗意之美。

### 三、蕙花翩飞,寂寞深闺愁——汪静之《蕙的风》

汪静之生活在一个相对自由民主的家庭中,在文学创作上,也一再得到了同乡胡适的鼓励,所以还是比较顺畅。在浙江第一师范大学就读期间,与其他湖畔诗人一样,他的作品表现出挣脱封建礼教的决绝,诗歌表现了纯真少年对自然和爱情的追求和赞美,文字清丽、质朴,在诗歌创作上有一定的影响力。但在婚恋问题上,他遭遇了不幸,他曾经与傅慧贞情投意合,但是因为女方家的强烈反对而分开。汪静之作《蕙的风》,这里的"蕙"是傅慧贞名字的谐音,可见诗人对其一片深情。

#### 蕙的风

是哪里吹来
这蕙花的风——
温馨的蕙花的风?
蕙花深锁在园里,
伊满怀着幽怨。
伊底幽香潜出园外,
去招伊所爱的蝶儿。
雅洁的蝶儿,
薰在蕙风里:
他陶醉了;
想去寻着伊呢。
他怎寻得到被禁锢的伊呢?
他只迷在伊底风里,
隐忍着这悲惨而甜蜜的伤心,
醺醺地翩翩地飞着。

  这首创作于1921年的现代诗,具有典型的象征意义,表现了相爱却不能相见的痛苦,诗人对苦苦爱恋的心上人有无尽的相思,对这个羁绊他们的牢笼强烈批判,诗歌中流淌着诗人对爱情的热烈憧憬和向往,情感炽烈,但语言含蓄蕴藉,别有一番滋味。

  《蕙的风》中表现被高墙阻隔的两个相爱的人,借助花香来传情达意,表现对爱人的依恋和相思之情。诗人运用嗅觉作为心理的情感载体,将两种抽象的事物关联在一起,拓展诗歌的空间。

  诗歌是如何搭设人与事之间的关系的呢?首先,开篇借助风这个意象起笔,带着馨香的蕙花风悠然而来,却找不到"她"来的方向,从嗅觉的体会入手,写出这种馨香味道的迷人,从而引出被锁在深院的"她"。诗人从对方着笔,想象"她"的幽怨与苦闷,表现了"她"被禁锢之苦,语言里满是爱怜与思念。接着,通过幽香引来的蝶,将伊人的哀怨和相思之苦传达给"我",更激发了"我"对伊人的渴慕。诗歌最后一句的语言颇有情致,动词"隐忍"将两个相爱的人对现实的无奈表现得曲折深婉,令人叹息。"悲惨""甜蜜""伤心"几组表现矛盾情感的词融合在一起,"醺醺"与"翩翩"两组叠词收尾,形神兼备,余味悠长。诗人以蕙花飞动和抒情主人公心头的情感荡漾,表现被禁锢的爱情所带来的淡淡的哀愁与甜蜜,从而交织出一幅恋爱中年轻人特有的心灵图景。

## 四、最是凄苦,不胜掩抑之致——潘漠华《月光》

  潘漠华,先参加青年文学团体晨光社,后与冯雪峰、应修人、汪静之结成湖畔诗社,先后出版《湖畔》《春的歌集》。应修人谈及潘漠华时曾经这样评论道:"花片纷飞时我想读漠华的诗了。"现代文学家朱自清评论潘漠华的情诗时说:"最是凄苦,不胜掩抑之致。"可见潘漠华诗歌的艺术美是具有感染力的。下面我们一起阅读湖畔诗人潘漠华著名的《月光》。

### 月　光

> 月光撒满了山野,
> 我在树荫下的草地上,
> 踯躅,徘徊,延伫;
> 我数数往还于伊底来路,

想着飞蓬的发儿,
将要披在伊底额上看见了。

我心儿慌急,
夜风吹开我衣裳。
月儿光光了,
这使我失望了,
伊被荆棘挂住伊底衣了。

我垂着头儿,
噙着泪珠,
双手褰着裳儿,
踏过茂草,
将月光也踏碎了。

我跑到溪边,
睁大我底眼眶,
尽情落下我底眼泪,
给伊们随水流去;
明天流经伊底门前时,
值伊在那儿浣衣,
伊于是可以看见,
我底泪可以滴上伊底心了。

月光是文学作品中的一个常见意象,表现离愁、思乡、眷念,表现宏大的宇宙观。在古典和现代诗词中,月光被诗人赋予了丰富的意义,在诗人的笔下,月光这个意象囊括了人类情感中的喜与乐。这首诗歌中,月光是情人相会的背景,在月色如水的夜里,"我"满心期待地等待着前来赴约的爱人,但却久久不见"她"的踪影。第三句中三个并列的表示动作的词语,将"我"等待时的焦躁不安表现得淋漓尽致。《诗经》中的《邶风·静女》有"静女其姝,俟我于城隅。爱而不见,搔首踟蹰",以男子的口吻写幽期密约的乐趣,表达了与相爱的人不能见面的焦虑和急切,表现了爱情的美好。这两首诗在表达方式上有异曲同工之妙。对于爱人爽约的原因,诗歌运用借喻手法来表达,"荆棘挂住"中的荆棘代表阻碍他们相爱的世俗观念,但诗人

并没有直白地写,而是采用了曲笔来表现,给读者以想象空间,突出了艺术形象,意蕴丰富。

这首诗歌的精妙之处还在于爱人没有到来时对主人公的动作描写。首先,因为没有见到爱人,主人公"垂着头""噙着泪""褰着裳""踏碎月光",这一系列的动作将失意的伤感表现出来。但诗人高明之处不在于只是单方面地写主人公的悲伤和闲愁,而是运用丰富的想象:眼泪流到溪水中,被浣衣的爱人见到,泪水滴到她的心上。只有那沉浸在爱中的人才能体会到这种想象的甜蜜与缱绻缠绵。而那种爱而不能见的愁苦,那种无法抵抗的无奈,令人叹息。

### 五、夜色朦胧中的默颂——魏金枝《沉醉》

谈及湖畔诗人,常见的说法是"湖畔四诗人",指的是汪静之、应修人、潘漠华和冯雪峰。20世纪20年代湖畔诗社创立,1922年4月诗歌合集《湖畔》出版,后来汪静之出版个人诗集《蕙的风》,1923年湖畔诗派出版诗歌集《春的歌集》,1927年出版《寂寞的国》。这些诗集收录了他们的大量抒情短诗,表达了对大自然、爱情的赞美和憧憬,体现出新文化运动中青春人格的觉醒,带着浪漫的时代气息,成为那个时代唯美清新的风。到了后期,湖畔诗派代表人物中,有一位在创作风格上富有个性的诗人,他就是魏金枝,他加入诗社的时间晚于早期湖畔诗人两年。

魏金枝的家庭和个人成长经历对于他的思想和诗风有一定的影响。1920年,他因为家庭变故退学,后期从事工人运动,刊印工人刊物《曲江工潮》,后来被迫停刊。魏金枝加入湖畔诗社后,曾经创作过不少诗歌,结集为《过客》,本来是作为继《湖畔》《春的歌集》后的第三个集子,无奈因为没有印刷费又被搁浅,但和他同时入社的谢澹如的诗集《苜蓿花》却在1925年3月自费出版了,这件事给25岁的魏金枝带来不小的挫败感。但是,他在作品中总能表现出坚持不懈的追求,对光明和理想社会的探索从不曾停歇。魏金枝的诗歌受到刘大白先生的影响较大,虽然不及老师沉稳,但他的诗歌表现出一种质朴和率真,和尝试派、人生派诗人炽热的情感不一样,展现出诗人独特的个性风格。

魏金枝的诗歌着力表现"五四"时期的斗争精神,他的矛头指向封建家族制度和社会的黑暗,他以诗歌为武器展开激烈的斗争,在诗歌中营设一种敌我斗争的情景,表现出主人公孤军奋战的姿态。比如《死》中,写到死神对普通百姓的欺压和残酷折磨,以及民众的反抗和斗争。又如《母亲的悲哀》,作品中表现了母亲的专制对儿子的伤害,表现了孩子的反抗和背离。因为魏金枝毕竟为湖畔诗人,这里笔者还是想带着大家阅读他的一首爱情诗,同为爱情诗,可以比较一下他和另外四位湖畔诗人的诗风有无相似性。

## 沉 醉

伊从梦魂中用清脆的声音叫唤我的小名,
我即刻清醒了,
那时伊便去了。
小鸟唱些歌儿给我听,
我底工作没有完毕,
太阳的影子从屋顶飞过去了,
伊求温柔的东风带些恳求的话来,
要我休息。
现在夜色朦胧了,
我闭起眼睛对伊默颂,
伊从黑暗中伸过手来和我接握,
露出微微的笑容。
伊唱着快愉的催眠歌儿,
和山间的松风波动一样,
我毕竟沉醉了,
我底魂几分飞了。

在魏金枝的笔下,这是相对比较明快的诗歌了,但诗人的人生中背负了太多的东西,他的性情始终是比较忧郁的,这首爱情诗也蒙上了一层难以言说的哀伤之情。标题为"沉醉",从主题而言,诗歌表现热恋者的喜悦和柔情。诗歌运用梦境的描绘,表达了热恋的爱侣醒来后无限的惆怅和忧伤。诗人在环境刻画方面用词很生动,太阳影子的动态、朦胧夜色的静态和山间松风的动态交织在一起,作为人物情感的背景,成为诗歌的底色。魏金枝诗歌富有想象力,对艺术形象的描摹准确而生动,在湖畔诗人中,以别具一格的写作风格,成为一个独立的存在。

## 第五节　新月派

新月派又叫"新格律诗派",创立于1923年,以胡适、徐志摩、闻一多、梁实秋等人成立新月社为标志。新月社最初是个俱乐部性质的团体,后来因为提倡格律诗而在诗坛上成为有影响力的社团。新月派提出了"理性节制情感"的美学原则,推崇格律诗,主张诗歌的色彩美和意境之美。同时,新月派对语言的要求较高,讲究文辞的修饰,追求炼字。新月派的诗歌纲领和艺术美学对中国新诗的发展具有很大的影响。

### 一、寂寞的歌声,沉郁的呐喊——闻一多《死水》

闻一多是著名的现代诗人、学者,也是一位民主战士。作为中国同盟会的早期领导人,他具有丰富的人生经历。从青岛大学、清华大学再至西南联大,他致力于学术研究和传播,影响了一代学子。他的新诗理论兼有民主主义的精神内核,提倡新诗格律化,讲求"节的匀称,句的均齐"是闻一多的核心观点,表现了他文学和美术研习的成果,这也是其诗歌美学理念的基石。

当时,中国因为国力的衰微而受尽屈辱,闻一多倦游回国,本想以满腔的热情在日思夜想的国土上有所作为,但发现现实却是另一番景象:军阀混战,帝国主义横行,民不聊生。面对这样一个军阀统治下的半殖民半封建社会,闻一多写下了《死水》。

#### 死　水

这是一沟绝望的死水,
清风吹不起半点漪沦。
不如多扔些破铜烂铁,
爽性泼你的剩菜残羹。

也许铜的要绿成翡翠,
铁罐上绣出几瓣桃花;
再让油腻织一层罗绮,
霉菌给他蒸出些云霞。

让死水酵成一沟绿酒,
漂满了珍珠似的白沫;
小珠们笑声变成大珠,
又被偷酒的花蚊咬破。

那么一沟绝望的死水,
也就夸得上几分鲜明。
如果青蛙耐不住寂寞,
又算死水叫出了歌声。

这是一沟绝望的死水,
这里断不是美的所在,
不如让给丑恶来开垦,
看他造出个什么世界。

  这首诗有一个串联诗歌、表达情感的词语——"绝望"。"绝望"修饰"死水",诗歌中出现了三次,一咏三叹。这既是诗人采用的拟人手法,将死水绝望、没有任何生气的模样呈现在读者面前;更是一种移情手法,诗人将审美主体的主观情感寄寓在客体之上,从而让客体带有主体的情感和精神,形成文本内外环境的桥梁,易于促使诗人、文本和读者共存于一个情感时空中。"绝望"一词贯穿整首诗歌,将诗人对旧中国的憎恶和嘲讽表现得淋漓尽致,表现了诗人无法抑制的痛苦。

  这首诗最大的特色在于鲜明的构图、画面感和具有立体感的对比。大家想象一下,往死水中扔进破铜烂铁、泼入剩菜残羹,岂不是腐臭与丑陋吗?但是,诗人却描绘了一幅色调艳丽的画面:在水中生成绿色、红色的锈,铜锈绿得如"翡翠",铁锈红得如"桃花",油腻变成闪光的"罗绮""云霞","珍珠似的",如此美与丑的对立与统一,堪称神来之笔,将死水的肮脏与腥臭表现到极致。笔者不想说太多意象的具体象征意味,不愿意去钳制同学们的想象,只希望同学们能沉浸于作品之中,感受文字内在深厚的艺术魅力,感知新月派诗人闻一多先生语言的功力,以及诗中体现的音乐美、绘画美和建筑美。这首诗不仅是对这个黑暗的旧社会的诅咒,同时也表达了改变现实的强烈愿望,所以,批判是形式,诗人对祖国的深沉热爱和祝福才是真正的内涵。

## 二、一首关于爱与自由的美的骊歌——徐志摩《再别康桥》

如果要参加诗歌朗诵比赛,或在友人的毕业纪念册上抄写一首关于离别的现代诗,可能很多人会选择这首现代文学史上独具审美意义的名篇——《再别康桥》。对于诗人徐志摩来说,"康桥情结"贯穿了他的一生,康桥的水唤醒了他久蛰的诗心。"轻轻的我走了,正如我轻轻的来,我轻轻的挥手,作别西天的云彩。"每一次吟诵着熟悉的诗句,关于青春的故事,以及姹紫嫣红的过往如一帧帧画面在眼前浮现。

每一个人都有自己心中的《再别康桥》,同时,它又是现当代诗坛上不可忽略的一首诗歌,因为这首诗里的柔情、爱恋和自由之美在诗坛上留下了不可磨灭的印记。

### 再别康桥

轻轻的我走了,
正如我轻轻的来;
我轻轻的招手,
作别西天的云彩。

那河畔的金柳,
是夕阳中的新娘;
波光里的艳影,
在我的心头荡漾。

软泥上的青荇,
油油的在水底招摇;
在康河的柔波里,
我甘心做一条水草!

那榆荫下的一潭,
不是清泉,是天上虹;
揉碎在浮藻间,
沉淀着彩虹似的梦。

寻梦？撑一支长篙，
向青草更青处漫溯；
满载一船星辉，
在星辉斑斓里放歌。

但我不能放歌，
悄悄是别离的笙箫；
夏虫也为我沉默，
沉默是今晚的康桥！

悄悄的我走了，
正如我悄悄的来；
我挥一挥衣袖，
不带走一片云彩。

　　夕阳中的金柳、软泥上青荇、柔波里的水草、浮藻间彩虹似的梦、满船的星辉……这些画面的颜色柔和而具有美感。诗歌采用了动静结合，比如在夕阳静态布景之下，波光荡漾、青荇招摇、霞光浮动；虚实相间也是比较典型的景物表现手法，"天上虹"的实景与揉碎的梦想，形成虚实对比，在实与虚的切换中，诗人巧妙地将自己对那个似彩虹般的梦柔美幽怨的情感表现出来，飘逸灵动，如神来之笔，美不胜收。徐志摩这首诗歌是新月派的重要代表作品，表现了诗歌的"三美"主张，即音乐美、绘画美和建筑美，诗歌中对康桥暮景的描摹正体现了绘画之美。读这首诗时，会觉得徐志摩像一位画家，面对着夕阳下的康桥写生。其实，这首诗是写于诗人第三次旅欧回国的途中，诗人面对着波涛汹涌的大海，记录下自己悄然作别康桥的情形。可见，艺术创作是体验、加工和再现的过程，在这个创造性思维活动过程中，诗人的情感是最重要的支架。《再别康桥》表现了诗人对过往的留恋、惜别和理想幻灭后的感伤，几种情感的杂糅，让诗歌蕴含难以言说的深切。

　　除了绘画美，这首诗还有音乐美和建筑美。第一段和最后一段的回环呼应形成的节奏感，每句诗的换韵，重复使用的"3-1-2"音尺布局，这是音乐美的表现。每一节中，第一、三句短，第二、四句长，错落有致，增添了视觉美感，这是建筑美的表现。

　　诗歌最后告别的不仅仅是那个沉默的旅居之地，而是作别了给自己一生带来影响的心灵港湾。诗人把所有的爱留在这里，生根发芽，在梦里无数次绽放。

## 三、"芳香的梦"的温暖归宿——朱湘《采莲曲》

朱湘，"清华四子"之一，在1925年和1927年先后出版诗集《夏天》与《草莽》。朱湘的诗歌重格律，具有很强的音乐性，讲究语言的凝练，追求意境的深远。

本诗的标题是"采莲曲"。请同学们对诗歌的文字作一些预设，若诗歌以采莲这一行为为主线，会表现些什么呢？作品的情感指向又是怎样的呢？带着这些问题，让我们一起先回顾一些古典诗歌作品。比如王昌龄的七言绝句《采莲曲二首》，这组诗歌用花、月、舟和水来衬托女子的美，表现了女子采莲时在荷花丛中若隐若现的美，人与自然融为一体的和谐之美。白居易的七言绝句《采莲曲》同样是表现采莲的活动，这首诗歌刻画了采莲少女初恋的情态。朱湘写《采莲曲》时，生活中有太多不如意，从事业到婚姻和家庭都有太多不开心，然而诗人却在诗歌中营设了一幅幅优美宁静的风景画面，欢快的格调和诗人内心的痛苦形成对比，表现了诗人对诗歌中理想境界的向往和憧憬。

### 采莲曲（节选）

小船啊轻飘，
杨柳呀风里颠摇；
荷叶呀翠盖，
荷花呀人样娇娆。
日落，
微波，
金线闪动过小河，
左行，
右撑，
莲舟上扬起歌声。
……
升了呀月钩，
明了呀织女牵牛；
薄雾呀拂水，

凉风呀飘去莲舟。

花芳，

衣香，

消溶入一片苍茫；

时静，

时闻，

虚空里袅着歌音。

《采莲曲》全诗有五节，这里节选了首尾两节。第一节，采莲女子出现在画面中，诗人没有对她进行太多正面的刻画，而是通过"轻飘""颠摇""金线闪动"表现了采莲女身姿婀娜、行船轻快的模样，为诗歌布景。在夕阳下闪动的微波中，女子曼妙的形象若隐若现，呼之欲出。最后一节的画面是月牙如钩，在袅袅的歌声中，采莲的女子摇舟远去，只有牛郎星、织女星挂在空寂的天幕上。女子的出现和隐去，让整首诗歌像一幕剧，人物在舞台上登场后又慢慢退场。

这首诗歌体现了闻一多先生所提出的"三美"主张。诗歌采用大量的语气词、短语和短句，音节流畅，富有意蕴和节奏感，每一节的韵脚是在变化的，整首作品呈现出流动的音韵，似有采莲的画面和韵律感，具有典型的音乐美。五节文字形成五幅动静相间的画面，从颜色、声音和意境上构筑了采莲的情形。

此外，这首诗歌意象的跳跃性是一大特色。诗人的核心是写采莲，但诗歌中有大量其他意象和景物。比如榴花、喜鹊、蚕茧等，多维的画面交错，让采莲的空间得到延伸，表现了采莲的欢快。而这个自然美的空间不仅仅是诗人憧憬的精神栖息地，也许更是他逃离痛苦的避难所。

## 四、自由飞翔，无所羁绊——陈梦家《雁子》

现代著名古文字学家、考古学家、诗人陈梦家在20世纪30年代富有诗名，曾经与闻一多、徐志摩和朱湘合称为"新月派的四大诗人"。陈梦家16岁开始写诗，诗歌风格上受到徐志摩和闻一多的影响。自从1929年在《新月》杂志发表处女作《那一晚》引起诗坛瞩目后，陈梦家以"陈漫哉"的笔名发表大量新诗，他的诗歌重视表现"自我"，注重音韵和谐及整齐匀称，善于吸收格律诗的特点，是新月派的重要代表诗人。

作为新月派的新生代诗人，陈梦家的诗歌主张兼具个性特色和典型性。陈梦家认为诗歌"是美的文学",诗歌必须具有"独具之形象与灵魂"。他认为诗歌从性质上分为两部分——外在的形式和内在精神,即韵律和诗感,并且诗歌的灵魂和精神比外在的形式更重要。诗歌应该具有哲学的意味和自然的情感。陈梦家的诗歌理论纠正了新月派前期过于重视形式的倾向,并对诗歌创作的根本问题和艺术的本质论作了更深的探讨。

下面我们一起欣赏陈梦家的代表诗歌《雁子》。

### 雁 子

我爱秋天的雁子,
终夜不知疲倦;
(像是嘱咐,像是答应,)
一边叫,一边飞远。

从来不问他的歌,
留在哪片云上,
只管唱过,只管飞扬——
黑的天,轻的翅膀。

我情愿是只雁子,
一切都使忘记——
当我提起,当我想到,
不是恨,不是欢喜。

大雁是古典诗歌的常见意象,雁总是和缱绻情感联系在一起,多表现游子思归和思乡之情。诗人开篇直抒胸臆,表现对雁子的喜爱。那是不知疲倦的雁子,在秋夜中与诗人相遇,诗人看着夜色给大地笼罩的一层轻轻的黑色面纱,面对疲惫无休止的拼搏和生活负累,内心颇有些倦怠,此时大雁的出现给诗人以心灵上的放松。诗人与雁子之间有一种默契,他不问雁子的歌在哪一片云上,他喜爱雁子那种自由自在的生命。新月派诗人崇尚"为艺术而艺术",认为艺术是一个可以自足的生命个体,"只管唱过,只管飞扬",表达了诗人的生命要在张扬的青春中绽放。

在诗歌的结尾,诗人再一次表露心迹,他希望自己就是一只雁子,希望自己不要被俗世生活所牵绊,把所有的"恨"和"欢喜"抛却,超越世俗,追求那个无拘无束的真我,在生命的"无为"中实现自己的豁达人生。

## 五、"诗的笑"与"画的笑"——林徽因《笑》

看到林徽因的名字,同学们会想起哪些诗句呢?"你是人间的四月天""你是一树一树的花开""你是爱,是暖",这些耳熟能详的诗句在我们脑海中留下了对林徽因最初的印象。林徽因还是一位著名的建筑师,是人民英雄纪念碑和国徽深化方案的执行者,这位美貌和智慧并存的奇女子,在现代文学史上留下了浓墨重彩的一笔。本节笔者将带着同学们共同赏析林徽因早期的一首诗歌《笑》。

### 笑

笑的是她的眼睛,口唇,
和唇边浑圆的旋涡。
艳丽如同露珠,
朵朵的笑向
贝齿的闪光里躲。
那是笑——神的笑,美的笑;
水的映影,风的轻歌。

笑的是她惺松的鬈发,
散乱的挨着她耳朵。
轻软如同花影,
痒痒的甜蜜
涌进了你的心窝。
那是笑——诗的笑,画的笑:
云的留痕,浪的柔波。

这首诗歌创作于1931年,整首诗围绕着一位少女纯洁的笑展开,诗歌中用丰富的意象表现笑的美好,在露珠和花影间,阳光的气息、柔波的灵动,纯粹的美展露在面前。诗歌的形象鲜明浓艳,多姿多彩。诗歌将人物肖像和自然的风光联系在一起,纯洁而高雅的笑容在露珠和花影之间,人与自然风景融为一体,给人以无限的遐想。

本诗共有两节,每节有七行,每节对应的行字数相同,标点一样,在结构上具有突出的建筑美。诗句基本做到押韵,具有节奏感,像一首乐曲的回旋,给人以听觉的美感。诗人将人物和景物融会在一起,形成画面感,体现了新月派诗歌要求的"三美"。

此外,阅读这首诗歌时,同学们需要注意精炼的文字,诗人遣词造句的功力令人叹服。比如笑的量词是"朵",而笑的动作是往"贝齿的闪光里躲",一个"躲"字境界全出。诗歌中人物的笑容极具感染力,有一种沁人心脾的甜美。"水的映影"和"风的轻歌",在诗人的笔下缱绻展开,诗人饱含着甜蜜的爱意去观瞻外在的世界,将爱融化在对外在世界的描摹之中。诗歌中还有一些字词也运用得非常娴熟,如"软软""痒痒",很有感染力。

这首诗歌给人以无尽的遐想,诗人细腻的感情和聪颖的感知力让诗歌充满了飘逸之美,让人对这种笑具有不可遏制的憧憬,希望能抓住这个瞬间,尽情体会纯洁的美。

这首诗体现了林徽因早期作品的艺术风格,语言玲珑剔透,带着青草和阳光的气息,让人想到春天的露珠,透出美的芳馨。

## 第六节  现代诗派

现代诗派是象征诗派和新月派的合流,具有象征主义作品所呈现的感性特征,作品意蕴不凡。诗歌讲究通过客体物象传达主体幽微的情感世界,这种情感经常表现出彷徨与失落,抒情主人公在超越客体的情绪中寻求自我,感悟人生。

### 一、轻柔而引人沉思的小夜曲——戴望舒《雨巷》

现代文学史上具有较高知名度的诗歌,除了徐志摩的《再别康桥》,还有戴望舒的《雨巷》。这首《雨巷》的写作时间是1927年的夏天,当时的社会弥漫着白色恐怖,诗人因为参与进步活动而不得不避居在友人家中。面对革命的失败,诗人感到痛苦和幻灭,内心彷徨孤独,在迷惘和朦胧的意识中,诗人似寻求到些许安慰,那交织着迷惘和希冀的情愫在整首诗歌中流淌。

这首诗歌用象征的意象群营造了抒情氛围,将古典诗歌的含蓄意蕴与法国象征主义诗歌的朦胧融会在一起,表现了诗人无可遏制的迷蒙情感,诗歌描写的画面虚实相间,有烦忧、有希望、有痛苦,也有坚定。诗人在蕴藉的诗歌意境中抒发志意,表现了对痛苦现实的逃避和对美好幻想的憧憬。朗读诗歌时,我们也会情不自禁融入诗歌的情境之中。

### 雨巷(节选)

撑着油纸伞,独自
彷徨在悠长、悠长
又寂寥的雨巷,
我希望逢着
一个丁香一样的
结着愁怨的姑娘。
她是有
丁香一样的颜色,
丁香一样的芬芳,
丁香一样的忧愁,
在雨中哀怨,
哀怨又彷徨;
她彷徨在这寂寥的雨巷,
……

诗歌中的中心意象是结着丁香愁怨的姑娘,下面我们就针对这一意象赏析这首诗歌。她拥有"丁香一样的颜色""丁香一样的芬芳""丁香一样的忧愁"。这一组描绘丁香姑娘形与神的排比句如神来之笔,将女子的肖像刻画出来。女子在外形上具有丁香花的色泽和芬芳,体现了诗人丰富的想象力和诗意的艺术构思。"丁香一样的忧愁"这一句更是令人叹服。丁香是中国古典诗歌中的常见意象,如"丁香空结雨中愁""芭蕉不展丁香结,同向春风各自愁",古典诗歌中的丁香是高洁、愁怨与美丽的象征。诗人在诗歌中塑造这样一位女子,在虚实交会中表现了他无法言说的愁怨和迷离。"丁香一样的愁怨"是非常抽象的,但诗人运用了诗歌的艺术语言将抽象具体化:哀怨、彷徨、冷漠、凄清、惆怅、太息、凄婉、迷茫……一系列表现女子情感和动作的词语,将女子的哀怨如画像般描摹出来,浓墨重彩的抒情氛围中有如此美好的希望,让人感慨和期待。

诗人表现"我"希望与女子在这悠长的雨巷相遇是极具浪漫主义的。戴望舒的诗歌很明显受到了法国象征主义的影响,运用暗示和隐喻的表现手法来体现内心瞬间的感情。这位撑着油纸伞的主人公渴望遇到那个像梦一样飘过的丁香女孩。这位女孩的具体所指是无法全部知晓的,但正是这若隐若现的飘忽感,给诗歌营造了那让人欲罢不能的动人情怀。这个黑暗、寂寥又狭窄的雨巷充满了象征意味,每一个在黑暗中踽踽独行的人,都渴望见到黑暗尽头的那一束光,即使光芒很微弱,但也能成为他们不灭的希望。

这首诗歌像一首轻柔而引人沉思的小夜曲,具有典型的音乐之美。叶圣陶先生称赞这首诗歌"替新诗的音节开了一个新的纪元"。这首诗歌中荡漾着主旋律。同一主调反复出现,在每一节长短不齐的六行诗句中,重复的韵脚呈现出音乐的节奏感,还有些同样的字在韵脚多次回环出现,给人以听觉的愉悦感,形成一种起伏和谐的韵律,优美动人。

## 二、载沉载浮的旅途小记——施蛰存《桥洞》

施蛰存先生是20世纪30年代著名的心理分析小说家,他主编了文学刊物《现代》,在当时激烈复杂的斗争中,在风雨飘摇的时事背景下,《现代》的价值取向超脱自由,在《创刊宣言》中他表示该杂志为各种文学主张"提供一个自在的舞台",刊物坚守文学作品自身的价值。淞沪抗日战争后,在上海出版界比较萧索的背景下,这本刊物曾在文学界产生过较大的影响力,尤其对于现代派小说和诗歌的发展起到不可抹灭的推动作用。《现代》杂志为现代派的成熟和完善做了充分的准备,推动形成了中国文坛现实主义、浪漫主义和现代主义三足鼎立的现象。

施蛰存擅长心理分析,这一点在诗歌中也有体现。下面这首《桥洞》是其代表作品。

### 桥 洞

小小的乌篷船,
穿过了秋晨的薄雾,
要驶进古风的桥洞了。

>  桥洞是神秘的东西哪
>  经过了它,谁知道呢,
>  我们将看见些什么?
>
>  风波险恶的大江吗?
>  纯朴肃穆的小镇市吗?
>  还是美丽而荒芜的平原?
>
>  我们看见殷红的乌桕子了,
>  我们看见白雪的芦花了,
>  我们看见绿玉的翠鸟了,
>  感谢天,我们底旅程,
>  是在同样平静的水道中。
>
>  但是,当我们还在微笑的时候,
>  穿过了秋晨的薄雾,
>  幻异地在庞大起来的,
>  一个新的神秘的桥洞显现了,
>  于是,我们又给忧郁病侵入了。

　　诗歌的背景是江南水乡的桥洞,这是水乡的常见之景,乌篷船从桥洞下缓缓穿过。施蛰存先生在这可见的短暂时空中,以诗人的慧心生发联想,将秋晨的薄雾作为点染,为桥洞勾勒出一抹迷蒙的色调。作为生活中的普通人,我们也无数次穿过桥洞,但也许只沉醉于外在景致的美好而流连忘返。诗人面对桥洞,却想到了风波险恶的江水、淳朴肃穆的市镇和美丽荒芜的平原,这些自然和人文风景在桥洞的想象中浮现,在诗人的心中闪动,也为读者的想象铺上了一层底色。从狭窄的石桥桥洞,我们的心境抵达了宕远的时空。诗人运用了设问句式,描绘了我们想象中见到的景物,"殷红""白雪""绿玉"几种对比的颜色与景物化虚为实,展现在眼前,诗人的文字里弥漫着自然与纯真。

　　读到这里,同学们看到的是一幅江南水乡的游览图,如若仅止于此,这首诗歌就流于普通的掠影之作,无可观之处了。然而最后一节,诗人宕开一笔:"新的神秘桥洞"出现,"忧郁病侵入",笔锋逆转,借助象征手法,从具象到抽象,将实景与命运的桥洞相关联,让我们思考在漫长的人生旅途中,可能会遇到的艰难险阻和身世浮沉。对于无可预测的前景,如果能提前领悟和做好心理准备,会有助于我们豁达从容地面对未来,不怨尤,不徘徊,正视一切。

施蛰存在平实的水乡之景中,寄寓了极为丰富的人生意蕴,细品之,感慨颇深。山川风物,天地时空,有太多哲理值得我们咀嚼。

### 三、人与自然的镜像——卞之琳《断章》

卞之琳是现代派的代表诗人之一。他1933年毕业于北京大学英文系。翻译和文学研究工作对他的文学创作有一定的影响。卞之琳注重文字的简练,擅长运用象征手法表达新鲜而奇特的感受。《断章》是他的代表作之一。

这首诗歌给你的基本印象是什么?"风景""楼""明月""梦"几个意象串联了这首诗歌内在的逻辑之美。简短的文字里充盈着相对性的哲理,寄托了诗人对宇宙和人生的追求。人在外在世界中,如何自处,如何看待与外在事物的联系,如何在主观与客观的交融中找到自我存在的意义,都是这首诗歌给予我们的思考。

### 断　章

你站在桥上看风景,
看风景人在楼上看你。
明月装饰了你的窗子,
你装饰了别人的梦。

这首诗歌的创作时间为1935年,这四行诗歌是一首长诗中的部分,但具有独立的韵味。作品文字简短,意蕴朦胧又丰富,表现了宇宙时空中人与物、物与物之间不可抑制的相互关联和相对作用关系,事物和人因为彼此的依存才能更突显自我的意义。诗歌中用了两组相对的组合来表现主题,妙趣横生。

诗歌总共有两组画面,前两句是日景,围绕风景、人展开描写。具体事件是"看风景",但诗人并没有着力表现如何看风景,而是采用了虚笔,有怎样的风景呢?草长莺飞、细柳如烟、荷叶田田、秋雁南飞……诗歌创作于十月,或许是写秋景,也可能是别的季节,正是诗人的虚化给读者创设了广阔的想象空间,并将画面的重心落在看风景的人和楼上人的角度,也落在了彼此极具意趣的戏剧化相对关系上。"看风景的人在楼上看你",为何他不在专注地看风景呢?在风景中的"你"因什么迷住了那个在楼上观景的人呢?两个偶遇的陌生人,为何会有这样刹那间的心灵交互呢?这种偶然具有莫可名状的意蕴,本来的静态画面变得灵动多彩。我们禁不住要想,楼上的人是一个怎样的角色呢?他(她)心中有多少哀愁和寂寞,有多少孤独和迷茫,有多少萌动和希冀呢?在旅途中,在自然风景中,一个陌生人可以给予他(她)无限的慰藉。

第二组画面,切换到夜景,明月作为中心意象。自然中的明月成为"你"的窗户的点缀,月光如水,静静地照耀进来,照到辗转反侧的人心中,满腹的心事,在这个寂寞的深夜,找不到倾诉口。最后一句"你装饰了别人的梦"作为整首诗的最后一句,是点睛之笔,这里将主体和客体的表现角度轻盈地进行互换,让诗句富有生趣。

这首诗所表达的主旨与诗人布莱克讲的"一粒砂石一个世界"有相通之处。在人生与道德的领域中,生与死、喜与悲、善与恶、美与丑等,都不是绝对孤立的存在,而是相对的、互相关联的。

这首诗歌给人一种很强的美感,诗人避去了抽象的说明,而创造了富于象征性的美的画面。画面的自然美与哲理的深邃美达到了水乳交融般的和谐统一。

## 四、惆怅又忧伤的幻梦——何其芳《预言》

何其芳是著名的现代派诗人、文艺理论家和文学评论家。他的作品《我为少男少女们歌唱》曾选入沪教版教材,也是六年级部编教材的篇目。何其芳是四川万县(现重庆市万州区)人,在他的作品中,有巴蜀文化土壤里滋长的朴素、自然、热烈和明朗,他的文字具有鲜明的形象感。

《预言》是何其芳19岁时创作的一首诗歌,创作背景是20世纪30年代,作品表现了诗人从现实的苦痛折磨中逃离,执着追求艺术世界中的唯美主义。诗歌题为"预言",整首作品就是诗人思想倾向的预言与内心情感的宣言。虽然这个作品体裁为诗歌,但这首诗却具有相对完整的逻辑链,外在形式上体现出较为突出的故事性,通过期待对象来临—描摹对象和表达爱慕—极力挽留与遗憾慨叹的故事顺序,表现诗人富有激情、充满幻想的个性特征,凸显了诗人深切的哀愁。

### 预言(节选)

这一个心跳的日子终于来临!
呵,你夜的叹息似的渐近的足音,
我听得清不是林叶和夜风私语,

麋鹿驰过苔径的细碎的蹄声！
告诉我，用你银铃的歌声告诉我，
你是不是预言中的年青的神？

你一定来自那温郁的南方！
告诉我那儿的月色，那儿的日光！
告诉我春风是怎样吹开百花，
燕子是怎样痴恋着绿杨！
我将合眼睡在你如梦的歌声里，
那温暖我似乎记得，又似乎遗忘。
……
我激动的歌声你竟不听，
你的脚竟不为我的颤抖暂停！
像静穆的微风飘过这黄昏里，
消失了，消失了你骄傲的足音！
啊，你终于如预言中所说的无语而来，
无语而去了吗，年青的神？

  初读这首诗后，请同学们思考一下，诗歌中出现的"神"的原型是谁？作品是19岁的青年诗人表现自己对爱而不得的爱人的宣言，所以这一意象暗喻诗人心仪的恋人。诗歌如何表现爱人呢？请大家看她的出场：她的足音似叹息，像林叶和夜风的私语，更似麋鹿驰过苔径时细碎的蹄声。诗人通过听觉和内心的揣测表现她的与众不同，巧妙地勾勒出轻盈、飘逸、灵动的形象。面对这样一位唯美的女神，诗人此刻的内心敏感、紧张又充满了希冀，那种交织着甜蜜和青春萌动的美好情愫萦绕着这位年轻的诗人。

  接着诗人描摹了一段对她的猜测。这段猜测的文字从地理环境、风景风情的角度起笔，以南方温暖和煦的天气作为背景，用那里的月色和日光作为渲染，并以百花作为衬托，这样人杰地灵的地方陶冶了她诗意的品性，她发出银铃般的、如梦一般的歌声，如此令人着迷，让诗人如何不思念和爱慕。"似乎记得，又似乎遗忘"这一句是一种矛盾对比，因为太痴迷于她，也因为太如梦如幻，让人欲罢不能。

  《预言》这首诗歌情感炽烈，诗人用渲染和张扬的方式表达对爱人的热望，率性真诚,似乎投入了自己所有的生命激情,歌咏对爱人的热忱,也是对自己蓬勃生命的礼赞,在生命的顶点找到与爱人的精神栖息之所,寻找到最温柔的生命慰藉。然而,最终,诗人笔锋一转,在最美丽的幻梦中,爱人离"我"远去。

诗歌的意象具有典型的象征意义,内涵深沉,耐人寻味。

### 五、萧风中,池塘芦荻秋——李广田《乡愁》

前面谈到了卞之琳、何其芳,与他们合称为"汉园三诗人"的另外一位诗人,即是李广田。三位诗人各具特色,卞之琳的诗歌蕴藉冲淡,何其芳的诗歌绚丽多彩,李广田的诗歌和他的散文风格有一定相似性,体格浑厚真淳,无事雕琢。李广田的散文较多,共有八部散文集面世,还有一些零散地发表在各类报刊上。他的散文融会了"诗的圆满"和"小说的严密",别具风格。本节我们将要欣赏一首他的诗歌《乡愁》。

看到"乡愁"这个题目,同学们也许会想起余光中先生那首著名的《乡愁》,诗中运用丰富的意象表现了诗人对故乡的眷念,流淌着深深的历史感和对祖国的缱绻情思。故乡,是我们童年的栖居所,填充了我们一生中最自由烂漫的记忆。古典诗词中有大量表现乡愁的作品,或者是倦游思归的依恋,或者是午夜梦中的牵绊,抑或是将至故乡的情怯,为古典诗词留下了浓墨重彩的一笔。

### 乡 愁

在这座古城的静夜里,
听到了在故乡听过的明笛,
虽说是千山万水的相隔,
却也有同样受伤的歌吹。
偶然间忆到了心头的,
却并非久别的父和母,
只是故园旁的小池塘,
萧风中,池塘两岸的芦与荻。

这首诗歌篇幅不长,共有八行87个字。表达对故乡的情愫一定需要载体,载体是故乡特征的外显,具有典型性。诗人选择了明笛、歌吹、池塘、萧风和芦荻。选择的事物不多,却精练而有风采。

先看诗歌的开篇,诗人引入故乡的方式是侧面表现。诗人从听觉入手,在异乡听到了"明笛"和"受伤的歌吹",婉转悠扬的笛声勾起"我"那潜藏在心间的乡恋,似曾相识又遥远不定,那种若隐若现的感觉让人情思飞扬,思念那梦一样的远方。

诗歌的中间部分语言朴实无华,用一种记叙性语言表现故乡留给自己最深的记忆。诗人采用的是平实的语言,但在内容上却采用了逆转,摒除了对故乡亲人的思念这类常规内容。他思念的不是父母,而是故园旁边的小池塘。诗人没有用太多的描绘,而是用一种几近白描的方式写池塘——萧风中的芦与荻。萧风瑟瑟,荻花开,芦苇长,诗人都没有描述,而是戛然而止,将无限的想象空间留给了读者,让读者结合自己的审美体验形成对故乡风物的构图。

故乡是什么?故乡是祖先漂泊停留的最后一个驿站,从古典诗歌到现当代诗歌,乡愁作为一个常见的文学母题,在文学史上留下了深深的印记。李广田的这首《乡愁》语言质朴,情感炽烈,情韵生动,在同题材的诗歌中是一个特别的存在。

## 第七节　七月诗派

七月派诗歌是现实主义的诗歌流派。七月诗派的作品主要反映抗日战争和解放战争时期人们的物质生活和精神生活。由于战争的背景,七月诗派肩负着特殊的历史使命,其诗歌像一面战斗的大旗,激励人们为了正义的事业而抗争,勇敢地去追寻幸福美好的明天和心中的自由信念。

### 一、似剑似戟的冲锋号角——胡风《为祖国而歌》

《为祖国而歌》是七月派诗人胡风创作的一首现代诗,后来也成为诗集的名字,于 1986 年由另一位七月派诗人牛汉选编而成。胡风作为七月诗派的奠基人,在文学批评上有更大的成就。在这部诗集中,胡风提到诗歌"是时代要求和群众精神世界最敏锐的触须",胡风指出,"纯粹口语的无脚韵无固定格式的自由诗最能表现最先进最深挚的人民(尤其是青年)的欲求和感情"。可见,胡风喜欢自由格局的诗歌。他认为诗人的情感与表现形式需要融为一体,形成一种自由、不受羁绊的表现艺术。

这首《为祖国而歌》写于 1937 年,是一首激励民众保卫祖国的歌谣。从表现风格来看,这首作品最突出的特点是一泻汪洋的情感,抒情性是最大的特征,读者从字里行间感受到的是不可遏制的奔涌情绪和拼搏的力量。诗歌开篇以描写为主,用沉痛的语言描摹耻辱和剧痛,面对山河破碎和外敌的蹂躏践踏,任何一个有志的中华儿女都应勇于担起历史的重担,站在时代的潮头,奋勇向前,迎着枪林弹雨,迎着坚船利炮,为了民族的解放事业冲锋陷阵。

同学们,请用饱满的热情来朗读这一首满怀激情的诗歌。

### 为祖国而歌(节选)

祖国呵

为了你

为了你底勇敢的儿女们

为了明天

我要尽情地歌唱:

用我底感激

我底悲愤

我底热泪

我底也许迸溅在你底土壤上的活血!

人说:无用的笔呵

把它扔掉好啦。

然而,祖国呵

就是当我拿着一把刀

或者一支枪

在丛山茂林中出没的时候罢

依然要尽情地歌唱

依然要倾听兄弟们底赤诚的歌唱——

迎着铁底风暴

火底风暴

血底风暴

歌唱出郁积在心头上的仇火

歌唱出郁积在心头上的真爱

也歌唱掉盘结在你古老的灵魂里的一切死渣和污秽

为了抖掉苦痛和侮辱底重载
为了胜利
为了自由而幸福的明天
为了你呵,生我的　养我的　教给我什么是爱
什么是恨的
使我在爱里恨里苦痛的
辗转于苦痛里依然能够给我希望给我力量的
我底受难的祖国!

这首诗歌,笔者觉得似乎不需要太多文字和写作手法的解析,我们只需要静心地感受和领悟。建议同学们揣摩诗人的情感,多朗读两遍。诗中文字浑厚深沉,语言整饬而动人,诗人似乎不是用文字写作的文人,而是一位手握长剑,饱含着仇恨、悲愤和屈辱的战士,面对苦难与泥泞坚韧地对决。

### 二、等待那来自林间的无比温柔的黎明——艾青《我爱这土地》

"为什么我的眼里常含泪水?因为我对这土地爱得深沉……"这深情的诗句可能不止一次被我们吟诵过,同学们大概都知道,这是现代诗人艾青《我爱这土地》里的句子。这一节我们将从知人论世、写作手法和情感体悟三个角度走进这首诗歌。

同学们先朗读一遍诗歌,并思考你从诗歌中感受到的诗人情感是什么。

#### 我爱这土地

假如我是一只鸟,
我也应该用嘶哑的喉咙歌唱:
这被暴风雨所打击着的土地,
这永远汹涌着我们的悲愤的河流,
这无止息地吹刮着的激怒的风,
和那来自林间的无比温柔的黎明……
——然后我死了,
连羽毛也腐烂在土地里面。
为什么我的眼里常含泪水?
因为我对这土地爱得深沉……

如果让同学们用一些关键词来描述诗人的情感,同学们可能会选"爱""悲愤"吧?不错,诗歌就是以这样对立的情感为主线来表现主题的。我们先了解一下诗歌的创作背景和年代。这首诗歌创作于1938年11月,日本侵略者的铁蹄践踏祖国的山河,诗人和当时文艺界的许多人士一起撤出了武汉。对于外敌的侵入和蹂躏,诗人满怀对侵略者的仇恨,用嘶哑着喉咙吟唱的鸟儿自喻,从生到死表现自己魂归大地的形象,直抒胸臆,表达了诗人赤诚的爱国之心。

诗歌的首句以"假如"开篇,给人一种凝神沉思之感,以自然生物对大地情感的视角作类比,表现诗歌的主旨。文字流畅,无所雕饰,自然真淳,不经意间将抗战初期悲壮的时代氛围通过鸟儿的悲鸣表现了出来。鸟儿和诗人的情感融合在一起,深情悲苦,富有深沉的意蕴,这样的开头铸就了诗歌悲情的基调,为后文的抒情作了充分的渲染。

诗人是如何描述这片土地的呢?这片土地经历了暴风雨的击打,千疮百孔,山河破碎。这里河流悲愤奔涌,这里狂风大作,这里在等待着一场暴风雨,那是不屈服的人们的誓言和决绝。他们用最真挚的热血、以自己渺小的力量与苦难抗衡,勇毅前行。深沉的忧患意识和博大的历史情怀让整首诗流淌着一种忧郁,那种难以名状的缱绻情感通过写实和象征手法来表现。在诗人的笔下,人民的觉醒与奋斗最终将迎来温柔的黎明。

对应开篇,诗人最后写到了鸟儿的命运,采用了戛然而止的转折,表达了无论是生前还是死后,诗人都深爱这片土地。

## 三、木铎之音——田间《给战斗者》

诗人田间原名童天鉴,他的诗歌具有战斗性和现实性。诗歌的语言质朴、铿锵有力,表达了诗人对时代的呐喊。这位诗人的诗也注重民族化和大众化,诗歌的形式比较丰富,信天游、新格律体、自由体等,他都有所涉猎。田间被闻一多称为"擂鼓诗人""时代的鼓手",这源自他的诗作《假使我们不去打仗》。

田间是七月诗派的代表人物,传承了这个流派的现实主义传统,坚持客观对象与主观战斗精神"相生相克"、合二为一的美学原则,注重以广袤的社会元素和精神需求作为背景。在郭沫若写《女神》时,诗歌关注"神我";新月派、现代派等流派则注重"小我"的精神成长;而七月诗派反对"无我",主张包含着"小我"的"大我",将人与历史社会的关联更加紧密地凸显出来。当然,这个流派的观点和当时的历史背景有很重要的联系,而且这个流派能成为当时的主导意识,和该流派的作家在文学艺术上的付出是分不开的,他们像一群手持木铎的巡行者,号召人们跨越苦难,拿起武器与侵略者血战到底。

下面,笔者带着同学们一起来阅读田间的《给战斗者》,同学们在朗读时请用心体会其中的情感。

### 给战斗者(节选)

我们
必需
战争了,
昨天是懦弱的,是惨呼的,是挣扎的
四万万五千万呵!

斗争,
或者死……

我们
必需
拔出敌人的刀刃,
从自己的
血管。

我们
人性的
呼吸,
不能停止;
血肉的
行列
不能拆散;
复仇的
枪,
不能扭断,

　　　　因为
　　　　我们
　　——不能屈辱地活着，也不能屈辱地死去呀……

　　　　　　……

　　　　　太阳被掩覆了，
　　　　　疆土的
　　　　　烽火，
　　　　　在生长着；

　　　　　堡垒被破坏了，
　　　　　兄弟的
　　　　　尸骸，
　　　　　在堆积着；

　　　　　亲爱的
　　　　　人民，
　　　　　让我们战争，
　　　　　更顽强，
　　　　　更坚韧。

　　这首诗歌创作于1943年。历史本不该用以记录仇恨，但是，历史却忘却不了伤痛。1937年全面抗战爆发后，沦陷区的人民生活在水深火热之中。日寇的铁蹄践踏之处，民不聊生，昼如黑夜，无尽的苦难包围着中国人民。诗人田间的这首诗歌就是战斗者的呐喊。

　　诗歌开篇以一种极其肯定的语气指出战斗的必要性。懦弱、惨呼和挣扎的昨天已逝，今天的中华儿女必须有铁一般的胳膊、钢一样的意志，我们不能在沼泽中挣扎和呜咽，而要在天空自由飞翔。诗人在提醒我们作为一个自由的人的基本诉求。紧接着"血肉的行列"和"复仇的枪"两句，表现了面对敌人的攻击，英勇的中国人不可抛却的斗志和奋勇前进的执着。乌云可能暂时蔽日，但疆土的烽火依旧熊熊燃烧。不必害怕堡垒被毁坏，因为战士们的尸骸可以铸就新的长城，生命不息，

战斗不止。

这首诗歌像一条奔腾的河流,流淌在我们的血液中,诗人在呼唤山一样的意志的崛起,表达了对自由的希冀。

### 四、一寸寸地前进——阿垅《纤夫》

同学们可曾看过一幅名画——俄国批判现实主义画家伊里亚·叶菲莫维奇·列宾创作的《伏尔加河上的纤夫》?当时沙皇残暴的统治让俄国民众痛不欲生,列宾采用了现实主义的批判手法表现了人民的苦楚。烈日酷暑之下,漫长荒芜的沙滩上,衣衫褴褛的纤夫步履沉重地前行,河湾的曲折、夏日的闷热、纤夫雕像一般的身影,放在昏黄的色泽之中,空旷、孤独、惆怅和无奈包裹着这群劳动者,我们似乎能听到河滩的水声,还能听到他们的叹息。这幅收藏于圣彼得堡俄罗斯国立美术馆的艺术品表现了劳动人民与命运的抗争,与黑暗社会的斗争。

七月诗派的代表诗人阿垅创作的现代诗歌《纤夫》,其表现艺术与这幅画有异曲同工之妙。阿垅用手中那支战斗的笔,书写火热的热情。在抗战背景下,诗歌将主观情感和现实融为一体,燃烧着熊熊的战斗烈焰。下面,让我们一起来朗读这首诗歌吧。

### 纤夫(节选)

一条纤绳维系了一切
大木船和纤夫们
粮食和种子和纤夫们
力和方向和纤夫们
纤夫们自己——一个人,和一个集团,
一条纤绳组织了
脚步
组织了力
组织了群
组织了方向和道路,——
就是这一条细细的、长长的似乎很单薄的苎麻的纤绳。

前进——

强进!
这前进的路
同志们!
并不是一里一里的
也不是一步一步的
而只是——一寸一寸那么的,
一寸一寸的一百里
一寸一寸的一千里啊!
一只乌龟底竟走的一寸
一只蜗牛底最高速度的一寸啊!
而且一寸有一寸的障碍的
或者一块以不成形状为形状的岩石
或者一块小讽刺一样的自己已经破碎的石子
或者一枚从三百年的古墓中偶然给兔子掘出的锈烂钉子,
但是一寸的强进终于是一寸的前进啊
一寸的前进是一寸的胜利啊,
以一寸的力
人底力和群底力
直迫近了一寸
那一轮赤赤地炽火飞爆的清晨的太阳!

  这首诗歌写作于1941年,即抗战的相持阶段,生动的文字刻画了纤夫的艰难跋涉,表现了底层劳动人民身上坚韧的古老民族精神和顽强的生命力。和列宾表现的主题不同,这首作品想表达的是在艰难困苦中脚踏实地地一步步前行,就可以走向革命的胜利和光明。

  诗歌表现的纤夫不仅仅是角色,还是勤劳、勇敢、无畏的中国劳动人民的化身,他们成为底层劳动人民的缩影。这首诗歌随着诗人的情感而变化,富有艺术张力。

### 五、扑倒在生命顶点的那朵雪白的花——牛汉《汗血马》

  牛汉的原名是史承汉,因为他上了两年小学,连自己的名字也写不对,总把"承"字写错,父亲就把他的名字改为史成汉。很难想象,一个并非天生巧于文字的孩子,在诗歌的世界里就像一匹飞奔的千里马,驰骋万里。父母的教育和影响对牛汉的成长有较大的影响。他的父亲是一位中学教员,曾经在北京大学旁听,在古典诗写作上颇有功力。母亲一直教他背诵唐诗,从小打下的深厚的古典文学功底对牛汉的新诗写作起到了不可磨灭的作用。

牛汉作为七月派诗人,其代表作是《鄂尔多斯的草原》,那是十八岁的牛汉激情澎湃的作品。在《鄂尔多斯的草原》里,有着蒙古族血统的牛汉用饱蘸青春热情的笔触去表现广袤的自然之境,那种澎湃的意志是可以燃烧一切的烈焰。《鄂尔多斯的草原》是一首长诗,同学们可以自行阅读,在本节,笔者选择《汗血马》作为鉴赏内容,其中一个重要的原因就是牛汉有一个雅号——"汗血诗人",这个称呼和他的作品《汗血马》是分不开的。

同学们,在朗读《汗血马》之前,请大家查询一下汗血马的图片和相关的资料,了解汗血马的基本特征。汗血马头细,脖颈高昂,四肢修长,速度快,耐力强,不但能日行千里,更会从肩膀附近的位置流出像血一样的汗液,故称"汗血宝马"。

## 汗血马

跑过一千里戈壁才有河流
跑过一千里荒漠才有草原

无风的七月八月天
戈壁是火的领地
只有飞奔
四脚腾空的飞奔
胸前才感觉有风
才能穿过几百里闷热的浮尘

汗水全被焦竭的尘砂舐光
汗水结晶成马的白色的斑纹

汗水流尽了
胆汁流尽了
向空旷冲刺的目光
宽阔的抽搐的胸肌

沉默地向自己生命的内部求援

从肩胛和臀股

沁出一粒一粒的血球

世界上

只有汗血马

血管与汗腺相通

肩胛上并没有翅翼

四蹄也不会生风

汗血马不知道人间美妙的神话

它只向前飞奔

浑身蒸腾出彤云似的血气

为了翻越雪封的大坂

和凝冻的云天

生命不停地自燃

流尽了最后一滴血

用筋骨还能飞奔一千里

汗血马

扑倒在生命的顶点

焚化成了一朵

雪白的花

  汗血马跑过戈壁和荒漠，飞奔不停，最后自燃和扑倒，焚化成白色的花。这个壮美的燃烧生命的过程，在诗人的笔下像诗一样展开和绽放。在无风的八月，热得像有火在燃烧，汗血马随着闷热的浮尘飞奔了几百里，汗水和胆汁流尽了，冲刺的目光望向空旷的四野，抽搐的胸肌在昭示着个性的不屈，等待着自燃的灿烂。汗血马在艰难跋涉中完成了生命的意义，作品也形成了力透纸背的艺术张力。

  诗人写汗血马是为了表达什么主题呢？诗人遭遇了生活境遇的危难，内心抑郁不平。汗血马是一个代表诗人的文学符号，汗血马的抗争象征着个体对命运的抗争，在人生的每一帧图景上都要留下最灿烂的一抹风景。

## 第八节　九叶诗派

九叶诗派(中国新诗派)是抗战后期和解放战争时期一个具有现代主义倾向的诗歌流派,成员有辛笛、陈敬容、唐祈、唐湜、穆旦、郑敏、杜运燮、袁可嘉和杭约赫九人。这些诗人的风格相似,又因为不同的人生经历展现出不同的风格特征。比如穆旦的作品深邃凝重,辛笛的作品受到印象派的影响较大,郑敏因为对西方音乐和绘画的爱好而在诗歌中呈现出浓郁的艺术气息,还有唐湜诗歌的多意象和清新之风等。本节我们将通过其中五位诗人的作品来体悟九叶诗派的魅力。

### 一、一个民族已经起来——穆旦《赞美》

在朗读穆旦的这首《赞美》之前,请同学们和笔者一起将视角投向九叶诗派的艺术风格。在文学观念上,九叶诗派关注的是"人的文学"和"生命的文学";在诗歌领域,他们崇尚现实和艺术之间的平衡,提倡文学、艺术与生活的交融,运用真实可感的语言去反映时代和历史,在历史的视野里寻求应对现实的良方和精神的慰藉。他们的诗歌有广袤的纵深感和时代感,浪漫主义特质在他们的诗歌中有所削弱,一种致力于革命和现代化建设的力量在涌动。他们既追求个体精神生活的丰盈,也寻求社会文化的构建,在主观与客观、个体与群体的抒情和写意中,营造新颖、奇特的意象和景象,在历史的滚滚洪流中执着前行。

下面,请同学们和笔者一起诵读这首《赞美》。

#### 赞美(节选)

一个农夫,他粗糙的身躯移动在田野中,
他是一个女人的孩子,许多孩子的父亲,
多少朝代在他的身上升起又降落了
而把希望和失望压在他身上,
而他永远无言地跟在犁后旋转,
翻起同样的泥土溶解过他祖先的,
是同样的受难的形象凝固在路旁。
在大路上多少次愉快的歌声流过去了,

> 多少次跟来的是临到他的忧患，
> 在大路上人们演说，叫嚣，欢快，
> 然而他没有，他只放下了古代的锄头，
> 再一次相信名辞，溶进了大众的爱，
> 坚定地，他看着自己溶进死亡里，
> 而这样的路是无限的悠长的，
> 而他是不能够流泪的，
> 他没有流泪，因为一个民族已经起来。
> ……

同学们应该读过不少以赞美为主题的诗歌，文字中流淌的热情是那样炽烈，人物的情感也是那样真切。这首《赞美》的原文篇幅较长，情感热烈，意象繁多，也采用了大量的反复吟咏来抒情写意。整首诗歌围绕着"一个民族已经起来"这个主旋律，描摹了中华民族抵抗日本侵略者的艰苦卓绝的战争，流露出对历史耻辱的悲愤和对中国人民的崇敬。笔者为同学们选择了诗歌中风格最为独特的一段。这一段文字是以中华民族中最具有代表性的个体——农民作为描写对象的。建议同学们将这段文字多朗读两遍，体味人物的塑造和诗歌支架的搭设。

这首诗歌共有四节，第一节是通过荒凉的土地、干燥的风、忧郁的森林等表现祖国满目疮痍的环境。第三节着力描写农民家庭生活的困苦和社会底层的农夫在"小家"与"大家"的抉择中，舍生取义的决绝和坚毅。第四节写出人民在水深火热中觉醒，将发出振聋发聩的呐喊。以上这三节紧扣诗歌的主旨，表达诗人强烈的民族自尊心和使命感。

除却这些具有典型特征的段落，诗歌的第二节刻画的农民形象值得咀嚼。开篇是定格的画面，粗糙的身躯在田间移动，"他"既是儿子，又是父亲，因为这样的双重身份，"他"承担着希望和重担，但也有"失望"。"失望"这个词语很传神，将时代的苦楚积压在这一身份之上。然而"他"面对苦难不会叫嚣，只会沉默、勇毅地"放下了古代的锄头"，成为一名战士，毅然决然地"溶进死亡里"，"他"们勇敢地担起了拯救国家，复兴民族的使命。诗句激情澎湃，所描写的人物令人肃然起敬，具有震撼人心的魅力。

## 二、有孤独才能保持永远澄澈的丰满——杜运燮《井》

人类作为具有独立思想意识的个体，拥有丰富的情感，欢欣、期待、悲戚、愁闷

是我们对外在世界的真实折射,我们在自我情感的纾解中认识和体悟外在世界。在众多的情感中,有一种情感很特别,那就是孤独。孤独是潜藏在身体中的无法言说又寘远无边的情感,它可能流连于漫天黄沙的荒漠,可能滞留于无涯的惊涛,也可能独行于星辉斑斓的午夜时分,或许你曾经有过这样的情感。天地宇宙之中,每一种事物都有属于自己的孤独。诗人杜运燮笔下的《井》描写的就是孤独。

## 井

我是静默。几片草叶,
小小的天空飘几朵浮云,
便是我完整和谐的世界。
是你们在饥渴的时候,
离开了温暖,前来淘汲,
才瞥见你们满面的烦忧。
但我只好被摒弃于温暖之外,
满足于荒凉的寂寞:有孤独
才能保持永远澄澈的丰满。
你们只汲取我的表面,
剩下冷寂的心灵深处
让四方飘落的花叶腐烂。
你们也只能扰乱我的表面,
我的生命来自黑暗的地层,
那里我才与无边的宇宙相联。
你们可用垃圾来使我被遗弃,
但我将默默地承受一切,洗涤
它们,我将永远还是我自己:
静默,清澈,简单而虔诚,
绝不逃避,也不兴奋,
微雨来的时候,也苦笑几声。

我们无需用行文的逻辑去划分这一首完整的诗歌。根据诗歌的语言,笔者建议从三个视角去看待诗歌的主体——井。

第一,从对立面来看待井。"几片草叶"和"几朵浮云"倒映于水中,便构成"我"静默又"和谐的世界"。井是饥渴的人们淘汲的地方,人们在淘汲时能照见自己的烦忧,它默默奉献,是疲惫的人们精神的皈依,具有甘于寂寞和自我牺牲的精神品质。

第二,认识井的外在姿态。在这首诗歌之中,"汲取我的表面""侵扰我的表面",两次谈到"表面",这是井呈现给外在世界的可触碰的形象,也是和外在世界产生联系的物质客体。井以一种开放的形态等待人们的索取,也承受着人们的垃圾,风雨的冲刷和洗涤,但它隐忍、倔强。

第三,认识井的内涵。人们看到的井只是它的部分,真实的井与无边的宇宙相连,它的生命在黑暗的底层静默,在孤独中保留自己的澄澈与丰盈,夺目与冷寂。它不需要张扬地夸饰自己和取悦他人,而是在黝黑的地层里保持自己最真实的一面。

通过三个角度的分析,完整的井的形象展现在我们的面前,那么,诗人通过井表现的主题是什么呢?让我们回到诗歌的写作背景。这首诗歌创作于1944年,面对半殖民地半封建社会时期的国家,诗人鼓励民众团结一心,反抗封建统治和帝国主义的双重压迫,走出泥泞和苦难。这个艰辛的过程需要冲锋陷阵的勇士,也需要隐忍奉献的给予者,顽强地矗立和守候。这样的给予者就是井的象征意义。

## 三、明净而古老的歌吟——辛笛《航》

同学们有在海上或者江上航行的经历吗?站在甲板上,面对激荡的浪涛,阴雨或者晴朗的天空,那时的心情如何?是否有过"移舟泊烟渚,日暮客愁新"的乡愁,或是"海日生残夜,江春入旧年"的自然理趣,抑或是"直挂云帆济沧海"的豪气满怀?本节我们将鉴赏诗人辛笛的一首诗歌,题为《航》。

请同学们在心中勾勒一幅海上行船的画面,然后,我们一起朗读诗歌。

### 航

帆起了
帆向落日的去处
明净与古老
风帆吻着暗色的水

有如黑蝶与白蝶

明月照在当头

青色的蛇

弄着银色的明珠

桅上的人语

风吹过来

水手问起雨和星辰

从日到夜

从夜到日

我们航不出这圆圈

后一个圆

前一个圆

一个永恒

两无涯涘的圆圈

将生命的茫茫

脱卸与茫茫的烟水

  这是一首很典型的借景抒情诗,我们在诗歌中能清晰地捕捉到"景物刻画"和"情感抒发"两个基本要素。这首诗歌中的景物画面感很强,选择的意象别致而创新,用象征、比喻和拟人的手法巧妙地连接意象,并将诗人的情感融入其中。开篇首句"帆起了",语言平实而富有动感,将读者带到海上行舟的画面之中,接着就着力描绘海上航行的情景。"风帆吻着暗色的水",这句话的拟人手法将风帆的灵动表现出来,同时运用比喻,用黑色和白色的蝶交互嬉戏的情景来表现风帆和水面,体现了诗人的想象力,顿时为海上航行增添了无尽的趣味。在妙趣横生的语言之外,诗人继而为景物注入怪异和神秘色彩——"青色的蛇",加一个"弄"字,将蛇舞动腾跃的姿态描摹得淋漓尽致。辛笛当时是清华大学外文系三年级学生,诗歌写作于1934年,这是他第一次航行,大海的辽阔和陌生化的风景一下让辛笛驿动的心飞扬起来,感动于心,外化于形,形成了诗中的画面。

  从古典诗歌到现当代诗歌,我们可以找到作品构成的基本规律,即景物的刻画只是诗人抒情言志的载体,作品的内涵才是艺术价值的旨归。这首诗歌真正触动我们的,是隐含在诗歌语言之下的情理。当风吹来,水手向"雨和星辰"发问,这是对未来和人生的叩问:生命的归属何在？茫茫的宇宙时空中,人甚至不如一粒浮尘,人逃不过预定的孤寂的命运,只不过是天地间的匆匆过客,那么我们可以留下些什么？欢乐、苦愁、激越、沉寂,无数的情感和念想曾经流于心间。正如《瓦尔登湖》里所言,我们像躺在铁轨下的枕木,有着固定的轨迹和命运。但人之所以可以有鲜活的灵魂,就是因为并不局限于这个固定的命运圆环,诗人在对生命意识的探索中回归最真实的自我,明白了青春需要奔腾,灿烂需要绽放。

### 四、肩荷着那伟大的疲倦——郑敏《金黄的稻束》

20世纪40年代,金秋的黄昏,昆明小西门里小街旁,顺着流水和树丛寻去,有一片金色的稻田。稻田中有收割好的散开的稻束,静默地站立着,有些许疲倦,些许宁静。远山透出微微的蓝色,河流无声地流淌。这一幕刻在就读于当时西南联大哲学系的女诗人郑敏的心中,成为《金黄的稻束》的素材来源。

这是一位心思细密、热爱思索的年轻诗人。女性与生俱来的柔美和多感造就了她微观的视角,且她本人非常钟爱奥地利诗人里尔克的诗风,擅长在东方美学和西方现代主义中寻求均衡。另外一个方面,她深受西方音乐、绘画的影响,擅长对客观事物进行哲理性思考,并通过具有象征性的、独特的意象表现出来,作品呈现出丰富的隐喻意义。郑敏曾说,当她回忆起当时的哲学课和文学课,留在心间的不是具体的知识,而是诗歌。生活中的情景会一次次触动她的灵魂,因为这种触动,她也情不自禁地创作诗歌,去回应诗神的召唤。从这段自述中,同学们可以看到一位富有浪漫气息又敏感多思的女诗人形象。下面,让我们一起走进她的作品《金黄的稻束》。

#### 金黄的稻束

金黄的稻束站在
割过的秋天的田里,
我想起无数个疲倦的母亲,
黄昏的路上我看见那皱了的美丽的脸,
收获日的满月在
高耸的树巅上,
暮色里,远山是

围着我们的心边

没有一个雕像能比这更静默。

肩荷着那伟大的疲倦,你们

在这伸向远远的一片

秋天的田里低首沉思,

静默。静默。历史也不过是

脚下一条流去的小河,

而你们,站在那儿,

将成为人类的一个思想。

在这首诗歌中,同学们看到的画面是什么呢?联想手法在作品中很突出。我们曾经用无数诗意的语言去描绘秋天金灿灿的景象和收获的趣味,但描摹"疲倦母亲的皱纹"无疑是很新颖的。稻束是耕耘意义的见证,母亲因孕育生命而伟大,两个客体之间的相似意义在于对于生命价值的延伸和诠释。同时,对于外在而言,二者都是默默无闻、不张扬的个体,只在自己"伟大的疲倦"中存在。诗人将广袤的自然世界和人文世界联系在一起,歌咏生命燃烧与绽放的意义,具有哲学的深沉与诗意的鲜活。

不仅如此,诗歌不只停留在具体的时空轨迹中表现个体生命,而是站在历史的长河中观瞻生命的洪流。诗人将历史比喻成一条河流,用一种动态的视角纵观历史。那些稻谷成为人类的一个思想,这是对奉献了青春的绚烂生命的赞美。母亲,正是这种宁静、极致的生命之美的最好注脚。

### 五、生命主题中的坚韧和奉献——陈敬容《珠和觅珠人》

在古典诗歌章节,我们学习过咏物诗,咏物诗是托物言志的诗歌,通过对事物的吟咏寄寓诗人的思想情感。在咏物诗中,人物的精神品质和诗歌所咏之物常常是融会在一起的,即所咏之物成为诗人抒情写意的客观个体。读者可以借助歌咏之物,探析诗人的情感与精神。除了典型的咏物诗,现当代诗歌中,也有类似的咏物诗。比如下面这首咏物的佳作。

《珠和觅珠人》的作者为九叶派诗人陈敬容。陈敬容以第三人称的视角描摹珍珠的内心世界,表现了在漫长的等待中认识自我、思考生命价值的思想轨迹。

## 珠和觅珠人

珠在蚌里,它有一个等待
它知道最高的幸福是
给予,不是苦苦的沉埋
许多天的阳光,许多夜的月光
还有不时的风雨掀起白浪
这一切它早已收受
在它的成长中,变做了它的
所有。在密合的蚌壳里
它倾听四方的脚步
有的急促,有的踌躇
纷纷沓沓的那些脚步
走过了,它紧敛住自己的
光,不在不适当的时候闪露
然而它有一个等待
它知道觅珠人正从哪一方向
带着怎样的真挚和热望
向它走来;那时它便要揭起
隐蔽的纱网,庄严地向生命
展开,投进一个全新的世界。

  诗歌在标题中表现的是一种关系,觅珠人和珍珠之间存在发掘和被发掘、理解和被理解的关系,这种关系有赖于珍珠本身的价值和觅珠人的审美层次这两个基础。诗歌前三行写珍珠的等待,采用了对珍珠自我意识解析的方式表现珍珠的价值,"苦苦的掩埋"被"给予"所替代,这才能成就最高的幸福。珍珠在阳光、日光、风浪的淘洗和风雨的历练下,遇见最好的自己,静静地等待觅珠人的到来。其实,"等待"是贯穿在整首诗歌中的,只是不同的时期有不同的心理体验而已。珍珠穿越浪涛时感到孤独,在蚌壳里时感到冷寂,但珍珠的心中满怀希冀。所以,它可以在纷纷沓沓的脚步中听到急促、踌躇,这一细腻心境的描绘让珍珠的形象丰富而灵动。珍珠对不同的脚步声会作自己的评判,选择适时绽放,因为它在用心等待那个最适

合自己的觅珠人,等待他开启自己一世的光芒。

这首诗歌创作于1948年的春天,黎明的曙光悄然来临,中华人民共和国即将成立,青年知识分子将以满腔的热情投入新的历史使命中,整个国家将开启蒸蒸日上的新篇章。诗人正是借珍珠谱写自己的青春之歌。

## 第九节　朦胧诗派

在现当代诗歌的最后一节,我们将要进入当代诗歌篇章,开启朦胧诗的阅读之旅。朦胧诗派是20世纪70年代末80年代初出现的诗派,他们没有统一的组织,也没有任何正式的宣言,这是一个有独立个性又崇尚共同艺术主张的群体,他们开拓了诗歌的意象,将我们对诗歌的审美带入一个唯美的空间。

### 一、哲理之光——顾城《一代人》

朦胧诗派作为中国当代诗歌的一个重要流派,其中有一位留下很多传奇故事的诗人。那位极具个性的诗人,在爱与恨的情感交织中毁灭和涅槃,他就是顾城。也许身为读者的我们无法真正了解他的内心世界,唯有走进他的作品,去感知这位内心丰富的诗人。

顾城出生于诗人之家,被称为当代的"唯灵浪漫主义"诗人,他的作品题材涉及面很广,他在新旧体诗、寓言故事诗上都有较高的造诣。下面我们一起阅读顾城写于1979年的一首朦胧诗——《一代人》。这首诗歌独特的创作背景让作品的主题和内涵得到延伸。"一代人"指的是在"文革"历史阶段中成长起来的人。诗人抒发了在特殊的历史时期成长起来的一代人的理想和志向——冲破黑暗,执着地寻求光明。

### 一代人

黑夜给了我黑色的眼睛,
我却用它寻找光明。

朦胧诗的主要表现对象是精神世界,采用朦胧模糊的意象结合,形成多元的意境。朦胧诗对现实主义创作风格的反叛让这类诗歌表现出别样的风采,因此这个诗歌流派在当时成为一个"崛起的诗群"。读朦胧诗派的作品,读者需要打开思维的闸门,任情思驰骋,与诗人的文字共情。

这首诗歌文字精练,选择的意象平实无奇,但诗人运用哲思巧妙地将其组合,形成转折与起伏,相悖的逻辑是诗歌最打动读者的地方。两句诗句形成两个层次。第一层:"黑夜"象征1966—1976年间那段不堪回首的黑暗岁月,这段历史留在人们心中的伤痕是无法抹去的,于诗人而言,这日积月累的伤痛成为他看待外在世界的透视镜,满载恐惧、迷茫、苦楚,述说着时代的集体记忆。诗歌的第二层次:这一代人从历史的伤痛中走过,带着伤疤,却能执着地寻求光明,这是对黑暗的反叛和挑战,它像一个号角,激励这一代人从咀嚼苦痛的泥淖中走出来,去追寻新时代的光芒,投入社会现代化的建设中。

诗歌以个体的视角观瞻一个宏大的时代主题,既有对这一代人的劝勉,也有对上一代人的反思,充分地展现了顾城诗歌的艺术特色。诗人不着意构筑完整的意境,而是运用意象和隐喻的表现手法来表现一代人的觉醒与反叛。

## 二、穿越历史的回答——北岛《回答》

读了朦胧诗人顾城的《一代人》后,我们将要了解另一位诗人——北岛。北岛的创作年代在"文革"后期,他的诗歌着眼于"文革"中成长的一代,表现时代精神的失落、茫然和怀疑。北岛面对历史留下的满目疮痍,从人文视角反思、探寻和拷问,寻求真理的价值。这位诗人以文学践行自己的使命,他在努力创建一个真诚独特的世界,一个正直、正义和有人性的世界。诗人在诗歌铸就的世界中,致力于唤醒人们对社会、人性和自我的重新审视,对过往黑暗的客观评价,抚平伤痕继续往前行,寻求解决精神崩塌的文化良方。北岛对诗歌地位的复归具有不可磨灭的意义,他成功将诗歌当代化,并将诗歌的精神意义平民化。从这个角度来看,北岛是一位具有浪漫主义气质的斗士,他的作品诠释了挑战宿命的人生价值。

由于这样的价值追求,北岛的诗歌表现出冷峻和坚硬。下面我们一起来朗读北岛在1976年创作的《回答》,去感知北岛的悲愤和决绝。

### 回 答

卑鄙是卑鄙者的通行证,
高尚是高尚者的墓志铭。

看吧,在那镀金的天空中,
飘满了死者弯曲的倒影。
冰川纪过去了,
为什么到处都是冰凌?
好望角发现了,
为什么死海里千帆相竞?
我来到这个世界上,
只带着纸、绳索和身影。
为了在审判之前,
宣读那些被判决的声音。
告诉你吧,世界,
我——不——相——信!
纵使你脚下有一千名挑战者,
那就把我算作第一千零一名。
我不相信天是蓝的,
我不相信雷的回声,
我不相信梦是假的,
我不相信死无报应。
如果海洋注定要决堤,
就让所有的苦水注入我心中。
如果陆地注定要上升,
就让人类重新选择生存的峰顶。
新的转机和闪闪星斗,
正在缀满没有遮拦的天空,
那是五千年的象形文字,
那是未来人们凝视的眼睛。

  北岛曾经获得诺贝尔文学奖提名。1978年他同诗人芒克创办民间诗歌刊物《今天》。北岛的诗歌风靡一时,成为新时期思想解放运动的助推器。"文革"后,整个中华大地如久旱的枯木,在等待一场暴风骤雨般的甘霖。所以,诗人运用理性的思辨去反观历史,颂扬道德的力量,开篇两句横空而来,势如破竹,令人震撼。

首先,诗人运用象征手法描绘那个冰冷的世界和颠倒乾坤的状态,冰凌的意象无情地揭露了悲凉的现实。但是,"我"承载着审判的使命,作为那个第一千零一名挑战者,"我"对生命激情的渴求是没有终点的。

四句"我不相信"让人感觉诗人的情感在涌动中变换,因为虽然诗人连用四个"不相信",但描述的对象又是对立之物,这是诗人朦胧诗风的特征。诗人像一把利剑意欲刺破虚伪的乌托邦,对空洞的社会理想予以抨击和否定,同时对崇高的信仰致以敬意。诗人执着地追求独自承担全人类的苦难的英雄主义,他要奔向那人类期望的生存峰顶,激发文明的活力,那种庄严和神圣是北岛这首诗中最动人心魄的艺术魅力。

### 三、美丽的梦留下美丽的忧伤——舒婷《神女峰》

舒婷是朦胧诗派的女诗人,她在诗歌中寄寓了自己对女性角色和生命价值的思考。女性在与男性共存博弈的背景下,如何在社会生活和精神文化领域彰显自我的意识,实现自我身份地位的认同,是文学作品中一个重要的主题。舒婷的《神女峰》创作于20世纪80年代初,当时舒婷游历三峡,看到神女峰,于是借助客观景物营造了一个怀疑者、反思者和批评者的形象。这首诗歌角度新奇,通过鲜明的对比意象,形成浓烈的悲哀和沉重的基调,并加以象征手法的渲染,表现了对封建思想文化的背离,对现代女性意识的张扬,诗歌展现出耐人寻味的艺术魅力。

**神女峰**

在向你挥舞的各色花帕中
是谁的手突然收回
紧紧捂住了自己的眼睛
当人们四散离去,谁
还站在船尾
衣裙漫飞,如翻涌不息的云
江涛
  高一声
    低一声

美丽的梦留下美丽的忧伤

> 人间天上,代代相传
>
> 但是,心
>
> 真能变成石头吗
>
> 为眺望远天的杳鹤
>
> 而错过无数次春江月明
>
> 沿着江岸
>
> 金光菊和女贞子的洪流
>
> 正煽动新的背叛
>
>   与其在悬崖上展览千年
>
>   不如在爱人肩头痛哭一晚

  神女峰本为一座江边的山峰,这座山峰有一个美丽的传说。这个传说最早见于宋玉的《高唐赋》,里面记载了楚怀王在巫山遇见神女,许下再次相会的诺言,最后却未能再次见面,神女苦苦等候,最终化为一座山峰。在这个神话故事中,女子是坚贞执着的化身。在诗歌中,诗人却能从相反的角度对这个神话故事予以诠释,表现了诗人独有的女性观。

  开篇对于"花帕"这个意象花了大量笔墨,非常传神。诗人运用"挥舞""收回""紧紧捂住"几个动作进行刻画,表现了诗人对神女峰所代表的被封建思想禁锢的女性的同情,以及对神女悲剧命运的叹息。这个流传了千年的神话故事以女性的哀伤作为凄美动人的基础元素,本身就体现了一种不平等的男权视角,因此诗人为神女的孤独而哀戚。诗人认为,女性不应该成为牺牲品,该有追求爱情的权利,而不是成为世俗的道德模范,不应活在男性道德标准的约束之下,被当作展览品供人们参观。女性只有获得精神的独立自主,对自我价值重新认定,才可能遇见最好的自己。

  这首诗歌通过对神女峰的描绘,对封建传统思想在女性精神上的烙印发出叩问,呼唤女性的思想解放和独立意识,追求和谐真诚的人际关系。本诗既有朦胧诗的意象美,又有观念反省的意义,值得品读。

## 四、照亮太阳照不到的地方——江河《星星变奏曲》

  20世纪80年代初期,整个国家和民族从阵痛中苏醒,个体在饱受浩劫与苦难后复苏,告别历史的伤痕,重新审视历史,追逐新世纪的光明,定义未来,吹奏迎接光明的序曲。诗人江河的处女作《星星变奏曲》就写于这样的文化背景下。在诗歌中,诗人对十年"文革"的动荡与毁灭进行揭露和鞭挞。诗歌带有浓重的历史韵味,既有徘徊不定的迷惘,也有不灭的希冀,体现了一代知识分子的共同心声。

这首诗歌运用星星、蜜蜂、萤火虫等意象象征美好的世界,与之相对立的是以黑夜、冰雪为代表的黑暗世界,诗歌语言灵动,意象叠加,含蓄蕴藉,朦胧崎岖,意境迷离跌宕。

## 星星变奏曲

如果大地的每个角落都充满了光明

谁还需要星星,谁还会

在夜里凝望

寻找遥远的安慰

谁不愿意

每天

都是一首诗

每个字都是一颗星

像蜜蜂在心头颤动

谁不愿意,有一个柔软的晚上

柔软得像一片湖

萤火虫和星星在睡莲丛中游动

谁不喜欢春天,鸟落满枝头

像星星落满天空

闪闪烁烁的声音从远方飘来

一团团白丁香朦朦胧胧

如果大地的每个角落都充满了光明

谁还需要星星,谁还会

在寒冷中寂寞地燃烧

寻找星星点点的希望

谁愿意

一年又一年

总写苦难的诗

每一首都是一群颤抖的星星

像冰雪覆盖在心头

谁愿意,看着夜晚冻僵

僵硬得像一片土地

风吹落一颗又一颗瘦小的星

谁不喜欢飘动的旗子,喜欢火

涌出金黄的星星

在天上的星星疲倦了的时候——升起

去照亮太阳照不到的地方

纵观这首诗歌,同学们会发现作品的结构非常整齐,前后两节形成对称,每一节都用"如果……"作为领句,通过假设的方式展开描写。星星作为诗歌的主要意象,也是诗歌的线索,它是诗意、美好、温暖和光明的代名词,成为作品的核心,寄托了诗人跨越苦难的决心和对理想的执着追求。

前后两节的主题稍有不同。第一节的重点是表现诗人内心的苦闷,诗人将星星作为带来心灵慰藉的港湾,急切地向星星表达祈盼。"颤动""落满""游动"几个动词在宁静中注入动感,使意境更加鲜活。三次反问,形成递进的比喻,通过美好的意象表达了诗人对诗意与光明世界的渴慕。

第二节运用同样的句式,情感上却更加炽烈。从遥远的凝望变成寒冷中的燃烧,诗人运用了"寂寞地"一词,以拟人化的手法营造了凄冷、孤寂的画面。在此背景下,诗人从个体延伸到群体——"一群颤抖的星星"。诗人在书写一个时代的悲剧,这似冰雪的悲剧,有种无以言说的冰冷、僵硬和贫瘠。最后,诗人并没有沉溺在这种悲苦之中,而是满怀着希望执着向前,用一抹亮色作为全诗的收束之语,对黑暗的现实予以否定,追逐积极的、达观的、乐于奉献的人生观,去战胜漫长的暗夜带来的伤痕。

诗歌用浓墨描绘了一代人经历的凄苦与迷茫,同样用更加饱蘸深情的语言寄寓了诗人对光明的追求,具有古典诗歌的意象美,婉约而具有风致,同学们可以多多品读,细细体悟。

## 五、最迷人的色彩,青年人心中最温暖的干柴——食指《相信未来》

1948年出生的食指原名郭路生,是朦胧诗派代表人物,被当代诗坛誉为"朦胧诗鼻祖"。食指多次讲述"我的诗是一面窗户,是窗含西岭千秋雪"的艺术追求,他的诗歌将时间艺术和空间距离融会在中国古典绘画的意境中,并采用轻重音的变化形成逸动的韵律。他在诗歌中书写人生的苦痛与欢乐,用文字表达生命的崇高意义。面对商业浪潮的冲击,诗歌地位的边缘化,食指用实践证明自己永远是诗歌领域的守望者。

食指是在行军途中出生的,所以名为路生。他后来取名为食指,有三个原因:第一,他的母亲姓时,谐音为"时之子";第二,"食指"代表了中国诗人面对的舆论压力和各种指点评判;第三,食指从小尊师重道,"食"和"师"同音。食指经历高考落榜、插队落户、精神分裂、婚姻不幸和身体疾病,却在1968年写下了鼓舞一代迷茫青年知识分子的《相信未来》。这篇作品一开始以手抄本传播,后来在社会上广为流传,食指也因此获得"知青诗魂"的称号。下面我们一起欣赏这首诗歌。

### 相信未来(节选)

当蜘蛛网无情地查封了我的炉台,
当灰烬的余烟叹息着贫困的悲哀,
我依然固执地铺平失望的灰烬,
用美丽的雪花写下:相信未来。

……

我之所以坚定地相信未来,
是我相信未来人们的眼睛——
她有拨开历史风尘的睫毛,
她有看透岁月篇章的瞳孔。
不管人们对于我们腐烂的皮肉,
那些迷途的惆怅,失败的苦痛,
是寄予感动的热泪,深切的同情,
还是给以轻蔑的微笑,辛辣的嘲讽。
我坚信人们对于我们的脊骨,

> 那无数次地探索、迷途、失败和成功,
> 一定会给予热情、客观、公正的评定,
> 是的,我焦急地等待着他们的评定。
> ……

笔者只为同学们节选了部分内容,相信同学们已经能从有限的文字中感受到诗人对于未来的憧憬与对光明的渴望。"相信未来"是诗歌的主线、主题,也是不可动摇的意志和信念。面对蜘蛛网的禁锢和灰烬余烟,面对黑暗与冷寂,诗人从不曾屈服,依然固执而坚定地书写"相信未来"。

这首诗歌不仅仅是诗人自我情怀的抒发,更是以广袤的社会历史为背景,表达从个体到群体走出困境的探索和呐喊。诗歌从第四节开始于高处着墨,就历史和社会精神分析,思索如何自处、面对和超越的哲学命题。是"感动的热泪"还是"辛辣的嘲讽",诗人将这个抉择摆在人们面前。诗人似乎没有明确的答案,唯有一如既往的信念,因为他相信脊梁中有不屈不挠的民族魂。从祖先那里继承而来的勇气、力量支持着我们从容前行,并熔铸为民族精神和巍巍风骨。

这首诗歌是批判现实主义的代表作,它告诉人们无论处于怎样的悲哀和迷茫之中,我们都要勇敢地对抗,无所畏惧地冲破一切桎梏,追求照亮生命的光,并努力成为那个走在前列的领路人,跨越山河与大海,相信未来。

## 下篇　外国诗歌鉴赏

外国诗歌根植于各自的民族文化中，在语言风格、表现手法和艺术形式上具有独特性。阅读外国诗歌，在文学的长廊中采撷各民族精神文化的精粹，是一种美的享受。我们在阅读时，需要从感性和理性的双重视角去感受和体验，更加深入地理解诗歌的主题和情感，从中真正获得心灵的洗濯。

外国诗歌鉴赏篇分为三章。第一章着眼于外国诗歌的审美研究，梳理外国诗歌的基本类型，分析不同历史时期、不同派别作品的特征，带领读者体会外国诗歌的意趣。第二章重点关注外国诗歌的鉴赏方法，包括诵读鉴赏、写作技法还有主旨探析三个方面。第三章是外国诗歌鉴赏。笔者主要以外国诗歌的发展时期为脉络，选择了远古时期、古希腊古罗马时期、中世纪时期及文艺复兴、古典主义、浪漫主义、象征主义与超现实主义这几个典型时期的诗歌，最后一节，笔者甄选了20世纪诺贝尔文学奖得主的一些代表诗歌，与同学们共同赏析，以期能陪伴同学们走过一段有趣味的外国诗歌鉴赏之旅。

# 第七章　外国诗歌的审美研究

诗歌作为一种重要的文学体裁,是社会意识形态和民族精神的反映。阅读外国诗歌,即对世界文化的认识、感知和理解。通过诗歌作品塑造的形象,可以走进一个国家的精神领域,理解多元的文化价值和审美价值,获得丰富的文化体验,让我们的内心世界变得更加丰盈。

## 第一节　基本分类

就外国诗歌而言,通过梳理诗歌的分类标准,掌握不同的地域、历史阶段和流派的诗歌的演变过程,更好地对相似类型的诗歌进行比较阅读,体会不同的文化背景之下诗歌的丰富性,能深刻领悟诗歌的内涵和外延,真正体会诗歌的美。下面笔者将对外国诗歌中以古希腊文明为源头的西方诗歌作一些简单的叙述。

以时间为序进行分类,这是常见的分类方法,也是本书采用的基本分类方法。外国诗歌发展大致分为七个阶段。第一阶段是远古时期,即公元前40世纪到公元前5世纪,古埃及、古巴比伦出现了一些诗歌。这个时期主要有一些宗教题材的颂诗,还有反映劳动人民生活的诗歌。第二阶段是公元前8世纪至5世纪,即古希腊、古罗马时期。在古希腊人的心中,神灵具有至高无上的地位,这种泛神论有其积极的一面,展现出古希腊人爱生活,求真理,真挚热情,富有战斗精神和英雄主义精神。古希腊诗歌常常采用第一人称叙事,多人物对白,因而和戏剧具有相似的舞台效果。诗歌多以敬畏自然、神灵,歌颂命运和荣耀为主题,这成为后世古希腊人血液中流淌着的文化基因,那种宏大的、高昂的、奔涌的生命热情是诗歌最为动人的气质。古罗马诗歌常常以史诗为主,叙事性强,如维吉尔的《埃涅阿斯纪》等。语言简练、清晰明了,注重文句的规整和对称。此外,采用韵律和节奏来表现美感是古罗马诗歌的又一特征。第三阶段是中世纪,即5至15世纪。这个阶段也被称为"圣经诗歌时期"。中世纪的诗歌在内容上杂糅了世俗与宗教的特征。中世纪的英雄史诗绽放出熠熠光彩,这类诗歌往往以真实的历史事件为依据,经过民间口口相传和文人的加工整理而成,表达了诗人的理想和情感。比如《罗兰之歌》是中世纪欧洲影响最大的英雄史诗,描写了臣子对领主的忠诚,表达了基督徒对信仰的虔诚。《尼伯龙根之歌》被称为"德意志的伊利亚特",这首诗歌结构庞大,共有9 516行,诗歌融北欧神话和历史典故而成,是兼有浪漫主义和现实批判艺术的鸿篇巨制。第四阶段是14—16世纪,这是西方文化史上一个非常重要的时期——文艺复兴时期,也是西方诗歌发展历史中的一个转折期。文艺复兴时期的精神内涵是人文主义,表现为对人和自然的颂扬。文艺复兴时期不再传承神灵至上的信仰,而是主张以人为中心。在文艺复兴时期有大量赞颂美、爱情、女性和自然的诗歌,诗人的目光离开神,转向广阔而丰富的社会生活,彰显人的本位价值,抒写人内心中最真实的情感,毫无顾忌地表达对爱和美的追求,热情地歌颂个性的解放,凸显了对美的尊重、对人性的尊重。这是一场对传统神学的彻底反叛,是奔涌澎湃的自我意识的觉醒。第五阶段是古典主义时期,即17—18世纪,这个时期有弥尔顿、伏尔泰等诗人。这个时期的诗歌特征从属于古典主义的文学总体特征,宣扬理性,要求克制情感,重视规则,模仿和学习古希腊、古罗马的艺术形式,语言也要准确、精练、华丽和典雅,呈现出了优雅风韵。紧接着的第六阶段是浪漫主义时期,时间为18—19世纪,这是一段诗歌史上群星璀璨的岁月,德国的歌德,英国的布莱克、华兹华斯、柯勒律治、骚塞、雪莱、拜伦、济慈,还有法国的雨果,俄国的普希金,美国的惠特曼和匈牙利的裴多菲等,不一而足。这些诗人在世界文学史上留下了灿烂的精神财富。第七阶段是19—20世纪,产生了唯美主义、象征主义、意象派、超现实主义、先锋派诗歌等,本篇主要介绍象征主义和超现实主义诗歌。

　　这里也向同学们呈现另外一些分类方法。比如依据诗歌的形式进行分类,可将外国诗歌分为格律诗、自由诗和散文诗。与我们理解的中国古典诗歌概念相似,外国格律诗在字数、行数、句式、用词、声调方面都有严格的规定。如普希金的《假如生活欺骗了你》和罗伯特·弗罗斯特《未选择的路》都是格律诗,泰戈尔的《金色花》和高尔基的《海燕》都是具有代表性的散文诗。散文诗是兼具散文和诗歌特点的现代抒情文学体裁,形式灵活,虽然不像诗歌那样分行和押韵,但也能保持内在的音韵美和节奏感。按照内容划分,可以将外国诗歌分为叙事诗和抒情诗。顾名思义,叙事诗主要以记叙为表达方式,抒情诗则是以抒发思想感情和意志为主。

本篇在梳理时间脉络的基础上，还划分了流派，选取了不同时期、不同流派的一些代表诗歌，希望同学们在阅读时对相同时段的不同流派进行对比，运用更广的视角来鉴赏诗歌。

## 第二节　诗歌特征

外国诗歌有以下特征。

第一，就形式而言，有篇幅相对比较长的史诗，这类题材多为民间传说或者歌颂英雄丰功伟绩的长篇叙事诗，常常融会了历史事件、宗教故事和传闻轶事，作品是经过集体创编而成的，反映了人类童年时期的重要历史掌故或者神话传说；相对短一些的有十四行诗、素体诗等，其中十四行诗最初流行于意大利，经过彼得拉克的创作加工和改进，被称为"彼得拉克体"，流行于欧洲各国。十四行诗句式整齐、音韵优美，诗歌前一部分由两段四行诗组成，后一部分由三段四行诗组成，即四四三三的排列组合。素体诗是英语格律诗的一种，由抑扬格五音步组成，篇幅相对短小。

第二，就语言而言，不同时期和流派的外国诗歌的语言风格会有不同，但整体而言，相较于中国古典诗歌语言的含蓄隽永，外国诗歌的语言更加直白、自由和奔放，也会在作品中转换词性、创造新词，同学们如果进行对比阅读，对这一特征一定会有更深的体会。

第三。就用韵而言，中国近体诗对押韵的基本要求是以韵脚的形式进行押韵，诗词歌赋都遵循这一原则，押韵的字放在句子的最后，故称韵脚。律诗押韵的基本要求是押平声韵，一韵到底，不能使用同一个字押韵，也不可连续使用同音的字作韵，不能撞韵，即律诗中第三、五、七句按照规定是不能押韵的。外国诗歌的押韵方式比较多样，讲究头韵和尾韵，头韵是英语语言学分支——文体学的重要术语，头韵即仅第一部分或第一部分辅音群的第一个音素相同。在十四行诗中还有交叉韵和抱韵，相关的概念也比较复杂。

第四，就题材和主题而言，外国诗歌的主题相对集中在自然、爱、宗教和哲理这几类，尤其是宗教思想融入诗歌之中；中国诗歌是抒发情志的文学载体，珍惜亲情，寻找美好，追求真理，实现梦想是作品永恒的主题。

文学的发展和一个民族的历史、政治、经济和文化相联系,这些因素对文学作品的形成、兴盛和传播有直接或间接的影响。就西方的文明发展而言,古希腊神话、基督教教义和工业革命所带来的科学技术的进步这几个重要的因素对外国诗歌主题的影响很大。

在外国诗歌漫长的历史轨迹中,神灵至上的观点延续了很多年,宗教思想成为统治人民的主体思想,所以,在文艺复兴之前的众多诗歌作品中,宣言教义、宣言神性的大型作品是主流。这个时期,人的情感、人的个体需求是被忽视的,仅存的人欲也必须通过人神的隐喻和象征予以纾解。人作为神灵的忠诚依附者、膜拜者,一旦有任何忤逆的念想,将会遭受神灵的警示和惩罚。作品中总是有一个至高无上的声音在主宰着一切,歌咏神灵对众生的救赎和庇佑是14世纪前作品的一个重要主题。意大利的但丁是"中世纪最后一位诗人,也是新世纪的第一位诗人",恩格斯对但丁的这句评价不仅仅是针对但丁个人,而且是以但丁为分水岭,指出了诗歌走向的演变。但丁的《神曲》以梦幻游历的方式展现在地狱、炼狱和天堂三界中,人类从迷惘、痛苦到追求真理的过程,用宗教的隐喻和象征手法启发现实世界政治、经济和文化的复兴。

文艺复兴时代,人文主义精神成为整个社会的思想核心。彼得拉克对十四行诗进行改进和创新,莎士比亚对十四行诗也很精通。个人抒情诗的复兴和兴盛标志着"人的发现",在这一文学主张的影响之下,人的内心世界得以表露和张扬。随着文艺复兴运动在欧洲的展开,抒情诗也在各国发展起来。

18世纪,随着西欧资产阶级革命运动的兴起,反封建斗争和政治革新思潮给社会带来了冲击,西方意识形态形成了百家争鸣的现象,发生了启蒙运动。在这个大变革时代,歌德成为横跨世纪的巨人。他凭借《浮士德》建立了一种新的长诗类型,即精神史诗。这部作品反映了诗人的人道主义精神,被称为"浮士德精神",这是一种由利己到利他,由个性解放到提倡博爱的精神涅槃过程。诗歌反映了自强不息和永不满足的进取意识。

在群星灿烂的19世纪,文学进入另一个新世纪。18世纪末以德国施莱格尔兄弟为核心的作家群出现,英国的华兹华斯和柯勒律治创作的《抒情歌谣集》诠释了狭义的浪漫主义。浪漫主义时期的诗歌主观性更强,偏重主观理想和个人情感的抒发,歌颂自然,唾弃城市文明,大量使用夸张、象征,运用大胆的想象表现内心的憧憬和梦幻。黑格尔说,浪漫主义的艺术是绝对的内心生活,也是主体对自己独立

的认识。在这个时代,诗歌更好地完成了言志写意的使命。

诗歌根植于民族的历史文化,反映了不同国度的世俗人情和历史风云,同学们阅读作品时要注意结合作品所关联的时代背景和文化基底,这样才能更好地走进作品。

## 第三节 形式与意趣

在中西方的文化史册中,诗歌都是最古老的文学体裁。诗歌起源于民间,源自劳动。公元前9世纪,古希腊诗人荷马的《伊利亚特》和《奥德赛》是欧洲文学史上最早的史诗,这两部作品反映了古老文明时期的社会心理和思想意识。每一时期的诗歌,一定包含着丰富的社会文化和思想,内容上借助多维意象,再借以适当的表现形式,二者的统一成就了诗歌完整的意境和丰富的意趣。

在公元前7世纪的古希腊,诗人的地位很高,文学进入了文人创作阶段。大量的颂歌、民歌和史诗中都有抒情诗的痕迹。最早的抒情诗是双行诗体,第一行是六音步长短的史诗诗行,第二行由史诗诗行变形而成,当时的抒情诗还用双管伴奏演唱,所以又被称为"双管歌"或者"笛歌"。比如同学们熟知的历史事件麦西尼亚战争,当时就有一首题为《赴战》的笛歌以该事件为故事原型,这首诗是由残疾诗人提尔泰俄斯创作的。诗句写道:"前进,斯巴达的男子汉、父亲的儿子们,你们祖祖辈辈都是自由的公民,快用左手把盾牌握紧,投长矛要有无畏精神!绝不要吝惜自己的生命,怕死不是斯巴达的传统。"古希伯来文学中,抒情诗是一种重要的表现形式,古希伯来的抒情诗散见于《九月》和《次经全书》,另外还有一些专门的抒情诗集。古希伯来的抒情诗有些带有宗教性质,有歌颂上帝耶和华的,也有表达丧国之痛和纯洁爱情的作品。古罗马的抒情诗中有讽刺诗,开创了讽喻文学的先河。除了古希腊、古希伯来和古罗马,古印度也有抒情诗,古印度诗歌可分为"大诗"和"小诗",其中"小诗"就是抒情诗,古印度的抒情诗多表达对神灵、对物的歌咏。

中世纪是英雄史诗繁荣的时代。宗教英雄史诗《罗兰之歌》并不只是宣扬基督教教义的作品,更是一部歌颂英雄的爱国主义情怀之作。这首诗歌有4 002行,采用罗曼方言写作而成,塑造了动人的罗兰形象,他忠君爱国,英勇顽强,但也有盲目自信的弱点,多面的性格塑造了一个立体而生动的英雄形象。这部作品以清晰简单的情节讲述了征服西班牙的 7 年战争,是将人物塑造与历史故事放置在同一个广袤的时空里进行刻画和叙写的史诗作品。形式与作品的旨趣形成呼应,也彰显了时代的宏大和人性的高贵。

文艺复兴时期,彼得拉克以其开放的思想和积极开拓的个性,对神学观念发起决绝的挑战。彼得拉克创作的十四行诗歌颂了文艺复兴时期的人文主义思想。他创作了大量抒情诗,《歌集》是他倾尽一生精力完成的作品,主题是记载对一名叫劳拉的女子的深深眷念和错综复杂的情感。当然,作品也同时表达了诗人自己的人生观、世界观。这是一部冲破禁欲主义,歌颂爱情和美的著作。诗歌里的劳拉美丽、高傲、圣洁,具有女子突出的特征和灵性,生动鲜活,这一富有感染力的人物形象让作品摇曳生姿。彼得拉克抒情诗继承了"温柔的新体"派的现实主义传统并将其发扬。这一时期文学不是服务于神坛的附庸,文学接近生活、记载生活又书写生活,以其丰富的形式反映人们最真切的内心情感,也激发人们去反思自我和认识世界。

浪漫主义时期的作品是诗歌发展史上一道绚烂的风景。华兹华斯、柯勒律治、雪莱、拜伦这些用诗歌讲述生命的诗人以文学的名义解放了人们的精神枷锁,在他们的努力下,那个追求自由、歌咏自然的艺术殿堂被建立。华兹华斯的作品中隐约透露着古希腊的中和美学思想,强调个性发展的连续性、人与自然的亲密感和人对自然美的追求和渴望等。诗歌描写宁静、温暖的自然,农村生活那田园牧歌般的气息和不受外物羁绊的闲适自在,使人感知生活的美好和幸福,诗歌的创作由此进入一个鼎盛时期。

20 世纪是一个多种思潮融合交错的时代,不同的主流意识在历史的演绎中凸显出各自流派的特色。在表现手法上,诗歌采用更加丰富的艺术手段;从主题内容和文学价值来看,诗歌追求深度和广度,成为人们精神生活中必不可少的重要元素。在 20 世纪,诗歌进入新篇章,追溯历史、俯瞰当下,写尽世情,讴歌生命。

诗歌领域像一个丰富的万花筒,投射了政治、经济、文化的方方面面,里面包蕴着我们对历史与现实的细节体验和整体感知。诗歌的发展是一个充满了挑战和自我成长的过程,需要我们以一种动态的认知视角去欣赏它。

## 第四节　诗歌价值

诗歌是人类文化史上的瑰宝,谱写了人类追求精神自由的历程。外国诗歌从

诞生到发展、鼎盛,以至后来融合创新,以其独特的文学样式成为与哲学、宗教等并行的上层精神财富,记录了人类摆脱蛮荒,投身家园建设,保疆卫土,申述人权,坚守尊严的点点滴滴,是文明演进的记录册,是人类追求真善美的颂歌。就外国诗歌的本质属性而言,情感的熏陶是其文本价值的核心。此外,外国诗歌还具有文化、审美与哲学层面的价值。

其一,情感价值。外国诗歌的流派可谓群星灿烂。在漫长的外国诗歌发展史中,它与绘画、建筑、音乐等艺术融合,与历史背景融合,与文化融合,多元诗歌主张成为慰藉人们精神文化生活的良方。外国诗歌的主题有亲情、友情、爱情、自然、战争等,诗人向人们传达了生命的可贵、情感的丰饶、自然的美好与战争的残酷。其实,战争表达的情绪也是多元的,彪炳史册的气魄与颠沛流离的苦难这样矛盾的情感也让战争的主题摇曳生姿。阅读外国诗歌,需要沉浸到文本之中,深度感知诗人寄寓在语词和诗句中的无限情感。同时,情感将成为学生认知世界的基础,情感的熏陶有助于学生人生观和价值观的形成,有助于培养学生的爱国主义精神。而且,中国的诗歌与外国诗歌在情感的表达方式上是不同的。整体而言,中国传统的古典诗歌崇尚含蓄蕴藉,讲究意蕴的流转与曲折;外国的诗歌情感热情奔放、语言通俗真挚,这对于中国诗歌而言,是一种较好的补充,学生的情感体系会更立体。

其二,文化价值。文学是社会意识形态的体现,也是国家和民族精神文明的体现,文学作品记载了文化中璀璨的瞬间,当然,或许也积淀了历史洪流中无法冲刷的伤痛。通过阅读外国诗歌,我们可以更亲近文化的内核,感知人情世俗、社会心理以及家国情怀。诗歌中蕴蓄的文化具有重要的教育价值,这是打开学生心灵世界,让学生开阔视野的钥匙。中西方不同的文化内涵寄寓在诗歌之中,我们通过阅读,可以尝试在多元文化背景之下理解相似或者相关的作品形式,从而从诗歌中汲取精华,开阔视野,促成文化意识的融合,形成包容、互鉴的文化观念。

其三,审美价值。阅读外国诗歌,会对个人审美观念的形成具有较强的影响。外国诗歌包含了多元的世界文化,呈现出不同时间跨度、不同地区的自然美、文化美,这种丰富的意象会积淀在学生的文化积累中,渐渐演化成学生看待外在世界的基础和视角。我们每一个个体,思想都不是单一的,而是在输入和输出文化的过程中,不断领悟提升,在一次次鉴赏、理解中完善知识体系,丰富认知视野,涵养审美品格。阅读外国诗歌,可以感受头韵、尾韵的不同构成,体会其他民族语言的音节之美、语言之美和意象之美,获得精神的愉悦感,慰藉我们的心灵。走进诗歌,可以探知诗人在写作时的情思;走出诗歌,可以拥抱自然。

其四,哲学价值。中西方文化对物我关系的认知是有区别的。中国传统哲学认为天与人和谐共存,天人合一,人定胜天。精卫填海、后羿射日、女娲补天等神话故事寄寓了古代人民改造自然的美好愿望。这种思维方式影响了一代代中国人,渐渐演变成了人与自然相处的方式,追求宁静和谐的境界在很多古典诗歌中都有所体现。比如陶渊明归隐时作的一系列诗歌。他不仅仅有"不为五斗米折腰"的文人倔强,更有骨子里深刻的"天人合一"的观念。西方哲学家认为,"天"是上帝,是超然的存在。这些宗教题材的诗歌蕴含丰富的哲学思想,将人类所面临的道德完善,追求自然美好,冲破富于挑战的世界等问题摆在人们面前。一定程度上,有些诗歌是借助神学的形式表达深刻的隐喻意义。外国诗歌中表达的心灵解放和生命自由很多建立在宗教信仰的基础上,当然,外国诗歌中那些直面生活、阐发哲理的作品也常常感动着我们。比如《假如生活欺骗了你》运用假设,启发读者对人生的叩问和反思,指导我们如何面对人生中的逆境和困难,勇敢正视困顿,重获对生活的信心。它不仅仅是为迷途的人们指明一条道路,更像是人生暗夜里的灯,温柔地抚慰我们缠绵的孤独。

外国诗歌中蕴含的信仰观、哲学观和人文主义思想,是值得青少年近距离感知和体悟的,它像一个万花筒,那绚丽的色泽将会镌刻在心灵之中,成为认知、思考和品鉴的触点。

# 第八章 外国诗歌鉴赏基本知识

诗歌鉴赏从属于文学接受的范畴,是阅读者在自己的阅读经验的基础上,对作品进行深入解读的文学活动。就阅读方式而言,诵读是诗歌鉴赏最常用的一种方法,通过多形式的诵读,读者可加深对诗歌音韵、节奏和音节的印象,从音到形、从形到义逐层理解诗歌。接着,对于诗歌的写作技法中的重要元素——意象和修辞进行分析,这属于鉴赏的中间层次。诗歌鉴赏的旨归在于明确诗歌的主题,领悟诗人在诗歌中蕴蓄的情感,通过诗歌理解一个时代的文化精神是我们鉴赏的意义所在。

## 第一节 诵读鉴赏

诵读外国诗歌首先要考虑译本的问题,阅读时选择多个译本对比阅读,分析同一诗句在不同版本中的译文,体会各自不同的表达效果,从而更真切地感知诗歌的意蕴。诵读诗歌有多种方法,可以个人、小组诵读,也可以借助一些多媒体手段辅助诵读,增加趣味性。

### 一、译本多元化问题

阅读外国诗歌,需要了解因为国家、地域不同带来的文化差异,这属于相对深入的阅读进程中需要考虑的问题。其实当我们面对一首外国诗歌时,首先要解决的还是语言的问题。因为外国诗歌经过翻译的二次创作后,在诗歌的原始意境和语言风格方面是有变化的。翻译是否忠实于原文,贴近原作者的写作意图,决定了文本的原生价值和可读性。

市面上通行的一些正规和权威的出版社刊印的诗歌,一般选用赵瑞蕻、顾蕴璞、戈宝权、冰心等老一辈享有盛名的优秀翻译家的译本。这些翻译家深研多年,有丰富的学养，他们的翻译作品是值得信赖的，而且，他们在翻译中还能融入对应作品所处的时代特质和文化因子。这些优秀的作品是学贯中西的翻译家留给我们的宝贵的精神财富，值得品读和研究。

对于多译本情况，比较好的处理方法就是兼采众长，将多个译本进行对比阅读，分析文字的细微差别，取长补短，理解不同文字表现方式的美。

下面笔者选择一首外国诗歌进行具体的说明。

请同学们阅读发表在1987年《外国文学》第一期上的《日子》（王佐良译）。

## 日　子
（王佐良 译）

日子干什么的？
日子是我们的住处，
它来了，叫醒我们，
一次又一次。
日子是快活的地方。
除了日子，我们还有哪儿可住？
呵，为了解决这个问题，
来了教士和医生，
穿着他们的长大衣，
在田野上奔跑着。

这首诗歌是英国诗人菲利普·拉金（1922—1985）的作品。同学们还可以查询到陈黎的译本。

## 日　子
（陈　黎 译）

日子是干什么用的？
日子是我们活着的地方。
它们到临，它们一次又一次地
唤醒我们。
它们是要快乐度过的：

除了日子我们还能活在哪里?
啊,为了解答这个问题
使得牧师和医生
穿着长长的外袍
在田野上奔跑。

　　这两个译本是比较接近的,只有个别词语和语序有一些差异,比如"我们的住处"和"活着的地方"。"住处"倾向于身体寓居之所,更为具体和形象,译者将抽象的"日子"和具象的"住处"进行勾连,运用的是一种虚实相间的手法,语言平实。"活着的地方"更倾向于精神层面。人的物质层面和精神层面是并存的,所以两种翻译方法各有千秋,只是用词有细微差别。王佐良译本中"叫醒"的方式是"一次又一次",是后置的,强调了反复性,加强了语气,突出日子一次次在召唤和启迪,笔者认为这样的翻译语言诗意更浓,形象更加鲜明。其实这两首诗最大的差别还在于"日子"与"我们"之间的主客体关系。第一首强调的是"我们"生活在"日子"里,"我们"的主体性更加强烈,"我们"似乎应该主宰着"日子";第二首偏向于"日子"的客观存在性,"它们是要快乐度过的",试问同学们,"它们"的快乐源泉是什么?难道不是作为主体的"我们"吗?但译者没有直接表达,而是运用含蓄的方式间接地体现。同学们从这两个译本可以看出,翻译细微的出入在主旨表达上的差异还是明显存在的。

　　下面请同学们继续看另外一个译本,这一译本是著名翻译家桑克的译作,相较上两个译本,差异更为明显。

## 日　子
（桑　克译）

日子是干什么的?
日子是我们生活的地方。
它们来了,它们叫醒我们
很多很多的时间都没了。
它们一定是快活的:
除了日子我们还能活在哪儿?
哇,解答那个问题

> 带来祭司和博士
> 穿着他们的长袍
> 跑过旷野。

在这一译本中,"一次又一次"的表述没有了,改成了"很多很多的时间都没了",这两句的差别是什么呢?前者是日子一次次启迪唤醒,似乎日子里还有希望和等待,只要我们可以积极去应对,朝阳依旧灿烂。但后者色泽黯淡,让人觉得忧伤和无助。另外这一译本中的"祭司"和陈黎译本中的"牧师"含义不同。"祭司"这个词语出现在《圣经》中,是人民的代表,有觐见神的特权,祭司的工作是献祭赎罪和替人求愿。而陈黎版中的"牧师"是负责生命的栽培,主要职责是照顾信徒的灵性,供应属灵的粮食,教导和帮助信徒。

不同的译本在处理语言时是存在差异的。所以,当我们阅读作品时,可以针对各种译本进行对比阅读,有兴趣的同学也可以找原文进行学习,这样我们对同样的诗句的体悟会更加丰富。

## 二、朗读方法

外国诗歌在教学或者阅读中存在障碍归因于三点。第一,翻译版本多导致诗歌呈现形式多样化;第二,不同的地域文化背景下,阅读者认知产生偏差,这是根植于文化基因里的不同,有顽固性和潜藏性,所带来的误读、浅读难以扭转或者不易被发现;第三,中西方采用的写作手法不同,手法常常和语言文字有嵌套关系,所以,不同的文字载体对应着不同的手法。

对于这些障碍,朗读是比较好的解决方法。诗歌是人类文明长廊中熠熠生辉的瑰宝,诗歌无论处于怎样的文化背景之中,无论借助怎样的文字表达形式,它终究从属于诗这个基本的体裁,有着诗歌最基本的特征和学习方法。多形式、多频次的朗读,对于我们掌握外国诗歌是很有帮助的。

那么,我们可以采用哪些朗读方法呢?下面,笔者谈谈三种最常用的朗读方法。

其一,大声诵读。学习外国诗歌,着力于文字的诵读,是我们走近诗歌的第一步。拿到一首新的诗歌,不需要马上去查询诗歌的解析,也不必马上开始对其中字词进行分析,而是让自己全身心投入文字的诵读之中,在诵读中感知诗歌的节奏、韵律,体味作品的意境和情感。朗读的过程不是一个纯语言的过程,而应该同时运用眼和心。在朗读时,我们在头脑中想象诗歌所描述的画面,或者将自己代入诗歌中的角色,揣摩这个角色的个性和立场,通过朗读表达出诗中人物的情感和所理解的诗人情感。这种集读和思于一体的朗读方式有助于我们后期对诗歌进行鉴赏。

其二,同伴共读。学习诗歌时,除了自己朗读,小组形式的朗读也是非常有效的一种方法。"一千个读者眼中就有一千个哈姆雷特",每一个人对诗歌的第一印象或者完成阅读鉴赏后的体验可能都是不同的。那么当我们去朗读时,会情不自禁地将体验表现在语速、语气上,对于同一句诗句,可能读出忧伤,可能读出叹惋。所以,除了自己朗读,我们可以听别人朗读,在别人的朗读中,感知诗歌丰富的情感。同时,在同伴共读时,我们还可以采用一些变换的形式,比如领读加伴读,轮读加对比读,单独朗读加齐声合读等,这样会增加阅读的趣味,也能更走进诗歌的情感底色。

其三,运用多媒体资料。多媒体资料是朗读极好的伴侣。在朗读时,可以根据文字风格选择一些自己喜爱的音乐作为伴奏,音乐的渲染作用可以让诗歌独特的韵味、丰富的意境得以呈现。除了音乐伴奏,还可增加和诗歌内容相符合的图片或者视频内容,这样会让抽象的意境更加直观。

朗读的方法很多,不一而足,同学们可以选择其他自己喜欢的朗读方式,也可以同时综合运用以上朗读方法。总之,对于外国诗歌而言,反复而大量的朗读是我们走进诗歌的第一道门。

## 第二节　写作技法

诗歌写作手法很多,本节主要选取了两个基本要素进行讲解。从介绍意象的概念、内涵到分析一些经典诗歌意象,深化对意象的理解;同时本节选择了最常见的修辞手法进行解析。

### 一、意象

对于诗歌而言,意象是最基本的一个要素。无论中西方的诗歌,意象都是我们领会诗歌的基本切入口。本书的上篇与中篇都有对诗歌意象的相关阐述。在下篇,我们依旧要从意象入手,希望通过不同篇章对意象多角度的叙述,加深同学们对意象概念的理解和对诗歌意蕴的体味。

意象的内涵由主客观两个方面决定。首先是主观，所谓"意"，即心意，承载着诗人主观的思想、感情；其次是客观，"象"是具体可感的事物，"意象"指的是诗人借用客观语词表达其主观的情思，将客观事物作为思想的载体。意象是客观形象与主体情趣的有机融合，通过意象可以体味到诗人的思想、想象、审美趣味等，意象是我们走进诗歌的指引。

外国诗歌内容繁多，涉及不同国家、不同领域、不同流派，而且由于诗歌种类众多，很难用统一的归类原则进行梳理，在此，笔者只能和同学们聊一聊外国诗歌意象的一些显性特征。

其一，意象贴近生活，源自自然。英国浪漫主义诗人华兹华斯曾言："我通常都选择微贱的田园生活作题材，因为在这种生活里，人们心中主要的热情找到了更好的土壤，能够达到成熟境地，少受一些拘束，并且说出一种更淳朴和有力的语言。"在这段文字中，华兹华斯阐明了好诗的标准是书写情志，而书写情志依赖所选用的素材，就他本人来说，贴近生活的田园题材可以唤醒人们心中的热情和淳朴。自然界成为华兹华斯描摹和抒怀的对象，诗人在丰富的田园生活意象中寄寓了对自在的田园生活的向往。景物和情感融合，增加了诗歌的感染力。在华兹华斯的作品中，意象不是单一存在，而是以意象群的形式呈现，在诗人的想象和描绘中，诗歌就像一幅幅田园山水画，连绵起伏，给读者以目不暇接的画面感和美的享受。

其二，意象浪漫梦幻，具有神秘色彩。和田园风光相似的是自然风光，这是同学们在中国诗歌中非常熟悉的题材，包含月亮这一意象的古典诗歌有很多。在李白的诗歌中，月亮意象表达思乡、怀人主题比较多，这也是在中国古典诗歌中最常见的意蕴。但在西方的诗歌中，月亮意象常常带有神秘色彩，有时带有忧伤、阴冷和非理性色彩，或者还具有冷寂的象征。比如谢尔盖·亚历山德罗维奇·叶赛宁的《夜》中的明月，除了表现夜晚的宁静和美好，也不可忽视其中包含的深沉神秘。英国维多利亚时期最后一位诗人阿尔杰农·查尔斯·史文朋认为，诗歌的灵感不应来自当代的平凡现实，而是来自逝去的时代，他的作品继承了古希腊文化的神秘因子，采用神奇的意象表达主题。在《海上的爱情》中，羽毛丰满的爱神、伸长着尖嘴的斑鸠、少女的发丝等形成关于爱情的意象群，这些意象圣洁、空灵、富有想象力，梦幻而神秘。

其三，意象蕴含了对海洋文明的眷念。中国的诗歌，有高山情结，通过对高山崎岖险峻的描摹，表达诗人意欲登临山巅、睥睨天下的豪情壮志。但写大海的中国古典诗歌不算多,主要是借景抒情,如曹操的《观沧海》通过浩渺无边的大海抒发建功立业的壮志豪情。但在外国诗歌中,海洋文明的记忆是写进了他们的文化基因之中的。他们崇尚大海,眷念大海,面对大海,保持着勇气和出海搏击的尚武精神。在有些作品中,这种意念炽烈如火,似乎他们的生命之焰只有在汹涌澎湃的海浪和肆虐的海风中才得以发光。比如英国第 22 届桂冠诗人约翰·梅斯菲尔德的作品《恋海情》中表现了大海的辽阔和孤独,水手在万顷波涛之中,保持着坚毅、执着,用青春和激情谱写生命的赞歌。外国诗歌中的大海情结由来已久,如《荷马史诗》中的航海英雄尤利西斯;普希金、拜伦、高尔基等诗人都曾经写过关于大海的诗歌,作品中歌咏探求未知,与自然抗争的英雄情怀。

其四,意象有浓厚的象征主义色彩。西方的诗歌是与宗教、科学、文化并行、斗争和融合的文学体裁,在历史的演进中,诗歌同时也在进行自我风格的不断完善和创新,在对历史的评价和对未来的理解上,诗人常常采用象征主义的意象进行抒情,表现两千年历史文明的消亡和狂暴的反文明高潮的来临。比如威廉·巴特勒·叶芝的《基督重临》中,借用"旋体""猎鹰""沙漠"等意象描绘了一幅旧文化崩塌的衰亡图,写出了那个时代的疯狂和混乱,荒漠中"人首狮身"岌岌可危,诗歌运用象征的意象,形成奇诡、恐怖和阴暗的气氛,也表达了诗人对贵族文明的期待和渴望。

袁行霈曾说,语言是意象的外壳。在诗人的构思中,意象浮现于诗人的脑海里,由模糊渐渐趋向明晰,由飘忽渐渐趋向定型,同时借着词藻固定下来。[①] 意象是我们走近诗歌的一条重要路径,同学们在阅读诗歌时要多品读、多体味、多比较,从不同的文化背景去领略,借助意象开启诗歌阅读的大门。

## 二、修辞

修辞手法是文学创作中必不可少的语言表达方式,它具有延展语词、句子、段落和文章空间的作用,通过修辞手法的点染,文字的意蕴会更加深刻和形象,能更好地为作者的中心主题服务,修辞也是作为读者的我们触摸文本时所能体会到的形象化语言的表征。诗歌这种篇幅相对短小的文学体式中,修辞手法堪称语言文字的灵魂,具有不可或缺的作用。

修辞手法种类繁多,在此不便一一列举。笔者将选择外国诗歌中一些典型例子加以陈述。

---

[①] 袁行霈.中国诗歌艺术研究[M].北京:北京大学出版社,2009:56.

其一，比喻。比喻的修辞是根据本体和喻体的相似性、相关性，用常见的事物、情理来比方抽象的事物与情理，是一种使语言更形象和具象的手法。比喻在文学作品中必不可少，比如钱锺书先生的《围城》就有700多处比喻，是一座"比喻之城"。外国诗歌中，比喻手法也比比皆是。英国意象派诗人理查德·阿尔丁顿在诗歌《意象》中借用"黑暗的运河""荒凉的城"比喻寂寞的心灵，以"满载嫩绿芳香的果实的轻舟"比喻恋人，这些美好的意象以比喻的手法将年轻、甜美、馨香描摹得淋漓尽致。16世纪法国七星诗社的领袖皮埃尔·德·龙沙的《致卡桑德尔》中将青春比作玫瑰，将大自然比作"无情的后娘"，鲜活而生动地表达了对青春年华的珍视和对情感的尊重。

其二，拟人。拟人的修辞重在将事物人格化，将人的情感和行为赋予物，从而增加语言的生动性。英国19世纪杰出的浪漫主义诗人约翰·济慈有一首著名的诗歌《哦，孤独》，在这首诗歌中，孤独被人格化，就像与自己相伴的老友一般，成为自己生活的常客，诗歌表达了诗人对自然的热爱和对爱情的向往。理查德·阿尔丁顿的诗歌《傍晚》中，"月亮，一片破纱裹着她的腰，在烟囱丛中搔首弄姿"一句，用拟人将月亮的形态写得栩栩如生。

其三，反复。反复是指为了强调某事物或突出某些感情，有意重复使用某些词语或句子的修辞手法。这一修辞手法在外国诗歌中使用频率非常高，甚于排比的手法。排比是使用相似或相同的短语或者句子形成整齐的句式，中国的诗歌使用得更多。法国19世纪歌谣诗人贝朗瑞的诗歌《洛彩德》中五次出现句子"像从前爱洛彩德一样"，将诗人炽烈的情感表现得淋漓尽致。在他的《与丽治谈政治》中反复出现六次的"为了你臣民的幸福"突出了诗人关心国事，关怀民生的情怀。马丁·路德·金在《我有一个梦想》中反复吟唱的"终于自由啦！终于自由啦！感谢全能的上帝，我们终于自由啦！"歌咏了对自由的热切渴望。

此外，在外国诗歌中还有很多其他类型的修辞，比如夸张、设问、反问等，同学们在阅读时要善于从手法的含义、所营造的意境等角度进行分析，感知诗歌的内涵和情感。

## 第三节 主旨探析

对诗歌主旨的探析是鉴赏的落脚点。我们可以通过对比阅读、文本细读和知人论世的方法进行主旨的挖掘。

## 一、对比阅读

诗歌是文学长廊中的瑰宝,是文化发展的艺术体现,诗歌记载时代、历史和文明的演变过程,具有观风俗、察民情的价值。将中外诗歌进行对比阅读,是对跨民族、跨区域、跨语言的文化共性与差异考证研究的策略,有助于个体文化之间相互渗透与融合,从更长的时空历程来看,也是人类文明成果的共享。

中西方诗歌因为地域文化的差异和语言特质的不同,呈现出不同的外在形式。中国的诗歌,尤其是古典诗歌精练、优美、意境深邃,注重炼词造句,善用意境的营设进行诗歌的创作,诗画合一;西方的诗歌有各种流派熠熠生辉,热烈、奔放、朴实、真淳,诗歌歌咏力和美,歌咏个性与人文精神。对于中西方的诗歌而言,因为文化基底的不同,我们通过诗歌感受到的诗学逻辑自然不同,如此形态各异的诗歌体式、结构篇章、语言风格,能给我们带来别样的审美愉悦。所以,阅读诗歌时,可以将中西方诗歌进行对比阅读,琢磨共性,甄别差异,体味不同的文字形式之下的情感指向。

如何进行对比阅读?对比阅读的抓手有哪些呢?一般情况而言,主题、类型和手法是我们的主要切入点。

首先是主题。阅读外国诗歌时,找寻和诗歌相似主题的中国古典诗歌或者现当代诗歌是我们常用的方法。关于孤独这个主题,有英国诗人亚历山大·蒲柏的《孤独赞歌》、法国诗人阿尔封斯·德·拉马丁的《孤独》、莎拉·蒂斯黛尔的《孤独》等,我们可以结合关于孤独的中国诗歌进行对比阅读,比如有"60后"诗人施茂盛的《孤独》,或者古典诗歌中苏轼的《卜算子·黄州定慧院寓居作》、李白的《月下独酌四首(其一)》、纳兰性德的《长相思》等。当进行关于孤独主题的诗歌对比阅读时,我们能更深入体会诗人对于孤独这种情感的理解和独特表达。

其次是类型。根据诗歌的写作内容选择相似类型的诗歌进行对比阅读。比如阅读英国抒情诗人罗伯特·赫立克的诗歌《咏水仙》、约翰·济慈的《秋颂》、英国诗人威廉·布莱克的《啊,向阳花》等作品,我们可以结合中国诗歌中王冕的《墨梅》、郑燮的《竹石》、贺知章的《咏柳》等咏物诗进行对比阅读,感知诗人对所歌咏对象的描摹和抒发情志的方法。

最后是手法。中国诗歌和外国诗歌采用的修辞手法或者写作手法有很多交集,比如虚实相间、借景抒情、对比等手法,在中外诗歌中可以找到很多相似的例子。对二者进行品读和对比分析,有助于我们对外国诗歌的理解。

## 二、文本细读

探析外国诗歌的情感和主旨,除了对相似主题、相似表现手法和相同流派的诗歌进行对比阅读,紧扣所鉴赏的诗歌,从文本进行字斟句酌的解读,也是我们诗歌鉴赏的常规方法。本节将要阐述的就是以文本细读来捕捉文章主题和情感的方法。关于文本细读,孙绍振教授的观点是:"细读是指从文本的细微处着手,从文章语言、思维方式、创作风格、写作手法等维度中寻找线索,从而找寻分析文本的切入点。"[①]

从国外的研究来看,文本细读法是20世纪英美新批评学派创设的方法。这种方法建立在对文本语言的细致分析的基础之上,需要结合文章的作者、作品的年代、写作的意图等对具体文字进行品鉴,理解文字所承载的意蕴,感知文字所营造的意境。

阅读外国诗歌时,采用文本细读的方法要避免一些误区。其一,不能只将重点落在诗歌的文字本身,而忽略了诗歌的特性,比如韵律、音节和节奏等;其二,避免将眼光落于具体的细节,而忘却了从整体观照文字,以致只见树木不见森林,有失偏颇。其三,避免对于文字的片面化理解,缺乏多元的思维。诗歌中的文字本身不是一个尺度固定的空间,我们要善于结合自己的阅读积累和经历,延伸作者的文字,搭设诗人、文本和读者之间的桥梁,从而深化对文本的理解和体悟。

在对诗歌进行文本细读时,将作品还原是我们阅读的又一条路径,或者广而言之,回归作品的时代本身属于文本细读的一个不可或缺的步骤。我们读作品时,不仅仅是从单一的文字层面,作品是以文字为载体的,诗人情感、思想与写作意图相交融的一个有机整体,在鉴赏时,需要从文字向作品的更深处漫溯,这才是文本细读的旨归。

## 三、知人论世

文学现象是以文学作品为核心元素的文字创作活动,其中,诗人这个创作主体与读者这个鉴赏主体在作品的层面相互依存又独立,通过作品,读者对自己已有的

---

[①] 孙绍振.孙绍振如是解读文学作品[M].福州:福建教育出版社,2007:12.

阅读体验进行更新和整合,形成动态的感知。当读者的个人际遇、心境和生活背景与诗人相叠合时,会产生共鸣。每一首诗歌都不是单一的存在,都常常会伴随相应的时代渊源,是时代风俗人情与社会思潮的外化。阅读外国诗歌时,我们需要去了解作品的创作背景、现实背景和文化背景,对作品进行深度的还原,这样鉴赏才不止于语言文字层面。

知人论世一直是学习中国诗歌时采用的方法,但同样适用于外国诗歌的学习。在阅读时,我们从诗人的角度出发,对诗人的出身背景、成长经历、个性气质和创作风格进行梳理,这是理解诗歌的一条路径。这些富有诗人个人特征的内容会不同程度地折射在他的作品中,直接或者间接地影响作品的抒情方式与内容主旨,这也是我们理解诗人和作品的突破口。比如阅读高尔基的《海燕》,狂风、暴雨、海燕、雷电等多种意象的运用,使文字奔涌着激情和鼓舞人心的力量,它激起读者内心的热望,唤醒读者战斗的意识。但阅读还需要进一步深入。高尔基是无产阶级革命导师,现实主义文学的奠基人,暴风雨象征着反动势力的浪潮,而狂风、雷电则是垂死挣扎的旧势力,黑暗与光明的对抗,善与恶的对决,在作品中生动呈现。可见,对诗人的理解是深化阅读的关键,能帮助我们进一步理解作品。

此外,阅读外国诗歌,关注作品的社会背景,即"论世"同样重要。诗歌的社会环境和文化历史背景是作品的底色。古希腊、古罗马时期,诗歌从属于哲学的理性,也受制于神学思想。这一点在漫长的中世纪更为明显,诗歌被罩上神学的外衣,成为统治者说教的工具,但同时,诗歌也在为摆脱宗教的桎梏而蓄势。浪漫主义时期的诗歌崇尚自由,回归自然,关注人的真实情感和内心诉求,绽放着强烈的人文色彩。华兹华斯、柯勒律治、雪莱和拜伦的作品很好地反映了那个时代的特征。在西方漫长的发展历史中,不同时代的思潮反映在文学作品中,折射在文字里,体现在表现手法中。诗歌也记录了艺术作品与哲学、宗教斗争,冲破桎梏的历程,记录了人们追求思想的解放、恪守信仰自由的历程。阅读诗歌,也是在阅读一个国家的文化与历史,溯源社会发展的脉络,这对于我们多元的文化意识建构是具有潜移默化的作用的。

# 第九章　开启外国诗歌之旅

在部编教材("五四"学制)中,外国诗歌的选文共5篇。七年级上有1篇,为20世纪印度诗人泰戈尔的《金色花》;七年级下有2篇,分别为19世纪俄国诗人普希金的《假如生活欺骗了你》和20世纪美国诗人罗伯特·弗罗斯特的《未选择的路》;九年级下有2篇,分别为20世纪智利诗人聂鲁达的《统一》和高尔基的《海燕》。诗歌是各民族的优秀文化财富,在不同的国度和历史时期,诗歌具有不同的表现形式。通过对不同时期和国家诗歌的品读,借助文学的载体,我们将会更了解不同民族文化的内涵和外延。本章诗歌以时期为分类标准,从远古时期、古希腊古罗马时期、文艺复兴时期、古典主义时期、浪漫主义时期到象征主义和超现实主义时期,选取了重要流派的典型诗歌作品,同时甄选了20世纪诺贝尔文学奖得主的代表作品,带领同学们感知外国诗歌的魅力。同学们阅读时,可结合诗歌的历史背景,也可以通过与自己相对熟悉的中国诗歌进行对比阅读,体会诗歌的情感。

## 第一节　远古时期

远古时期是文明的发源时期,在时间上是公元前40世纪到公元前5世纪左右,当时的生产力极为低下,诗歌这种文学作品形式表现出鲜明的集体性,能非常鲜活地展现人们的生活和思想。本节选择的几首诗歌语言质朴,形式丰富,有表现劳动的歌谣,也有对母亲河的赞美,以及对神灵和英雄的描摹。

### 一、来自底层的呐喊——《搬谷人的歌谣》

中华民族是一个农耕民族,古代有"重农桑,务耕田"的传统,大量文学作品描绘耕种的趣味。比如陶渊明的"种豆南山下,草盛豆苗稀",范成大的"童孙未解供耕织,也傍桑阴学种瓜",杨万里的"笠是兜鍪蓑是甲,雨从头上湿到胛"等。自得其乐的田园生活环境成为文人士大夫困倦心灵的栖息之所。除此之外,还有一类诗歌值得我们注意,即通过对劳作场面的描摹,表达对统治者残酷压迫的批判和对劳动人民的同情。比如《魏风·伐檀》中"不稼不穑,胡取禾三百廛兮""不稼不穑,胡取禾三百亿兮?",质问尸位素餐的统治者盘剥压榨劳动人民,坐享其成的现象。本节我们将要欣赏到一首古埃及劳动歌谣,和《魏风·伐檀》具有异曲同工之妙。

### 搬谷人的歌谣

(戈宝权 译)

难道我们应该整天
搬运大麦和小麦吗?
仓库已经装得满满,
一把把谷子流出了边沿;
大船上也已经装得满满,
谷子也都滚到了外面,
但还是逼着我们搬运,
好像我们的心是用青铜铸成!

  诗歌开篇运用反问句,语气强烈。可以想象,一直任劳任怨、地位卑微的奴隶何以会如此对统治者发出诘问,一定是因为长期以来的压迫成为燃烧的怒火,激起了他们反抗的意识。"难道""整天"体现了强烈的语气,将奴隶心中的不平宣泄出来。下一句诗人交代了奴隶质问统治阶层的缘由。"流出了边沿""满满""滚到了外面"这几组词语形象地刻画了奴隶主贪婪的形象。奴隶终年辛苦地劳作,让主人五谷丰登,粮食满仓到溢出,但奴隶主却无休无止地压榨农民,驱使他们不停地干活,且没有给予足够的物质回馈以确保他们正常的生活,这样的行为必然会招致劳动者的不满,长期积压的矛盾必然会在某一时间爆发。

  诗歌的最后一句,奴隶以"青铜"比喻自己的心,但前文加了"好像",这是对奴隶主的进一步讽刺。愚蠢而冷漠的统治者以为处于底层劳动者会一直逆来顺受,以为他们的愚民政策会扼杀奴隶的自觉意识,以为他们会甘于这种悲屈的命运。其实,他们想错了,这句感叹句正强烈地表达了奴隶的不满,隐约地表达了他们意欲反抗的想法。

  这首诗歌起句厉声质问,末句用感叹号收束,戛然而止,突兀与肃穆共存,形成艺术张力。

## 二、巧笑倩兮，美目盼兮——《爱情对唱》

本节我们将要赏析古埃及新王国时期的一首爱情诗——《爱情对唱》。新王国时期指公元前1553—公元前1085年，也就是第18王朝至第20王朝时期，这个时期古埃及穷兵黩武，通过战争来扩大疆域领土，所以这一时期又被称为埃及帝国时期。随着频繁的征战，祭司和贵族的势力越来越大，王权逐渐衰落，最终"海上民族"的入侵导致新王国在第19王朝末期的奴隶起义中被摧毁。在这个相对动荡的时期，诗歌的走向也发生了变化，出现了大量爱情诗，表达青年人的情感。这类诗歌与宗教诗歌在表现方式上明显不同，形式比较自由，情感很热烈，语言大胆而活泼，写作手法多样，常常采用比喻、拟人等修辞进行描述。这首《爱情对唱》表达了男女平等而诚挚的爱情理想。

### 爱情对唱（节选）
（佚　名译）

她，一个没有伙伴的妹妹，
她比所有的人都妩媚。
看啊，她像是星之女神升起，
从那幸福年份的开始。
她用来凝视的眼睛多么秀丽，
她用来说话的嘴唇多么甜蜜。
她在地上走着，步履轻盈，
她拥抱我时停房了我的心。

上述文字是《爱情对唱》的节选，通过片段性的文字，我们已然能体会诗歌中爱情的炽烈和美好。诗歌第二句运用对比手法凸显了心仪女子的风姿绰约和与众不同的美丽。接着诗人着意刻画了"她"的"妩媚"：凝视的眼睛秀丽、说话的唇甜蜜、走路的步伐轻盈曼妙，对女子肖像动作的描摹瞬间将一位秋波微转、丹唇轻启和轻盈飘逸的美丽女子展现在眼前。这里可以看出，对人物的刻画，尤其是对女子的刻画，采用最点睛的角度进行描绘可以让文字非常灵动。在中国的古典诗歌中，也有大量爱情诗描写女子的美。比如《诗经·卫风·硕人》中的"手如柔荑，肤如凝脂，领如蝤蛴,齿如瓠犀,螓首蛾眉,巧笑倩兮,美目盼兮",描绘了齐侯的女儿硕人妙绝千古的美,她的手像春荑一样柔嫩娇美,皮肤如凝脂白润通透,脖子像蝤蛴一样修长嫩白,牙齿若瓠子齐整优美,额角丰满,柳眉细长,嫣然一笑动人心,秋波一转摄人魂,这样一位女子如何不叫人心旌荡漾!这首诗歌中对女子的描绘,不像对硕人的描绘那样直接,而是运用一种陈述的方式来表达,但这种白描式的刻画,给读者留下了丰富的想象空间。

文字是一种具有魔力的符号,无论简还是繁,无论是工笔细描还是简笔勾勒,都各有风韵,文字中蕴蓄的趣味着实耐人琢磨。

### 三、民族的精神图腾——《尼罗河颂》

同学们知道,黄河是中国的母亲河,在世界版图中,有很多民族和中华民族一样,也是在河流母亲的呵护下生长,埃及就是其中之一。对于古埃及人而言,尼罗河是他们的生命之源。尼罗河在岁岁年年的涨潮和落潮的循环之中,或以汹涌的笔触,或以静态的描绘书写着古埃及的文明。于是,尼罗河成为了古埃及文明的精神图腾。下面,我们一起阅读古埃及的诗歌——《尼罗河颂》,这是从墓志铭文和纸莎草文献中摘录出来的有关尼罗河的颂诗。

#### 尼罗河颂(节选)
(孙 用 译)

万岁,尼罗河!
你来到这片大地,
平安地到来,给埃及以生命。
啊,隐秘之神,你已将黑夜引导到白昼,
我们庆祝你,给我们指引。
你种植了拉神开垦的花园,
给一切行走者以生命;
永不停息地浇灌着大地
沿着你从天国下降的旅程。
食品的珍爱者,赐予谷物的人,
普塔神啊,你给每个家带来了光明!

> ……
> 众神也赞美他,正如人间在称道。
> 可怕者也对你满有敬畏,
> 他的儿子已主宰了一切,
> 教导埃及的国土。
> 照耀,照耀!尼罗河,你照耀!
> 用他的牛群哺育着生命,
> 用他的牧场哺育着公牛。
> 照耀着,尼罗河,你的光荣!

上面摘录的是《尼罗河颂》的首尾两段,很具有代表性。首段第一句"万岁"一词表达了对尼罗河最崇高的敬意,这是一个民族的集体意识,这种热情而喷薄的表达方式凸显了这条河对于古埃及民族的意义,以至于世世代代的古埃及人民都会歌颂她,祝福她,希望这条河流永远不会枯竭,永远不会消失,具有永久的魂灵。接着,诗歌感恩尼罗河给予古埃及的行走者以生命,这具有魔力的如神灵般的河流,浇灌大地、开垦花园、赐予谷物、驱逐黑暗,她在古埃及人民的心中,必将永存。

我们已然从第一段中体会到诗歌情感的炽烈,诗歌的最后一段更是采用直抒胸臆的手法,抒发了不可遏制的热情。最后一段有一个巧妙的细节,就是说到"可怕者"对尼罗河的敬畏,这从反面体现了这条河流的威严,她具有正义的力量,连其他神也赞美她。"照耀"一词反复使用四次,语气强烈,凸显了尼罗河的万丈光芒。

这首诗歌雄浑豪迈,真实地表达了古埃及人民对母亲河的深情厚谊,在诗歌史上具有不可磨灭的艺术魅力。

## 四、智慧与明辨的远古歌谣——《吠陀本集》

吠陀文学是公元前15世纪至前5世纪的古印度文学。"吠陀"意为"明"或者"知识","吠陀本集"是指知识的总集。这本集子中的诗歌是印度祭司用以祭祀的。

《吠陀本集》是吠陀文学中最古老、最核心的存在,共有四部。《梨俱吠陀》是四部的根基。"梨俱"的意思为"诗节",这是一部赞颂吠陀的诗集,成书最早,共有诗歌1 208首,主要是赞颂神灵的诗歌,还有一些抒情诗和咒语诗,其中也有二三十首反映古代印度人民生活的作品。《娑摩吠陀》指祭祀用的歌曲,将《梨俱吠陀》中的诗歌编选排列,并配上曲子进行演唱,就组成了《娑摩吠陀》中的歌曲。《夜柔吠陀》

记载了祭祀仪式的规则,包括颂歌、祷辞等经文的规定,其实"夜柔"的意思就是"祭祀"。第四部《阿达婆吠陀》成书时间相对晚一些,集名意为"禳灾吠陀",这部集子大部分都是咒语。四部吠陀构成了描绘古代印度人民生活的巨幅画卷,成为印度的圣典。中国现代作家许地山精通佛旨,曾把这四部《吠陀》分别意译为《赞诵明论》《歌咏明论》《祭祀明论》和《禳灾明论》,我们通过译名就能知晓四部集子的主要内容。吠陀的构词方法多样,语言丰富,极具表现力。吠陀长期发展成为古典梵语,也就是古印度的"雅语",是古代印度全国通用的文化语言。这种语言的一个重要特征就是注重韵味,具有感染力,是世界文学中的瑰宝。

四部集子中成就最高的是《梨俱吠陀》和《阿达婆吠陀》。前者包含了大量的颂诗,歌颂神灵的丰功伟绩,歌颂大自然的神奇威力,语言热烈奔放。除了颂诗,也有一些表现情感和生活的歌谣。《阿达婆吠陀》共有诗歌731首,其中一些诗歌已经被《梨俱吠陀》收录,有短诗、长诗和一些散文,主要内容是巫师祭祀时的咒语,用以祈福或者诅咒。请同学们欣赏其中一首关于咳嗽的诗歌。

### 治咳嗽

(金克木 译)

像心中的愿望,
迅速飞向远方,
咳嗽啊,远远飞去吧,
随着心愿的飞翔。

像磨尖了的箭,
迅速飞向远方,
咳嗽啊!远远飞去吧,
在这广阔的海面上。

像太阳的光芒,
迅速飞向远方,
咳嗽啊!远远飞去吧,
跟着大海的波浪。

吟读这首诗歌,同学们会发现,原来远古的歌谣也能如此明白易懂。这首诗歌是治病驱邪的一首作品。诗歌中运用了比喻手法,将咳嗽比作心中愿望、磨尖了的箭和太阳的光芒,希望它们能消失和飞走,希望人们能远离咳嗽的痛苦。在那个生产力水平低下的蛮荒时代,人身上的病痛被认为是鬼神作梗,人们治疗的方法就是通过仪式来驱逐病魔,诗歌表现的就是这样一个主题,通过祈愿,表达祝福。从语言风格上,可以看到上古人民朴素的情调和清新的语言风格,读来颇有民歌的意味。

## 五、浪漫主义的英雄史诗——《吉尔伽美什》

《吉尔伽美什》是目前世界上现存最早的史诗。史诗是叙述英雄或者重大历史事件的叙事长诗,是一种庄严的文学体裁,内容可以包括历史事件、宗教或者传说。《吉尔伽美什》最早在苏美尔人中口口相传,在两河流域广泛传播。公元前18世纪古巴比伦王国时期,这个故事的情节被改编和定型,刻在十二块泥板上。当时流传着多个泥板上的独立情节和人们统一的整体情节。公元6世纪,完整的统一版本被载入史册。但即使是完整版本,内容也遗失了近1/3。

这部史诗故事发生在苏美尔时代最早的著名城邦乌鲁克城,讲述了乌鲁克国王吉尔伽美什的英雄故事。吉尔伽美什是宁森女神和乌鲁克老王的儿子,他英勇、聪颖又无恶不作,是一个残暴的统治者。在乌鲁克臣民的请愿下,神创造了半人半兽的恩基杜去挫其傲气。恩基杜在女祭司的点化下去除兽性变成智人。他与吉尔伽美什相遇、交战,势均力敌,后来成为朋友。在黎巴嫩的雪松林,在天神的帮助下,他们一同杀死邪恶的巨人。后来吉尔伽美什因为拒绝女神伊什塔尔的爱意,遭到天牛的攻击,两位好朋友又一次联手铲除天牛。杀死天牛的人中有一人要死去,于是恩基杜病死。吉尔伽美什怀着悲痛和对死亡的恐惧去拜访大洪水的幸存者乌塔纳庇什廷以求得凡人的长生之道,从他那里获得一株保持青春和强壮的魔草,并且理解了生命的意义。

史诗生动地反映了两河流域原始公社制向奴隶制过渡时期的历史面貌。英雄人物的经历反映广袤的社会生活,也展现了两河流域居民的思想和斗争历程。这部作品反映了当时社会的等级制度和阶级关系。虽然奴隶制萌芽,但军事民主制依然是一大特征。一些氏族部落的酋长逐渐成为军事民主制的领袖,作为早期的国王,他们依仗英武勇猛,常常在城邦中独断专行,为所欲为,甚至采用一些残暴的方式统治百姓,所以当时的阶级矛盾是比较尖锐的。这部作品正还原了当时的这

种社会现象。

吉尔伽美什这位古代英雄成为史诗中最耀眼的角色,他拥有美貌、力量、正义、勇敢、忠诚等优秀品质。人们的美好情感与愿望寄托在他的身上,表达了当世对建功立业的英雄主义观念的崇尚,也体现了古代巴比伦人对自然、生命的探究以及朴素的思想意识。吉尔伽美什这个形象之所以有感人的魅力,是因为这个人物前后的对比中所展现的思想成长史。早期的他暴虐,残害百姓。但拥有恩基杜的友情和共同除恶的经历后,这位英雄变得积极向善。同时他还敢于违抗神灵的意识,自己主宰生命,体现了唯物主义与唯心主义的抗争。这位不畏神权、敢于挑战艰难险阻的浪漫主义英雄成为永恒的经典,这对于每一个时代敢于冲破邪恶,崇尚光明的人们是一束永不熄灭的光。

## 第二节 古希腊、古罗马时期

古希腊和古罗马时期是人类历史上值得铭记的时期。这一时期随着领土的扩张和王权的加强,社会的政治经济逐渐发展,文化生活开始变得多彩。人们膜拜和歌颂那些推动历史和社会进步的英雄,留下了不少优秀的史诗作品。

### 一、英雄的悲壮史诗——荷马《伊利亚特》

《伊利亚特》是一部描写希腊人远征特洛伊城的史诗,是古希腊文学的经典之作,作者相传为盲人诗人荷马。这部史诗借助对特洛伊战争的描写,歌咏了英勇善战、正义凛然、追求真理的英雄群像。

《伊利亚特》共有15 693行,分为24卷,描写的内容主要是特洛伊战争的第十年中51天内发生的故事。史诗以阿喀琉斯的愤怒开篇,叙写了战争中一系列英雄,讴歌了他们在战争中所建立的丰功伟绩,赞颂了集体主义和英雄主义。史诗中的故事情节波澜起伏,引人入胜。希腊统帅阿伽门农和将领阿喀琉斯因为一个女俘而起纷争,阿喀琉斯愤怒退出战场。因为他的退出,希腊联军节节败退。在这种危机四伏的情况下,他的好友帕特罗克洛斯穿上了他的盔甲上阵,挽救了希腊军队,但被特洛伊统帅赫克托耳杀死。阿喀琉斯为了给朋友复仇而重返战场,杀死了赫克托耳。赫克托耳的父亲,就是特洛伊的老国王,找到了阿喀琉斯,希望他归还儿子的尸体。最终阿喀琉斯被打动，将赫克托耳的尸体归还给老国王。《伊利亚特》这部史诗就在赫克托耳的葬礼中结束。

这部作品中的人物形象是整部史诗的灵魂。故事的核心人物阿喀琉斯的形象耐人寻味。阿喀琉斯骁勇善战、性格刚直。敌人会因为他在战场上而闻风丧胆，他是整个希腊联军的精神领袖，他的个人意志具有不可超越性，他是人们捍卫尊严的引路人。他忠于友情，当好友因为他而丧命，他悲痛欲绝，愤怒到要疯狂的地步，将赫克托耳的尸体拴在战车上绕城三圈，这里也显现出他个性中暴躁凶狠的一面。但是为了朋友和道义，他去战场复仇时那种毅然决然、不顾个人安危、视死如归的态度也是令人崇敬的。诗人塑造这个英雄人物，并没有一味地褒扬他的正面形象，而是将这位英雄性格的各个侧面都表现出来了。他骄矜傲慢、不顾大局的性格弱点也展现得淋漓尽致。除了阿喀琉斯，赫克托耳的英勇无畏，帕特罗克洛斯对友情的忠诚等形象如画卷一般在诗人的笔下展开。

这部作品反映了原始氏族社会向奴隶制社会过渡时期，人们在物质资源分配上的争夺与矛盾，战争具有必然性。而战争中反映出来人物对个体生命价值的探索，对历史使命的担当，对和平幸福的向往等价值观等，使作品有多层次。而且，当阅读欣赏这部产生于中古时期，包含着古希腊朴素人本主义的作品时，我们应该将故事放置在生产力低下，思想意识落后，精神蛮荒的社会背景中去看待作品和理解人物的行为方式，包括其中所包含的对人与神关系的解析，都需要我们用更全面的思维去接纳和解读，并且进行更深入的思考。

请同学们欣赏一首选自《伊利亚特》的诗歌。

### 世代如落叶

（水建馥 译）

豪迈的狄俄墨得斯，你何必问我的家世？
正如树叶荣枯，人类的世代也如此。
秋风将枯叶撒落一地，春天来到，
林中又会滋发许多新的绿叶。
人类也如是，一代出生一代凋谢。

这首诗用树叶的枯叶来比喻生与死，表现出诗人对亲人的不舍和眷恋，也表现诗人对生命流逝的无奈。情感真切动人，但又含蓄蕴藉，哀而不伤，恰如其分。

## 二、一场引人入胜的奇幻之旅——荷马《奥德赛》

读过荷马的史诗《伊利亚特》，本节我们一起欣赏他的另一部巨著《奥德赛》。《伊利亚特》是一曲英雄主义的悲歌，在艰苦卓绝的战争背景下，渲染英雄人物浓墨重彩的丰功伟绩和不可逃离的宿命，风格豪迈而悲壮。而《奥德赛》的风格却更为柔和蕴藉，所以有研究者对两部作品是否都出自荷马之手持有怀疑态度。但就一些主流的评判而言，还是支持两部作品的作者都是盲人诗人荷马。

再来看看叙事框架。读过《伊利亚特》的同学可能会觉得故事中人物比较多，人物关系比较复杂，再加上变换的场景和起伏的情节，在阅读时会稍有些难度。但是，《奥德赛》情节主线比较集中，易于阅读。这部作品采用了双线叙事的方法。主线是主人公奥德修斯排除万难返乡与家人团聚，副线是奥德修斯的儿子在雅典娜的指引下出海寻找父亲。两条叙事线索中增加了神灵、奥德修斯的同伴和各种奇特境遇中的人物，让整个故事情节丰满，趣味盎然。

这部作品的故事富有想象力，情节险象环生，离奇怪诞，神秘多彩，成为后世很多冒险文学的范本。这部史诗的情节的起点是特洛伊之战结束后，奥德修斯带领他的伙伴们返航，历尽千辛万苦和家人团聚。中间的奇遇环环相扣，不胜枚举。比如他们漂泊九天九夜后到了一个海岸，海岸上的居民热情款待，给大家吃一种神秘的忘忧草，吃过这种土特产的伙伴忘记了自己的家乡，想要留在岛上生活，后来奥德修斯及时发现，将他们绑到船上带走。再如，他们飘到独眼巨人吕斐摩斯的岛上，巨人是一个吃人的怪兽，吃掉了奥德修斯的同伴。勇敢的奥德修斯把一棵橄榄树砍倒，并将树干削尖藏起来当做武器，等巨人放羊回来后，他先用美酒把他灌醉，用火把树干烧着，趁着巨人睡熟后，狠狠地刺进了巨人的眼睛里，后来他让伙伴们藏在羊的肚子下面，带着同伴逃出了山洞。这段描写将奥德修斯的智慧与英勇描绘得淋漓尽致。再如，奥德修斯的伙伴们贪图利益，偷偷打开风神的牛皮口袋，导致他们遭遇狂风回到风神的岛上。

《奥德赛》通过主要人物的冒险经历，塑造了一位英勇智慧又狡黠的主角，这个半人半神的人物身上具有神的超拔和人的本性特质，这位特洛伊战争胜利战术——木马计的提出者，面对各种危险都能巧妙地化险为夷，令人叹服。同时，这部作品借助人物对话表达了当时古希腊人的生死观。比如：

（王焕生 译）

> 奥德修斯说："阿基琉斯，过去未来无人比你更幸运，
> 你生时我们阿尔戈斯人敬你如神明，
> 现在你在这里又威武地统治着众亡灵，
> 阿基琉斯啊，你纵然辞世也不应该伤心。"
> 阿基琉斯却这样回答："光辉的奥德修斯，请不要安慰我亡故。
> 我宁愿为他人耕种田地，被雇受役使，
> 纵然他无祖传地产，家财微薄度日难，
> 也不想统治即使所有故去者的亡灵。"

这段对话表现出古希腊人对生命的思考，古希腊人不太考虑来生和转世的问题，他们希望永远留在人间，哪怕是当个奴隶。这在当时那个生产力水平低下、神学意识泛滥的时代，是很有意义的。

### 三、古罗马民族的壮丽神话——普布留斯·维吉留斯·马罗《埃涅阿斯记》

古希腊、古罗马时期是盛产史诗的时代，这是和政治经济相关的文化表征。从史诗的人物设定而言，常常以某个英雄为核心，在丰富的情节中体现当时的军事、民族、宗教和社会生活，核心人物常常还具有半人半神的特征。作品以广袤的地理环境和国家背景作为依托，表现这些人物英勇而艰苦卓绝的斗争。而且，史诗的故事情节都起伏跌宕，故事的叙述方式常常是结合历史、神话、传说等民间文学，整体表现出强烈的浪漫主义和英雄主义。

前面笔者介绍了古希腊盲人诗人荷马的《伊利亚特》和《奥德赛》，请同学们在本节欣赏一部新的史诗《埃涅阿斯纪》，又译作《伊尼德》。这是一部在情节上模仿荷马两部巨著的作品。《埃涅阿斯纪》讲述的是特洛伊英雄埃涅阿斯漂流到意大利，建立古罗马城邦的故事。这部史诗借助历史和文学两个视角，取材于民间传说，通过艺术化的文学创编方式，歌咏古罗马人建都立朝的光辉历程，凸显了古罗马精神中的勇毅、执着，充满正义力量和热爱国家、民族的崇高精神，是镌刻在古罗马人民心中的一部精神史与奋斗史。

这部史诗的成书过程也是很耐人寻味的。作者是普布留斯·维吉留斯·马罗，也就是维吉尔。他早在创作《牧歌》时就打算写作史诗，大约在公元前30年，他

着手创作。创作的方式是采用散文拟提纲,分卷书写,并把一些篇章改成诗歌。诗人全身心地投入作品的创作和修改中。一边写作新的内容,一边结合实地考察,对书中的内容进行替换和修正。不幸的是,书稿尚未面世,诗人罹患热病,在公元前19年9月去世。去世之前,维吉尔曾经立下遗嘱,请朋友焚烧书稿。不过维吉尔的朋友遵照屋大维之命编辑整理了《埃涅阿斯纪》,并公之于世,我们才能有机会目睹这一史诗的光彩。

　　《埃涅阿斯纪》分为十二卷,共9 896行诗句,前后可以四卷为一组分为三个部分。第一部分重点写古希腊人用木马计攻破特洛伊,城邦陷落,运用倒叙的手法写埃涅阿斯从特洛伊陷落到抵达迦太基的经过。第四卷主要内容是迦太基女王狄多与埃涅阿斯相爱却不能相守,狄多在悲恨之中饮刃自焚而亡的爱情悲剧。第五卷到第八卷重点叙述埃涅阿斯到达意大利,与之结盟,准备战争,这部分内容是史诗的过渡段落。在第七卷中,埃涅阿斯与图尔努斯因为拉提努斯王女儿的婚姻而产生矛盾冲突,点燃了战争的火焰,全卷以列举图尔努斯一方的意大利诸将领阵容结束。最后一个部分以战争为主要内容,叙述了英雄建造国家的过程,缅怀古罗马的光荣岁月和先民建都立邦的丰功伟绩。

(杨周翰 译)

只要江河继续流入大海,
只要云影继续掠过山谷,
只要苍天还滋养着群星,
不论我被召唤到什么国土上去,
你的荣耀、令名和赞美,
都将永世长存。

　　这部作品的核心人物的塑造很立体,也很精彩。埃涅阿斯是诗人心目中的理想君主形象的化身。和中古时期的其他史诗中的英雄人物一样,他本身有弱点,他也有个性的延宕,疑虑重重,个性中有不可忽视的暴虐。但是这个人物身上有太多闪耀的个性。他英勇坚强、有责任感、爱憎分明、目光远大,是一位理想化的君王,是民族的希望。而且,虽然这部作品模仿了《伊利亚特》和《奥德赛》,但是作品中塑造的人物更为理想化,他沉稳、仁爱,以崇高的使命为己任,为了国家而奉献和艰苦奋斗。

　　《埃涅阿斯纪》是"文人史诗"的开端,对后世欧洲史诗体裁产生了很大影响。

维吉尔可以算是欧洲第一个"现代"诗人,他的笔为古罗马民族保存了一部光荣的神话史。

### 四、划过穹苍的祈福——萨福《美神颂》

萨福,古希腊著名的女诗人,生活在约公元前 630—公元前 560 年。这位富有才情的女诗人写作类型丰富,她创作了大量的情诗、婚歌、颂诗和铭辞等。诗人从小受到父亲的熏陶,父亲带她诵读过大量诗歌,在父亲的影响下,萨福开始创作。但是她后来的生活并不如意,到了青年时期,她离开故乡,据说是因为政治斗争。背井离乡的生活在萨福的人生轨迹中留下印记,让她对于个体命运的喟叹更加深沉。所以,在她的作品中,无论哪一类型的作品,我们都能感知到诗人对人生和生命的哲思、对内心情感的珍视。她的作品无矫饰,真实而热烈地反映自我和外在世界。

下面我们一起来欣赏诗人的一首著名的诗歌——《美神颂》。

#### 美神颂
(刘连青 译)

辉煌宝座上的女王,天神阿芙洛狄忒,
宙斯的女儿,美的女神,我恳求你,
不要让困苦和沮丧来折磨我的心灵,饶我一死吧,女神。
来吧,充满同情,来吧,我祈求你;
来吧,我在痛苦呻吟;曾记得从前,
你一听见它,便离开你父亲天国,
走出那金色宫殿。
你驾着漂亮的马车,鸽群伴你飞翔,
它们振动神奇的翅膀簇拥着你;
那扑打的黑色羽翅,划过穹苍;
一瞬间你自蓝天降临大地。
啊,你,一位天上的尊神,
从嘴唇和眉眼间,绽开明朗的笑颜;
你问我所苦为何,因为我的祷告,

把你唤来人间。
是甚么使得我的心如此这般着了魔,
你微笑着问我,并对我说:"我的萨福,
是谁亏待你,又是谁拒绝你的爱,
使你空自哀苦?
"不管他是谁,远走高飞也会回来,
他拒绝馈赠,会给你带来更多礼品,
他眼下无情义,会爱得你如痴如狂,
唉,可是呵只怕你不肯。"
像从前一样,请你再来吧,女神,
解除我的忧愁,满足我的要求:
答应我的祷告,现在像从前一样,
你总是我的保护人和朋友。

从标题看,这是一首赞颂爱与美之女神的作品,诗人在诗歌中对阿芙洛狄忒这位宙斯的女儿进行了热烈的歌颂,同学们可先找一下诗歌中描写她的句子。诗歌开头点明爱神的身份,她是宙斯的女儿,她走出天国的姿态是那样美:驾着漂亮的马车,身边萦绕着鸽群,被神奇的黑色羽翅簇拥着,划过苍穹而降临大地。除了对出场情景的描绘,诗人还着意刻画了爱神的肖像,嘴唇和眉宇之间所绽开的笑颜,这一句对阿芙洛狄忒的刻画,将神的亲和力展现出来。

这首诗歌对神灵的歌颂只是一个侧面,诗人借神表达自己的忧苦,希望神能来拯救自己才是作品的关键。诗人在诗歌中热切地呼唤神灵的救赎。通过爱神的回应,我们能体会到诗人的苦痛源自情感。这种无法自拔的孤独和爱人远离的悲戚,让诗人内心被炽烈地灼烧。的确,她需要神灵的慰藉。

## 五、日神的桂冠加冕——昆图斯·贺拉斯·弗拉库斯《纪念碑》

昆图斯·贺拉斯·弗拉库斯是古罗马的诗人和批评家,出生于公元前65年,卒于公元前8年,在57年的人生中,他将古罗马的抒情诗歌创作推向顶峰,也因此在当世和后代的西欧文学史上享有盛名。贺拉斯创作的《纪念碑》,是后世欧洲许多诗人竞相模仿的佳作。请大家一起来阅读这首经典之作。

## 纪念碑

(飞白译)

我建成一座纪念碑,比青铜耐久,
比帝王的金字塔更崇高巍峨。
贪婪的雨、粗野的北风都不能
把它摧毁,时间的飞流、无穷的
岁月的纪年对它也无可奈何。
我不会完全死去,我的大部分
将避过死神:我的名声会发展,
新的荣光与日俱增。只要大祭司
和守圣火的贞女还登神庙山,
出身低微的我将永受颂赞,在这
奥菲都斯涛声轰响,而道努斯
统治过农民的干旱的国土上,
人们将传颂我首先把埃奥利亚
韵律引入了意大利诗篇。这是你——
墨尔波墨涅的殊荣,请高兴地
在我鬈发上戴上日神的桂冠。

  读罢这首诗歌,同学们体会到的诗歌风格是什么呢?你有没有感觉到一种诗意的教谕在字里行间流淌?这种教谕圣洁,但不会让人感觉到疏离、遥远,这种教谕神秘,却又温情、隽永。这种风格和贺拉斯早期创作有关,他早期写作讽刺诗和性质与讽刺诗相近的长短句,所以,贺拉斯在抒情诗中融合、延续并发展了这种讽喻诗歌的风格,在语言更趋于淡泊的基础上,留存着敬畏、澄澈与宁静。

  诗歌开篇运用对比手法将纪念碑的线条勾勒出来:质地堪比青铜,伟岸崇高,超越帝王的金字塔,这是一种多么令人敬仰的建筑啊!诗人接着描绘:这座纪念碑可以抵抗贪婪的雨、粗野的风、飞流的时间和无穷的岁月。这几组词语出神入化地描摹了纪念碑坚不可摧的特质和无与伦比的神圣,将纪念碑放置于广袤的空间和绵长的时间里,经历岁月的洗练与见证。在王焕生的翻译版本中,这句的表达是"风雨的侵蚀,北风的肆虐,都不能把它摧毁,或是岁月的不尽轮回和光阴的不停息

的流逝",两种版本,各有自己独特的韵味。

同学们可能有疑惑,贺拉斯所说的纪念碑是为何而建?在这首诗歌中,诗人探讨了生命肉体的死亡与精神的消散问题,他认为自己不会完全死亡,自己虽然出生低微,但是却有永恒的、与日俱增的荣光,这种荣耀在古罗马战争中的古战场——奥菲都斯的涛声中轰响传递。读到诗歌的末尾,我们明白诗人所说的荣耀的本质:贺拉斯把埃奥利亚(古希腊的一个民族)韵律引入了意大利诗篇,广泛地吸收了古希腊抒情诗的各种格律,成功地运用了拉丁语进行诗歌创作,让古罗马的诗歌更为新颖,形成更为优美的格律。所以,诗人建这座纪念碑是比喻自己的创作过程。最后,诗人将这神圣的荣誉归功于缪斯女神之一的墨尔波墨涅,她是司诗歌的文艺女神,请女神为自己戴上日神(司音乐和艺术之神)的桂冠,这一非常浪漫而神圣的收束之笔,令人拍案叫绝。

## 第三节 中世纪时期

谈及中世纪,人们总会想到"黑暗",即"黑暗的中世纪"。中世纪早期的欧洲正经历社会的大动荡,天主教会是绝对权威,通过思想钳制人们,极力维护自己的统治,因此这个时期又称为圣经诗歌时期。本节笔者将为同学们介绍几位中世纪代表诗人的作品。

### 一、中世纪的拉丁抒情诗——《布兰之歌》

在中世纪诗歌的第一节,笔者带领同学们了解一部非常有名的诗歌集——《布兰之歌》。《布兰之歌》也称为《博伊伦之歌》,原是舞台作品《凯旋三部曲》中的第一部,是描写爱情的拉丁文歌曲。诗歌创作时间大约在 11—13 世纪之间,有宗教和世俗两类,其中有两百多首作者不详的诗歌经由巴伐利亚学者整理出版。根据诗歌的风格推测,这些作品出自神职人员、落魄文人和流浪学生之手,诗歌追逐自由,反对封建主义的枷锁,是中世纪傲然屹立的自由精神脊梁。

**布兰之歌**(节选)

(佚 名 译)

哦命运,

像月亮般
变化无常，
盈虚交替；
可恶的生活
把苦难
和幸福交织；
无论贫贱
与富贵
都如冰雪般融化消亡。
可怕而虚无的
命运之轮，
你无情地转动，
你恶毒凶残，
捣毁所有的幸福
和美好的企盼，
阴影笼罩
迷离莫辨
你也把我击倒；
灾难降临
我赤裸的背脊
被你无情地碾压。
命运摧残着
我的健康
与意志，
无情地打击
残暴地压迫，
使我终生受到奴役。
在此刻
切莫有一丝迟疑；
为那最无畏的勇士

也已被命运击垮，

让琴弦拨响，

一同与我悲歌泣号！

诗歌把命运比作月亮，月亮盈虚交替，变幻无常的特性就像命运一样让人不可捉摸。在命运面前，作为个体的人有太多无奈。但人需要面对的不仅仅是这些，还有生活。生活中既有甜蜜幸福，也有苦难、痛苦。命运会无情地摧残和捣毁人的幸福，会将黑暗的云层笼罩在我们的身上。那么，我们需要做什么？我们该如何反抗，唯有自由而独立的精神和不屈的意志可以拯救自我！诗人呼吁我们要做最无畏的战士，即使已经被命运击垮，也要响应琴弦拨响的悲壮的泣号。

《布兰之歌》中既有世俗欢乐的呈现，也具有史诗的恢宏气势，里面包含了大量对人生的反思和感叹。作品将真实的生活图景放在我们的面前，借助音乐的审美力量，启发人内心对美好、真诚、幸福的追求。在黑暗的中世纪，这像一缕刺破苍穹的阳光，那样璀璨夺目、意蕴深远。

## 二、"词采的长线穿着箴言的明珠"——萨迪《蔷薇园》

在波斯中古时期，有一位诗人名叫萨迪，他出生于传教士家庭。但很不幸，战火连连，他幼年丧父，一生都在辗转迁徙，颠沛流离。然而，正是这样一种艰辛的苦行僧生活，成就了他在文学史上的地位。他将自己30年云游的所见所闻、民间传说等融会在一起，创作了一本具有训谕性质的故事集——《蔷薇园》（又译作《真境花园》）。

《蔷薇园》是箴言故事集，从体例上看属于散韵文兼诗体，诗人运用散韵文记故事，并运用诗句抒发哲理，运用多种表达方式，集诗歌、散文、寓言等多种文体于一炉。这部作品传世数百年，被翻译为几十种文字，是文学史上的不朽名篇。"蔷薇园"这个标题具有寓意，诗人在创作缘由中提到，自然界的蔷薇花会凋零，但书本中的《蔷薇园》可以长久地被人们所欣赏。"它的绿叶不会被秋风的手夺去，它的新春的欢乐不会被时序的循环变为岁暮的残景"。萨迪这部作品最大的意义在于其中的教育意义，诗歌内容从帝王的领导智慧到僧侣的传经布道，从智者的品性修为到个人的处世哲学等，包含了萨迪的人生观、世界观还有生死观等，是一部具有精神修炼意义的佳作。萨迪的人生轨迹遍布了叙利亚、埃及、摩洛哥、埃塞俄比亚、印度、阿富汗和中国（新疆）等地，他的经历诠释了行万里路对作家创作的意义。

《蔷薇园》在世界享有盛誉,其崇高的精神境界鼓舞着世界人民。下面我们一起欣赏第一卷论述帝王言行的诗歌。

### 论帝王言行(节选)
(水建馥 译)

谁若想在困厄时得到援助,
就应在平日待人以宽。
否则你将失去你的奴隶,
尽管他平日戴着耳环。
你若想使外人倾心归附,
就应以恩礼使他心服。
暴君决不可以为王,
豺狼决不可以牧羊。
国王对人民任意榨取,
正是削弱国家的根基。
假如帝王欺压人民,
在危难中就会众叛亲离。
你若时时体念人民,
在战时才能无所畏惧。
因为君主如果英明有为,
全国人民便是军队。

  这段警示帝王言行的诗句,从帝王与臣民关系的视角提出诗人的观点,诗人指出,君王应遵循"仁政",对百姓以"恩礼",得民心才是治国之道,这在中古时代具有进步意义。为了说明这个道理,诗歌采用了生动的比喻和类比手法,将暴君比作豺狼,非常形象。这不禁让人想起老子《道德经》第十七章中所提到的治国策略。"太上,不知有之;其次,亲而誉之;其次,畏之;其次,侮之。"这里讲述的就是君王与百姓应该保持的关系状态,作为君王,不要过分干涉百姓,不要动用权力去役使百姓,而是崇尚"不知有之""亲而誉之"的境界。这首诗歌最后一句很有哲理,指出当君主英明有为,人民就是军队,当一个国家能达到"功成事遂,百姓皆谓我自然"的自治,那何愁治理不好呢?

## 三、慷慨从容的英雄悲歌——《罗兰之歌》

《罗兰之歌》是欧洲中世纪一部著名的史诗，全诗分为291节，有4 002行，采用罗曼语写成。关于罗兰的故事早有流传，已经在游吟诗人口中传唱了一百多年，直到11世纪才出现手抄本。目前也有多个国家的多种版本，但处于主流、被评论家所认可的是牛津本。这部史诗的成诗时间不详，作者也没有定论。这是一部取材于历史事件的英雄史诗，所以历史事件仅为背景而已，大部分情节是经过艺术加工的产物。作品在语言风格上颇具特色，有大量并列句的使用，也有不少隐喻、夸张和反复手法的运用，鲜明生动的语言让人物形象的塑造更加立体。

《罗兰之歌》讲述的故事原型是778年查理大帝从西班牙凯旋途中的一次后卫战。但在史诗中，这场战争非常惨烈。当时查理大帝征战七年，所向披靡，可谓王者之师。唯有信奉伊斯兰教的萨拉戈斯尚未被征服。萨拉戈斯的国王派使者求和。查理大帝的侄子罗兰推荐了自己的继父、查理的妹夫加奈隆前往谈判。此举被加奈隆记恨在心，他勾结敌国，在查理大帝回师途中，伏击了罗兰率领的后卫队。由于兵力悬殊，罗兰的军队死伤惨重，罗兰的朋友奥利维埃劝罗兰吹起号角，让查理大帝回师救援，但罗兰认为这是可耻的，他过于自信，相信自己可以孤军作战，直到最后他身负重伤，后卫队只剩下几十个人才吹响了号角，等查理大帝的部队赶到，罗兰、奥利维埃和大主教图尔班均已阵亡，法兰西两万名将士全部丧生。最后，查理大帝全歼萨拉戈斯的军队，回国后审判加奈隆，将其处以磔刑，他的亲族也被牵连赐死。

下面这首诗歌描述的就是奥利维埃劝罗兰吹响号角的情景。

### 号 角

（杨宪益 译）

奥利维埃说："我不觉得有什么耻辱。
我已看到西班牙的撒哈逊人：
他们盖满山谷，布满山顶，
荒野平原上也到处都是他们。
这异国的军队人多势众；
而我们，人数太少。"

> 罗兰答道:"我的斗志只能更坚。
> 面对上帝和他神圣的天使,
> 法兰西岂能因此而丧失荣誉?
> 宁可死也不愿蒙受耻辱!
> 我们作战勇敢,大帝喜欢我们。"
>
> 罗兰勇敢,奥利维埃智慧;
> 两个人都十分地英勇无畏。
> 只要他们上马操起武器,
> 死亡岂能挡得住他们参战。
> 勇敢的伯爵们,语言高贵。
> 怒气冲冲的异教徒策马而来……

《罗兰之歌》着重塑造了罗兰这位英雄人物,富有立体感。在史诗中,罗兰是一位具有理想主义色彩的人物。他忠君爱国,英勇善战,正直豁达,他把保卫"可爱的法兰西"视为自己的天职。诗人运用了饱含深情的笔触去赞颂这位英勇人物的爱国主义情操和高贵的品质。他对待君王、对待国家、对待朋友都一如既往地真诚、热情。最后,朋友奥利维埃临死前误伤了罗兰时,他不还手,悲哀地说:"你难道有意要这样做,这是非常爱你的罗兰……"同时,作品中并没有回避他性格的弱点,比如他的过于自信和错误判断导致军队惨遭覆亡。除此之外,足智多谋的查理大帝、英勇爱国的奥利维埃和图尔班、阴险自私的反面人物加奈隆等,形成作品中丰满而生动的人物群像,在中古的欧洲文学史上,是很有价值的范本。

### 四、信仰的归宿,灵魂的良药——欧玛尔·海亚姆《鲁拜集》

相比我们之前谈及的一些诗人,海亚姆可谓一位静默多时的诗人,在几个世纪的时间里,都籍籍无名。直到1859年英国学者兼诗人爱德华·菲茨杰拉德不署名地整理发表了《欧玛尔·海亚姆之柔巴依集》,这本著作成为英国文学的经典之作,海亚姆才名声大振。这部作品也被译为多国文字,仅中国就有二十多种译本。近代一些世界知名大学的学者把它列为世界上必读的50本书籍中信仰类书的首位,并批注"信仰的归宿,灵魂的良药"。

海亚姆是中古时期波斯诗人，他是那个时代的离经叛道者。在伊斯兰教的宗教氛围中，诗人具有独立的思想和意志。他敢于向真主发问，对各种钳制人们思想的观念提出怀疑和否定。诗人身为哲学家、数学家，尤其关注宇宙、生命、人生等一系列哲学问题，他勇于探索真理，表达自己独特的见解，并向世人宣传自由的思想。在那个时代，海亚姆的诗歌批判僧侣的伪善，否定来世的思想，教会和统治者对他的诗歌是惶恐不安的。

鲁拜是一种诗歌体裁，一首四行，与中国古典诗歌中的绝句相类似。这类诗歌还讲究押韵，第一、第二、第四行押韵，第三行一般不押韵，是比较注重音律的诗歌。爱德华·菲茨杰拉德这位出生于19世纪的英国上流社会青年，将《鲁拜集》翻译成世界风靡的著作，该版本被称为"费氏译本"，我国郭沫若、胡适、闻一多等学者翻译的版本是对英文版的重译，其中郭沫若的译本较为通用。

阅读《鲁拜集》，同学们会找到一位唐代诗人的影子——李白。译者郭沫若认为读者可以在诗歌中看到太白的面貌。在诗歌中，海亚姆抒发对人生无常、盛衰荣枯的感叹，借以纵情放歌，表现出淡淡的哀愁。

> 莫问是在纳霞堡或在巴比伦，
> 莫问杯中的是苦汁还是芳醇，
> 生命的酒浆滴滴地浸透不已，
> 生命的绿叶叶叶地飘堕不停。

（选自《鲁拜集》）

海亚姆的诗歌包蕴的宇宙观和生命观引起我们的心灵共振。他提出看待外在世界的视角和认识自我与宇宙关系的意识。就像诗歌里写道："不知哪里是尽头，也不再勾留，我像是风儿，无奈地吹过沙丘。"这种对宇宙万象的无定之感和探索之意，在那个歌颂神与英雄的时代是具有进步意义的，他比西方19世纪末提出的"我是谁，我从哪里来，我到哪里去"的哲学命题早了700多年。

## 五、戎马倥偬的恋歌——《贝奥武夫》

《贝奥武夫》和其他一些史诗有相似的创作经历，也是经过口头传唱到文学样本。这部著作采用10世纪古英语，即西撒克逊方言书写，是欧洲最早的方言史诗。据研究，作者可能是一位基督教诗人。这部作品一定程度上仿效了古罗马史诗《埃涅阿斯纪》，与法国的《罗兰之歌》、德国的《尼伯龙根之歌》并称为欧洲文学的三大英雄史诗。

史诗主要内容分为两部分。第一部分讲述丹麦洛斯格国王建造名叫希奥罗特的大殿来记载自己的丰功伟绩。史诗的开篇并不是从这位丹麦国王起笔,而是从古丹麦王室的家谱开始,开篇就对他的曾祖父齐尔德·谢冯进行一番描绘:

> 在那个丹麦人手持长矛的时代,
> 国王们充满勇气和伟大,
> 我们听说过许多英雄事迹,
> 其中一位叫做齐尔德·谢冯的国王,
> 征服了许多的部落,
> 摧毁敌人的战车,
> 征服他的敌人……

这个人物的出场一下就将那个崇尚英雄、尚武的时代呈现了出来,为中心人物的出场作了充分的铺垫。中心人物是伴随名叫哥伦多的半人半兽的怪物出场的。作为一部叙事史诗,情节的起伏和故事的神秘性是铸就生动的法宝。富丽辉煌的希奥罗特大殿屡遭哥伦多侵袭。怪兽与他的水怪母亲都是邪恶的代表。史诗第一部分情节主要聚焦贝奥武夫与怪兽和水怪母亲的搏击,他与哥伦多搏斗,致使其受伤,回到洞中死去,后来贝奥武夫再斩杀前来复仇的怪兽母亲。第二部分重点讲述贝奥武夫因为英勇被拥戴为国王,统治国家五十年,但依旧有怪兽巨龙的侵扰。贝奥武夫与巨龙搏斗,杀死巨龙,但也受重伤去世。史诗在贝奥武夫的葬礼中结束。

下面是贝奥武夫临终前的遗言。

## 贝奥武夫的遗言(节选)

### (陈才宇 译)

> 年迈的国王忍着痛苦,望着财物说,
> "为了跟前这些珍宝明珠,
> 我要感谢那光荣的王,
> 感谢万物的授与者和永恒的主,
> 在我临死之前,能为自己的人民

获得这么多的财富!
既然我用自己的残生换来这一切,
你务必拿它去供养百姓,
也许我的生命已经有限。
请你在我火化之后吩咐士兵,
让他们在海岸上为我造一穴墓,
好让我的人民前往悼念。
这墓要建得显眼,高过赫罗斯尼斯,
这样,当航海者迎着大海的浪花
驾驶他们那高大的帆船航行,
就可称之为'贝奥武夫之墓'"。
勇敢的国王然后从脖子上摘下金项圈
把它交给这位高贵的武士,
他还将饰金头盔、戒指和胸甲
全都送给这位年轻人,
并关照他使用好这些东西。
"你是我们威格蒙丁族最后一位,
命运席卷了我的全部宗亲,
无所畏惧的人未能逃脱死亡,
现在我就得跟他们为伴。"
这就是老战士发自内心的最后声音,
不久那葬礼之火——毁灭生命的火焰,
将吞没他,他的灵魂将脱离躯体
踏上正直者归宿的旅程。

　　这段迟暮英雄最后的表白是史诗催人泪下的片段。一生都在与怪兽、邪恶斗争的英雄,最终却倒在自己光辉的战场上。但即使是生命即将终结,即使自己带领的众人只剩下一人与自己并肩作战,其王者之气依然气干云霄。这位民族的领袖以高度的责任心和使命感诠释着英雄的意义和品格,可以毁灭,但却不可战胜。这部作品也反映了勇敢与美德是当时时代的理想与价值标准。

## 第四节　文艺复兴时期

14—16世纪的文艺复兴运动是驱散黑暗中世纪的一缕曙光。人文主义思潮蓬勃发展,在这个追求自由和个体意识的时代,诗歌是时代的音符,讲述着英雄的神话和普通人的日常。

### 一、"温柔新体派"的杰出代表——但丁·阿利吉耶里《新生》

同学们,本节我们将要走近但丁。恩格斯称他为"中世纪最后一位诗人",同时又是"新生代最初一位诗人"。在名画《但丁与贝雅特丽齐》中但丁穿着绿色的长袍,在画面上显露侧脸。迎面走来三个女子,中间一位就是贝雅特丽齐,这位曾经让九岁的但丁一见倾心的女子穿着黄色的长裙、深褐色衬衣,手里拿着一枝玫瑰,优雅而美丽。

贝雅特丽齐是谁?这是一位影响了但丁一生的女子。但丁是意大利中世纪晚期的著名诗人,意大利语文学的奠基者,也是欧洲文艺复兴的开拓者,创作了《新生》《神曲》,这两部作品里都有这位女子的倩影。赞颂贝雅特丽齐的美丽和圣洁成为但丁创作的原动力。《新生》中有31首诗,主题都是表现诗人对贝雅特丽齐的爱情,是一部兼具回忆录和忏悔录性质的散文诗集。作品中洋溢着诗人对纯洁爱情的歌颂,对美好生活的憧憬和对中世纪清规戒律的反叛,这部作品因其风格质朴清丽和语言的优美,成为意大利"温柔新体派"的重要作品之一。

#### 新生(节选)
（陈　默　译）

如此优雅,而又那样的纯然,
我的爱人啊,在问候别人时就是这样,
令所有的言语惊悚,使所有的嗓音哑然,
也让所有其他人的眼睛无法凝神去看。
她飘然走过,感受着人们的惊叹,
素雅的衣袂,带起丝绢轻轻淡淡,
就好像,她是那样一个

> 为了奇迹的出现从天国走到凡间。
> 她展示着欣喜，向着凝神注视的人送去，
> 凭借着那双清澈的眸子，显示着心底的甘甜，
> 不明此情此景的人，理解这事情，万难。
> 从她的唇边，走出来的是
> 那沉浸在爱的美妙之中的魂灵，
> 走过来却只是说，"我不过一缕凄婉。"

读罢这段对贝雅特丽齐的描写，我们会被文字中那种远离尘世的圣洁和美好所感动。中世纪的一些诗人，比如薄伽丘、彼得拉克还有但丁等，都有一位钟爱的女子。他们对女子的情感犹如基督徒对圣母的虔诚和膜拜，这种炽烈的情感成为洗涤他们性灵的甘霖，是一种伟大的精神力量和道德力量，推动着他们的艺术创作，感召着他们向善的执着。正如上面文字中的"优雅"与"纯然"，"她"像是从天国降临凡间的仙子，清澈的眼眸和甘甜的内心在所爱之人的心中飘过丝丝缕缕的绵绵柔情。

从《新生》到《神曲》，爱情的圣洁和美好更在于它赋予诗人成长的力量。在《新生》中，贝雅特丽齐21岁嫁作他人妇，诗人万分悲哀，几乎无法读书和写作。然而，最终，诗人反思自己的精神沉沦，从情感世界跳跃到哲学世界，立志于对人性和意大利文学艺术的复兴之路进行探索。在《神曲》中，带领诗人游历地狱和炼狱的是我们前面欣赏过的《埃涅阿斯纪》的作者维吉尔，到了天堂，贝雅特丽齐再次出现，带领诗人游览。贝雅特丽齐象征着信仰，她指引着人们追逐美好，臻于完善。

## 二、你的长夏永远不会凋落——威廉·莎士比亚《十四行诗》

提及莎士比亚，同学们可能首先会想起他的悲喜剧，这位文艺复兴时期的巨匠，在欧洲文学史上留下了浓墨重彩的一笔，被喻为"人类文学奥林匹克山上的宙斯"。

莎士比亚对十四行诗的发展作出的贡献同样是令人瞩目的。他所创作的十四行诗是一组思想深刻、艺术成就极高的诗歌，其内容包含了宗教、历史、社会和个人等诸多问题，大大拓宽了诗歌的题材，延伸到更为广阔的领域，对后世诗人产生了重要的影响。

十四行诗不是莎士比亚首创的，它本是一种起源于意大利和法国交界处的普

罗旺斯的民间抒情诗歌,可和乐伴奏和歌唱,在文艺复兴时期盛传于欧洲。这种诗歌篇幅不长,分为上下两部分,上段八行,下段六行,每行十一个音节。经过莎士比亚的发展,十四行诗的结构更加紧凑和严谨,第一部分为三个四行,第二部分为两行,每行十个音节。莎士比亚的十四行诗语言热情奔放,如行云流水,饱含炽烈的情感。前一部分是献给贵族青年,重点表现他们的友情,后一部分是献给"黑女士"的,以爱情为描写对象。

下面我们一起欣赏其中广为流传的第十八首。这首诗被很多名家翻译过,笔者选择的是梁宗岱先生翻译的版本。

### 我可否将你比作一个夏日
（梁宗岱 译）

我怎么能够把你来比作夏天?
你不独比它可爱也比它温婉;
狂风把五月宠爱的嫩蕊作践,
夏天出赁的期限又未免太短;
天上的眼睛有时照得太酷烈,
它那炳耀的金颜又常遭掩蔽;
被机缘或无常的天道所摧折,
没有芳艳不终于凋残或消毁。
但是你的长夏永远不会凋落,
也不会损失你这皎洁的红芳,
或死神夸口你在他影里漂泊,
当你在不朽的诗里与时同长。
只要一天有人类,或人有眼睛,
这诗将长存,并且赐给你生命。

这首诗歌开篇是莎士比亚的设问风格,横空而来,气势非凡,情感饱满。英国的夏日温度宜人,这般美好的时令,诗人却说,"你"更加可爱、温婉。不仅如此,诗人接着加强笔力,通过描绘夏季的不足来反衬对方的可爱。夏季有哪些不足呢?夏日有狂风,夏天的期限短暂,骄阳太过于刺眼,芳艳最终凋残。然而,"你的长夏"却不会掉落。初看这首诗,感觉诗人在赞美友人的夏日永远不会褪色,美丽永驻,但这还没有触摸到诗歌的内涵。诗歌赞颂的这个完美的形象并不是真正的某一个人,诗人是借助这一个形象表达对文学的赞颂,认为文学可以超越自然,可以超越时空,这种文学的力量正源自文艺复兴时期的人文主义思潮。从这首诗中,我们可以看出莎士比亚的十四行诗有强烈的艺术之美和震撼力,具有跨越时代的魅力。

### 三、我就用我的眼睛来相酬——本·琼森《给西丽雅》

在中国古典诗歌中,酒是一个常见意象。李白的"兰陵美酒郁金香"写出了美酒中散发的郁金香气味;刘禹锡的"暂凭杯酒长精神"表现了对贬谪23年的豁达和对友人的劝勉;柳永的"对酒当歌,强乐还无味"描摹了无法纾解的内心苦闷;曹操的"何以解忧?唯有杜康"将贤士与酒联系在一起,成为千百年来被人们所传唱的经典。本节,笔者将带着同学们一起欣赏一首包含了美酒意象的外国抒情诗。

#### 给西丽雅
(飞 白 译)

你向我祝酒只须用眼神,
我也以此交换:
要不,请仅在杯中留一吻,
我就不须觅酒泉。
干渴啊,发自心灵,
神之饮是我所盼;
但哪怕能啜天上仙醇,
我也不肯拿你的换。
我送你一个玫瑰花环,
不是为你增辉,
我只是暗自抱着希冀:
它将永不凋萎。
只要你吹口气在上面,
然后把它送回,
从此它将洋溢你的生机,
发出你的香味!

这首诗歌的作者是英格兰文艺复兴时期的剧作家、诗人本·琼森,他和莎士比亚处于同一时期,比莎士比亚的创作时间还要长。本·琼森一生经历很丰富,从泥瓦匠到参加西班牙的战争,后面因为批判时政而多次入狱,这些人生经历为他的戏剧创作打下了坚实的基础。诗人对社会与生活的看法独到而深刻,戏剧主要以讽刺剧为主。至于诗人的诗风倒有另一种韵味。因为诗人在威斯敏斯特学校读书期间,阅读了大量古希腊和古罗马时期的作品,他本人对拉丁诗篇十分青睐,在创作中不自觉地受到影响,形成一种古典主义的韵味。

这里笔者选择了飞白的译本,同学们可能还会看到卞之琳的译本。卞之琳的翻译语言典雅,流利清新,但笔者更倾向于前者,因为这首诗歌的节奏感较强,讲究押韵,飞白的译本更能突出这种音乐美。不过有一些诗句,卞之琳的翻译语言更为精妙灵动,所以,我们也可以选择性地鉴赏两个版本。

诗歌开篇写祝酒的情景,用眼神来干杯,秋波流转,美酒唤起心心相印,美好而富有想象力。在美酒的氤氲下,诗歌描写了那来自心灵深处的干渴,那是一种圣洁而炽烈的情感,像灵魂罅隙里的火山,对美的追求无止境。接着诗人更换了意象,借助玫瑰花来表明心志。玫瑰花环寄托着"我"的希冀,永不凋零的不仅仅是这花环,更是玫瑰花里蕴蓄着的爱意,爱人的气息会留存在花语中。这是一首富有浪漫主义风格的抒情作品,耐人寻味。

## 四、就在今天把生命的玫瑰摘去——彼埃尔·德·龙沙《待你到垂暮之年》

本节选编的这首诗歌是龙沙(也译作龙萨)晚年的代表作《致爱伦娜十四行诗》中的名篇,影响了后世很多诗人,著名诗人叶芝的诗歌《当你老了》就是其中之一。在一些常见的翻译版本中,龙沙的这首诗歌就被译为"当你老了",为了显示区别,本节笔者选择的是郑克鲁老师的翻译版本《待你到垂暮之年》。

### 待你到垂暮之年
(郑克鲁 译)

待你到垂暮之年,夜晚,烛光下,
如坐在炉火之旁,边纺纱边绕线,
你吟诵我的诗,发出感慨万千:
当年我多美,龙沙赞美过我啊。

那时候你不用女仆传语递话,
她干活儿累得半睡半醒之间,
听到我的名字仍然安稳睡眠,
即使用动听辞句赞颂你也罢。

我将长眠地下,成为无骸幽灵,
在爱神木的树荫下歇息安定;
你则是一个蛰居家中的老妪,

怀念我的爱情,悔恨你的倨傲。
信我的话,要生活,别等待明朝;
就在今天把生命的玫瑰摘去。

龙沙是16世纪法国七星诗社的领袖,也是法国文艺复兴时期最伟大的诗人之一,被称为"诗歌中的王子"。他出身于贵族,幼年在旺多姆恬静的乡村大自然中度过。1540年得病后耳朵半聋,不再继续仕途生涯,开始转向诗歌创作。他创作的《颂歌集》的主题是表现爱情和乡恋。诗歌受到古希腊诗人品达、荷马,古罗马诗人贺拉斯和意大利诗人彼得拉克等人的影响,曾经为红极一时的宫廷诗人。晚年时期,随着查理九世逝世,龙沙失宠,开始隐居生活。

龙沙一生波澜起伏。从贵族到宫廷桂冠诗人,从疾病到归隐,经历荣耀与失落。丰富的人生经历让他的诗歌风格也发生了变化。早期的作品色彩相对浓艳,情感奔放,晚年作品则显得沉静素淡,还弥漫着一种幽幽的感伤情调,这种感伤情调也开启了法国诗歌的浪漫与诗意风格。

这首诗歌就是两幅富有幽怨情调的画面。其一为爱人暮年之景。通过"夜晚""烛光"晕染了昏暗的环境,那个曾经被诗人爱恋和赞美过的女子如今只是一位蛰居的老妇人,红颜倦老,每天辛苦地劳作,唯有吟读诗人的诗歌寻求精神上的慰藉。更为伤感的是第二幅画面,女子想起了当年曾经被诗人追求的情景,但因为当年她的倨傲,错过了这段爱情。这段爱情经历的回忆,夹杂着缠绵和懊悔,情感很复杂。

人生的命运是难以预料和琢磨的,爱情的失落和青春的落幕对于女子的一生来说,都是令人无比伤感的。诗人从一个男性的视角来描写,可见这位女子在诗人的心中曾经留下过深深的印痕。

## 五、白月光与朱砂痣——弗兰齐斯科·彼得拉克《歌集》

彼得拉克是一位与但丁、薄伽丘合称为文艺复兴"三颗巨星"的伟大诗人。彼得拉克早期运用拉丁文写作政论和抒情诗,他本人对古希腊和古罗马的文学艺术非常感兴趣,很仰慕古罗马时期思想家奥古斯丁,希望能追寻圣人的足迹,走向忏悔赎罪的圣洁之道。谈及他的文学成就,第一是十四行诗。他对十四行诗的发展和创新具有引领作用,因为他让十四行诗趋于完美,为欧洲十四行诗的发展奠定了基础,莎士比亚也受到他的影响。他的抒情诗发展了"温柔的新体"诗派风格,抛弃中世纪的抽象与阴霾,冲破禁欲主义。第二项成就是《歌集》,这部著作是意大利语创作的抒情名篇。这部由三百余首抒情诗组成的《歌集》主要是诗人对一个名叫劳拉的女子的深情吟唱。劳拉是诗人23岁在大教堂遇见的一位女子,只惊鸿一瞥,却成为他一生的精神支柱和创作灵感来源。1348年劳拉因为瘟疫而病逝,诗人悲痛欲绝,写作了大量的悼亡诗并四处漫游。此外,《歌集》包含一些政治抒情诗。

和但丁笔下的贝雅特丽齐这位集超凡脱俗,集智慧、美貌与品德于一体的"圣母式"女子不同,劳拉更为鲜活、自然和生动。诗人在诗歌中真实地表达痛苦与喜悦、欢乐与悲戚、孤独与充实,劳拉时时刻刻驻扎在诗人的心灵深处,是诗歌中美丽灵动的人物形象,也牵动着读者的情思。

### 轻拂的和风

(吕同六 译)

轻拂的和风送来明媚的时光,
花儿,青草和春的伴侣回来了;
燕子啾啾乱啼,黄莺呖呖欢唱
纯洁、璀璨的春天。

草原粲然微笑,天宇碧净明朗,
宙斯露出欣喜的面孔,迎接他的小女,
柔爱荡漾在空气、流水、原野,
万物的生灵全在把爱追寻。

啊,唯独我,抒出声声凄楚的叹息,

她,把我的心扉紧紧锁闭,

随身携着钥匙,奔向了遥远的天际。

鸟雀婉转啼鸣,大地姹紫嫣红,

高雅、美丽的女子们脉脉温情,

可我却是荒漠,直如冷漠无情的走兽。

诗人在描绘景物时,"移情"是一种常用的手法,即诗人将主观情感寄托于物之上,而创作主体又被包蕴着主体情感的物所感染,从而达到一种主客体情感融合的艺术效果。这种手法能更好地突出作品的情感,形成强烈的抒情氛围。这首诗歌开篇诗人将美好而欢愉的情感寄寓在春天的景物之中。"轻拂的和风""燕子啾啾""黄莺呖呖",还有鲜花和青草晕染了纯洁而璀璨的春天。春天不仅仅是季节,更是爱情的象征。一个满含爱意的诗人,他眼中的春天姹紫嫣红,绿草如茵,草原也会微笑,爱意在流水和原野中荡漾。

然而,诗歌的后半部分,情感陡然扭转。面对如此美景诗人却发出凄楚的叹息。因为他心爱的劳拉香消玉殒,这个让他爱得刻骨铭心的女子,留给彼得拉克的是无尽的思念。在这美好的春日,再婉转的鸟雀也驱散不了诗人心中的哀伤。没有了劳拉这位精神恋人,诗人的内心干涸、枯竭,像没有灵魂的冷漠走兽,诗歌结尾的比喻深化了诗人难以名状的痛苦,感人至深。

## 第五节 古典主义时期

17—18世纪古典主义时期,新兴资产阶级与封建贵族在斗争中形成新的局面。这个时期,诗歌受到王权的干预,反对封建割据,歌颂英明的国王,文学和政治结合得非常紧密。古典主义认为感情从属于责任,作品通常主张维护国家的稳定,宣扬理性,要求克制个人的情感。语言上追求准确、精练、华丽和典雅,崇尚艺术上的唯理主义。

### 一、疾行的时光是窃走青春的小偷——约翰·弥尔顿《飞逝的年华》

弥尔顿,17世纪英国文坛上一位与莎士比亚齐名的伟大诗人,他的作品《失乐园》与荷马的《荷马史诗》、但丁的《神曲》并称为"西方三大诗歌"。《失乐园》具有很高的文学价值。这部史诗吸纳了过去史诗之长,风格崇高、气势宏大,语言精辟而深刻,根据《圣经》中的素材,运用史诗的笔触进行再创造,借助隐蔽的讽喻反映了真实人生的哲学命题,强化了知识与劳动对文明的意义,也抒发了诗人喷薄欲出的革命热情。

弥尔顿生活在17世纪,这是英国资本主义得到长足发展的时期,封建王权与资本主义发展的矛盾也到了白热化的状态。弥尔顿是一位清教徒,面对社会的变革和时代的变迁,他反对君王的专制。他的大部分诗歌表现的主题比较严肃,政治观点鲜明,书写了他在恶劣环境下执着的斗争。弥尔顿的名字被提及时,大多都是与"崇高""庄严"这样的词汇关联在一起的。在这一节,笔者将带着同学们一起欣赏一首弥尔顿不太被关注的十四行诗《飞逝的年华》。

## 飞逝的年华

(茅于美 译)

疾行的时光,这窃走青春的小偷,
它的翅膀上载去我二十三个年头。
我倥偬的岁月如白驹之过隙,
但我迟来的春天,花与朵都无收。

也许我的外貌把我的年龄掩盖,
没有显示我成年男性的气概。
内心的成熟更没有露出痕迹,
没有给我以青春的欢乐情怀。

然而欢乐多或少,迟来或早到,
它将经受一丝不苟,公平的察考。
不管升沉起落,终究归同一目标。
那该是上帝的意旨,受时光引导。
如果我有幸如此度过我的光阴,
那在上帝的眼睛里,原早已知晓。

关于时光的诗文我们读过不少,比如"逝者如斯夫",比如"少壮不努力,老大徒伤悲",再如"劝君莫惜金缕衣,劝君惜取少年时"等,都突出了时间变幻无常,不以人的意志为转移的特性。这首诗歌开篇的比喻很生动,飞逝的时光是青春岁月的盗窃者,在不知不觉间掠夺了我们青春的容颜。那倥偬的日子从我们年轮的罅隙中溜走,留下一个没有花朵的春天。

诗歌的第二段再进一步展示这种时光飞逝。经历了青春,却没有获得成熟魅力,也没有拥有青春的欢乐,我们只有悲戚吗?不是,诗人在诗歌中表现出更为高远和深邃的豁达。诗人认为欢乐终究会到来,无论早晚,都会出现在我们的生命之中。诗人不仅仅是在说时间,更是向我们传达一种人生态度。无论生活的繁杂还是命运的苦楚,各种不如意在记忆中刻下伤痕,我们都要泰然处之,积极地面对,在天地之间,有最客观和公平的法则。

## 二、静默在林里——约翰·沃尔夫冈·冯·歌德《漫游者的夜歌》

12 111 与 8,这两个相差甚远的数字是 18 世纪德国狂飙突进运动代表人物、德国伟大诗人、剧作家和思想家歌德的两部作品的行数。前者是他著名的诗剧作品《浮士德》的行数。歌德倾尽一生的精力,用 64 年的时间完成了这部构思奇巧、结构庞大、形式丰富的长篇诗剧。作品以德国民间传说为题材,以文艺复兴以来的德国和欧洲社会为背景,表现了浮士德的思想变化,是一部兼具现实主义与浪漫主义的伟大作品。俄国文艺批评家别林斯基把它与《伊里亚特》《神曲》相提并论,认为是"当代德国社会的一面完整的镜子",我国现代作家郭沫若认为它是一部"灵魂的发展史"和"时代精神的发展史",历来对这部具有极高艺术价值的作品的赞誉更是不胜枚举。有趣的是,在歌德的创作生涯中,还有一首八行的短诗,也具有相当高的知名度,这就是《漫游者的夜歌》。

### 漫游者的夜歌

(冯　至　译)

一切峰顶的上空
静寂
一切的树梢中
你几乎觉察不到
一些生气;

> 鸟儿们静默在林里
> 且等候，你也快要
> 去休息。

　　1982年是歌德逝世150周年，西德文化界对民众进行了关于歌德诗歌的调研，这首《漫游者的夜歌》被公认为歌德最著名的一首诗，先后200多次被作曲家谱成曲。在中国，也有大量翻译家对这首诗歌进行译注。这首如此简单明了的诗歌为何享有如此盛誉？

　　这首诗歌是1780年歌德在图林根林区基克尔汉山顶上狩猎，于小木楼里过夜时写在板壁上的作品。当时歌德也同时写信给他的女友石泰因夫人，信里写到住在这里是为了躲避城市的嚣杂，人们的怨诉、要求和无法改善的混乱。这一时期，年轻的歌德应魏玛公爵的邀请在魏玛参与大量行政事务，还有不少繁杂的开发工作。繁忙的工作加上宫廷复杂的人事关系让歌德身心俱疲，这些甚至滞碍了他的创作灵感，诗人内心充满了危机感。对于一个诗人而言，创作被阻碍是很痛苦的，不过歌德很强大，他的巨著《浮士德》第二部于1831年如期而至。

　　阅读这首诗歌，我们不需要对任何写作手法进行讲解，只需要进入诗歌的意境。八句诗中景物由远而近，由外而内，无事雕琢，流畅自然，用语简练自在。轻吟诗句，让自己沉浸到诗歌的静谧之境，想象着山峰兀自耸立，树木悄无声息，鸟儿静默、孤高、冷寂的画面。时空流转、岁月更迭、人事变迁，此时都湮没在云烟之中，天地之间，唯有诗人个体与苍茫宇宙的对立，超然物外的孤傲情绪和遗世独立的情怀悄然流淌在诗歌的字里行间，缠绕、盘曲、迂回，令人叹息。"且等候，你也快要去休息"，50年后，诗人故地重游，看着自己当年写在此的诗歌，老泪纵横，掩面叹息。人生的际遇难以预料，荣辱贵贱、顺境逆境，不过像长河中一砂砾。

### 三、充满过灵焰的一颗心——托马斯·格雷《墓园晚钟》

　　黄昏是中国古典诗词中的常见意象。比如"长烟落日孤城闭"书写了肃杀苍凉的战地风光；"大漠孤烟直，长河落日圆"勾勒了塞外的奇特与壮丽；"草色烟光残照里"吟咏着词人"对酒当歌，强乐还无味"的苦闷；"夕阳西下，断肠人在天涯"道不尽羁旅之思。中国古典诗歌中黄昏意象所表达的主题有思乡怀人、迟暮叹老、怀古伤今和隐逸情怀。在本节将要欣赏的诗歌中，我们会找到中外诗歌在黄昏这一意象内涵上的异曲同工之妙。

## 墓园挽歌(节选)

(卞之琳 译)

晚钟响起来一阵阵给白昼报丧,
牛群在草原上迂回,吼声起落,
耕地人累了,回家走,脚步踉跄,
把整个世界留给了黄昏与我。

……

骄傲人,你也不要怪这些人不行,
"怀念"没有给这些坟建立纪念堂,
没有让悠长的廊道、雕花的拱顶
洋溢着洪亮的赞美歌,进行颂扬。
栩栩的半身像、铭刻了事略的瓷碑,
难道能恢复断气,促使还魂?
"荣誉"的声音能激发沉默的死灰?
"谄媚"能叫死神听软了耳根?
也许这一块地方,尽管荒芜,
就埋着曾经充满过灵焰的一颗心:
一双手,本可以执掌到帝国的王笏
或者出神入化地拨响了七弦琴。
可是"知识"从不曾对他们展开它
世代积累而琳琅满目的书卷;
"贫寒"压制了他们高贵的襟怀,
冻结了他们从灵府涌出的流泉。
世界上多少晶莹皎洁的珠宝
埋在幽暗而深不可测的海底:
世界上多少花吐艳而无人知晓,
把芳香白白地散发给荒凉的空气。
也许有乡村汉普敦在这里埋身,
反抗过当地的小霸王,胆大,坚决;

也许有缄口的弥尔顿,从没有名声;

有一位克伦威尔,并不曾害国家流血。

诗歌开篇,诗人描摹了一幅苍茫而宁静的黄昏图景。从视觉上的暮色、微光和耕者到听觉上的钟声、牛群的吼声,诗人描绘了黄昏的寂静、肃穆和轻柔。在这样的环境中,整个世界只剩下"我"、漫长的黑夜和冥思。

《墓园挽歌》的作者是英国18世纪新古典主义诗人格雷。这首诗歌的创作时间比较长,历时八年,最初是为了悼念诗人在伊顿公学读书时的好友查德·韦斯特,但这首诗歌已经超出了寄托哀思的范畴,更表达了诗人的人生沉思。对于底层人民无法施展抱负的不公待遇,诗人表达了深切的同情与叹惋,而对于权贵与浮名,诗人是蔑视与嘲讽的。诗人认为,无论穷人与富人,面对死亡,一律平等,一生追求的声名和经历的荣辱到头来都成空。诗歌表达了要敬畏生命,在有限的人生时光,恪守纯真的本性,求得内心的安宁。

本诗对贫富阶级的处境作了对比,那些底层人物作别人世后,没有精美的纪念堂和洪亮的赞美诗,半身像、瓮碑和恢宏的仪式是富人们的专享,但是这一切又有什么意义呢?死神不会因为谄媚而让富人们还魂,面对死亡,众生平等。但是,漫长的人生之旅中,处于底层阶级的青年就像那晶莹皎洁的珠宝被埋在幽暗而深不可测的海底,无法向世人传递他们的华彩。也许他们中有似弥尔顿的诗歌奇才,有汉普敦和克伦威尔一样的卓越领袖,但低微的出生和残酷的现实粉碎了他们的梦想,他们只能被埋没,像荒野中无名的花。

这首诗歌反映了格雷的民主思想。他为那些在贫瘠中挣扎的底层人士呼吁,并对他们秉持本真的品质致以敬意。诗歌弥漫着哀伤又浪漫的基调,有18世纪后期感伤主义诗歌的特点。

### 四、从世界隐遁,没一块碑石——亚历山大·蒲柏《孤独的赞歌》

18世纪伟大的英国诗人亚历山大·蒲柏是一位饱受争议的诗人,他的《伊利亚特》译本和《群愚史诗》一直受到非议。主要的非议在于评论界认为他为了适应18世纪的散文热而对诗歌进行"机械化"创作,用词造作,韵律不灵活,他的讽刺也过于苛责。尤其是在19世纪,批评声较为明显。不过到了20世纪,对他的评价开始重塑。整体而言,他的诗歌中有些特质是可圈可点的。比如,蒲柏的诗歌多用"英雄双韵体",诗歌形式严谨、工整,每步两个音节,轻音和重音相间,两行一组,讲究押韵,读来具有音韵美,诗歌的内容也颇富哲理。

出生于麻布商人家庭的蒲柏长期生活在温莎森林附近,诗人对于大自然具有天生的热爱和向往。他的诗歌中表现出对田园牧歌生活的眷念,也流淌着淡淡的遁世情绪。1709年,21岁的蒲柏发表《田园诗集》,1713年创作叙事诗《温莎林》。

本节欣赏的这首诗歌标题为《孤独的赞歌》,在黄源深的译本中名曰《隐居颂》,笔者选择了茅于美的译本。

## 孤独的赞歌

（茅于美 译）

幸福的人,他的希望和关心,
只囿于父亲的几亩庄稼地。
呼吸着故乡的空气清新,
喜滋滋在自己的田野里。

鲜奶来自牛群,面包来自麦田。
他漂亮的服装来自群羊。
他的树供给燃料过冬天,
夏日炎炎,又给他荫凉。
祝福他,逍遥自在无忧烦。
任凭钟点,白昼,岁月逝去。
享受身体健康,内心的平安,
天天保持恬淡宁静的情绪。

夜眠酣畅,勤读与空暇,
两者融洽,甜美的休养,
他的纯朴,天真无邪,
来自欣悦的沉思冥想。

让我这样生活,生不为人知,
这样地死亡,没人为我哀伤。
从世界隐遁,没一块碑石,
告诉人们,说我躺在何方。

《孤独的赞歌》第一节定义了"幸福"的概念：在祖传的庄稼地播种希望和决心，感受故乡馨香的气息。这段文字可能会促使我们想起中国当代诗人海子的名句："从明天起，做一个幸福的人；喂马，劈柴，周游世界；从明天起，关心粮食和蔬菜；我有一所房子，面朝大海，春暖花开。"这种自给自足的生活是令人心生向往的。在诗歌中诗人不仅描摹了生活物资的供给，更是表达了对那种逍遥自在、内心平和、恬淡宁静的生活的依恋之情，希望在这片天地，尽享无边无际的自得与闲适。

诗歌最深沉的文字在最后一节。"生不为人知""这样地死亡，没人为我哀伤"，这是一种肆意的孤独，独立于天地之间，无需碑石，不要纪念，只要我曾经来过。

## 五、生命价更高——让·德·拉·封丹《死神与樵夫》

《伊索寓言》是陪伴同学们成长的一部著作。寓言是用假托的故事或者对自然物的拟人手法，来说明某个道理或教训的文学作品，讽刺和劝诫是写作寓言的旨归。如果将寓言和诗歌结合，则是寓言诗。本节笔者将为大家介绍法国诗人拉·封丹的一首寓言诗。19世纪法国著名文学评论家泰勒称拉·封丹为"法国的荷马"，他的寓言诗与《伊索寓言》《克雷洛夫寓言》构成了世界寓言作品中最高的三座丰碑。

首先我们了解一下拉·封丹的素材来源。拉·封丹的早期作品很多取材于文艺复兴代表人物薄伽丘。从17世纪60年代到90年代，他开始创作寓言诗。寓言诗主要是对古希腊伊索、古罗马费德鲁斯和印度的寓言故事进行创新，运用诗歌的方式对民间故事原型进行加工。拉·封丹的寓言诗风格多变，格律丰富，常常以动物为喻讽刺小人或者权贵，或者对好逸恶劳的寄生虫予以鞭挞。比如，在他的作品《知了和蚂蚁》一诗中，诗人讽刺了沉湎于玩乐，不事劳动的知了，等到冬天，饥肠辘辘，找蚂蚁借粮食，被蚂蚁嘲弄。蚂蚁的语言非常犀利，讽刺知了"何不现在跳舞！"此外，拉·封丹将批判矛头指向17世纪的法国社会中的各种丑陋现象，借用寓言诗和鲜活的寓言形象讽刺了法国上流社会的丑恶行径，也辛辣地鞭答了教会的黑暗与腐朽。拉·封丹对后世欧洲寓言作家有很大影响。本节将要欣赏的《死神与樵夫》是一首反映17世纪下半叶农民生活境况的作品，不过这首作品又超越了单纯的同情，反映了诗人对生命的思考，具有人文主义的光辉。

## 死神与樵夫

（郑克鲁 译）

一个穷樵夫，全身被枝叶盖住，
不堪柴捆重压和岁月的磨难，
呻吟叹息，弯腰曲背，举步维艰，
费力地走回被烟熏黑的茅屋。
他终于心酸难熬和筋疲力尽，
放下了柴禾，寻思自己的不幸。
自从来到人间，他可享过欢乐？
比他更穷的人，世上可曾有过？
往往没有面包，从来没有休息；
他的妻子，他的儿女，捐税兵痞，
债主徭役，各种重压
完整地构成一幅穷人的图画。
他呼唤死神。她来了，毫不耽搁，
问樵夫要她怎么干，
他说道："请你帮助我
再背起这捆柴；你别浪费时间。"

死亡能将一切治愈；
但愿来状况别改变：
宁可受苦，不愿死去，
这就是人们的箴言。

诗歌开篇描绘了樵夫艰难苦楚的生活图景：背着柴捆，佝偻着腰，举步维艰，满目怆然，面对着黑黢黢的房屋，贫穷与岁月的消磨让他叹息。或许同学们会疑惑，樵夫的生活不该是徜徉于自然之间，与飞雁相伴，观溪涧白石，闻鸣泉而长歌吗？就像王维在《终南山》中写的"欲投人处宿，隔水问樵夫"，或者是像萧德藻的"一担干柴古渡头，盘缠一日颇优游"一样自在。恰恰相反，这首诗反映的是17世纪法国穷苦民众的悲惨境遇：苛刻的捐税，繁重的徭役，还有高利贷者的盘剥和兵痞的滋扰,生活得不到保障,精神也颇受折磨,樵夫在崩溃的边缘徘徊,正如梵高临终所言:"痛苦便是人生。"

樵夫呼唤死神,希望死神能给他解脱,但是,他的愿望瞬间发生了逆转。面对死神,樵夫立刻改变了想法,他宁愿受苦也不愿死去。拉·封丹的作品中,放置于寓言首尾的教诲常常是作品的核心与关键。结尾说死亡能治愈一切,但生命的价值高于一切,诗人认为无论是怎样的人间痛苦,都不能成为我们放弃生命的理由。

## 第六节 浪漫主义时期

18—19世纪,在外国文学史中属于浪漫主义时期,当时的诗坛群星璀璨,俊采风流。湖畔诗人华兹华斯、柯勒律治、骚塞等诗人的影响很大。此外,雪莱、拜伦和济慈三个天才少年在文学长廊上留下了耀眼的足迹。德国、英国、法国、匈牙利等国家的诗人在这个文学兴盛的时期各显身手,大量优秀诗歌作品问世。

### 一、一曲唱得合拍又柔和的甜蜜歌谣——罗伯特·彭斯《一朵红红的玫瑰》

在英国的浪漫主义时期,有一位诗人,被称为"天才的农夫",他就是罗伯特·彭斯。彭斯1759年出生在苏格兰南部一个贫困的园丁家庭,家中有七个孩子,他排行老大。他从小就在地里帮助父亲干农活,终日操劳。有资料表明他后期疾病缠身与常年的劳作有关。从幼年起,诗人每天需要长途跋涉去上学,课余时间,他学习法语、天文、地理等知识,表现出对各国文学的学习热情。这些艰苦的学习经历于彭斯的个性塑造有很重要的影响。

彭斯曾经到苏格兰北部地区游历,一边担任税关职员,一边进行创作。在地方生活和民间文学中汲取的营养成为彭斯诗歌的活力之源,他对苏格兰民歌加以改造和加工,充分发挥了民歌的音乐性特征。《一朵红红的玫瑰》是彭斯送给恋人的诗歌。诗人在诗中表达了自己的炽热感情和对爱情的坚定决心。全诗情感真挚,逸动,像不可阻隔的山洪奔涌,具有扣人心弦的艺术张力,彭斯自己点评这首诗歌是"合拍又柔和的甜蜜歌谣"。

## 一朵红红的玫瑰

(王佐良 译)

呵,我的爱人象朵红红的玫瑰,
六月里迎风初开;
呵,我的爱人象支甜甜的曲子,
奏得合拍又和谐。

我的好姑娘,你有多么美,
我的情也有多么深。
我将永远爱你,亲爱的,
直到大海干枯水流尽。

直到大海干枯水流尽,
太阳把岩石烧作灰尘,
我也永远爱你,亲爱的,
只要我一息尚存。

珍重吧,我唯一的爱人,
珍重吧,让我们暂时别离,
我准定回来,亲爱的,
哪怕跋涉千万里!

这首诗歌开篇运用直抒胸臆的写作手法,抒发自己对爱人的情感。玫瑰用来比喻爱情,具有鲜明的象征意义。"直到大海干枯水流尽"一句反复强调了自己对爱人的忠贞,爱到海水枯竭,爱到岩石被太阳烧作灰尘,都不会改变。这让我们想起《上邪》中的"山无陵,江水为竭。冬雷震震,夏雨雪。天地合,乃敢与君绝"在表达爱情的决绝态度上,不同的语言环境,却有异曲同工之妙。

同时值得关注的是,这首诗歌充分体现了民歌的特征,语言质朴而清新,灵动而美好,通过比喻、反复歌咏爱情。爱人的形象没有在诗文中具体出现,但已经让读者对她充满了种种向往。诗歌作品搭建了诗人与读者的桥梁,引发读者对美的感知和想象,更有对美好情感的无限憧憬。

## 二、摇曳生姿,迎风舞蹈——威廉·华兹华斯《我孤独地漫游,像一朵云》

华兹华斯的诗歌以清新著称,他在诗歌理论上反对古典主义的刻板与严肃,赞成语言的流畅、平实与活泼,自然风光常常是诗人诗歌的典型背景,所以,借景抒情、寓情于景也成为诗人的主要表现手法之一。1797—1807年是华兹华斯创作最旺盛的10年,其间的诗歌主题是自然与人生的关系,歌咏大自然是人生欢乐与智慧的源泉。了解了这一时期华兹华斯的诗歌特点,有助于我们理解这首诗的主题和内涵。

### 我孤独地漫游,像一朵云
#### (飞 白 译)

我孤独地漫游,像一朵云
在山丘和谷地上飘荡,
忽然间我看见一群
金色的水仙花迎春开放,
在树荫下,在湖水边,
迎着微风起舞翩翩。

连绵不绝,如繁星灿烂,
在银河里闪闪发光,
它们沿着湖湾的边缘
延伸成无穷无尽的一行;
我一眼看见了一万朵,
在欢舞之中起伏颠簸。

粼粼波光也在跳着舞,
水仙的欢欣却胜过水波;
与这样快活的伴侣为伍,
诗人怎能不满心欢乐!
我久久凝望,却想象不到

  这奇景赋予我多少财宝——

  每当我躺在床上不眠，
  或心神空茫，或默默沉思，
  它们常在心灵中闪现，
  那是孤独之中的福祉；
  于是我的心便涨满幸福，
  和水仙一同翩翩起舞。

  《我孤独地漫游，像一朵云》是一首即景抒怀诗。作品对春天时英格兰北部的水仙花的描摹，体现了人与自然的交流。主人公沉浸于自然中，找寻生机和活力。诗歌的风格清新秀逸，语言优美灵动，如流云翩跹。这首诗歌的创作源自华兹华斯1802年拜访友人的经历，当时华兹华斯和妹妹多萝西经过乌尔华特湖畔，偶见零星的水仙花，待走近湖边，看到狭长的湖湾一带开满了水仙，伴着微风和涟漪，摇曳生姿，婀娜妩媚。

  这首诗歌的前两节运用的表达方式是记叙和描写。第一节写出了初见水仙花的情形：当我像云朵孤独地在山丘与谷底漫游时，遇见了树荫下和湖水边翩跹的水仙花，那一抹金色在欢舞，也似繁星般灿烂。这段诗歌将湖水边盛放的水仙描绘得如画卷一般，动静结合、虚实相间，诗人在写景时移情于景，将个人的情感融入其中，所描述的画面景中含情，情韵生动。

  如果写景只止于对景物的平面刻画，这首诗歌不可能有经久不衰的感染力。华兹华斯力求诗歌的深度和广度得以拓展，他在描绘自然风光时，会寄寓自我反思和人生哲理，这也是他的诗歌最动人心弦的原因之一。

  这首诗歌的三、四节的主要表达方式是议论，着力抒发情感。诗人借助水仙与水波的舞蹈进行对比，延伸到诗人的欢愉，也强化了这诗意的邂逅给"我"带来的精神慰藉——使"我"深夜辗转反侧，她灵动的姿态可以吹散"我"心灵的阴霾。孤独、迷茫与痛苦都会在这人与自然的交汇中获得澄澈的升华与涤荡，内心可以体会到宇宙万物的永恒。这首诗体现了华兹华斯作品中所描述的生活状态——"朴素生活，高尚思考（plain living and high thinking）"。

## 三、少女的悲恸与荣光——乔治·戈登·拜伦《耶浮沙的女儿》

  提及拜伦，或许你会想到"拜伦式英雄"这个专有名词。这种英雄的特征是高傲、孤独、坚强。他们信奉个人英雄主义，遭遇坎坷和失败时表现出彷徨、苦闷、悲观，甚至虚无主义。"拜伦式英雄"既是拜伦作品中塑造的一类人物形象，也是这位19世纪浪漫主义诗人个性的投射。这样一位诗人，他的世界观与其人生经历有着千丝万缕的关联。他出生贵族，10岁就继承爵位，还曾经在剑桥大学就读，这看上去是鲜花着锦的人生。然而，天生跛足的他出生于没落贵族，因家中变故，有一位情绪变化无常，成天对自己冷嘲热讽的母亲，童年的不幸需要他用一生去治愈。同时，社会环境又是另一个影响他的因素。启蒙主义之后兴起的浪漫主义更热烈地倡导"自由、平等、博爱"，这些理想主义的光芒成为那个时代的明灯，那个时代的青年崇尚激进思潮，憎恶社会制度的不满和政府的衰朽，具有火热的战斗热情，拜伦就是其中之一。拜伦12岁开始诗歌创作，20岁时开启的漫游生活让他的视野变得开阔，他最终成为一位家喻户晓的诗人和一名伟大的民主革命战士，在支持希腊人民的解放斗争中发挥了重要的作用，后来在沼泽地身患热病逝世。拜伦的临终呓语是"前进，前进，勇敢些"，可见这位手持剑柄的侠义诗人那响彻云霄的豪情壮志。

《唐璜》是拜伦最出名的一部长篇诗体小说，虽然没有完篇，但这部作品对封建主义和资本主义批判，描摹了当时广袤的社会生活，其意境之宏大与开阔成为欧洲文学史上不多见的旷世杰作。拜伦的创作种类丰富，除了诗体小说，还有诗剧、叙事诗和抒情诗。本节笔者将带大家欣赏他的《耶浮沙的女儿》，这首抒情诗收录在《希伯来歌曲》中。

## 耶浮沙的女儿

（查良铮　译）

既然我们的国家，我们的上帝，
噢，父亲！都要你的女儿死亡，
既然你用誓言取得了胜利——
请用刀刺进我袒开的胸膛！

于是我的悲恸不再发出声音，
故乡的山峰不再有我的足迹；
哦，是我所爱的手使我丧命！
我不会痛苦于你的那一击！

相信吧,我的父亲!相信这句话:
你的孩子的血是纯净的,
它和我祈祷的福泽一样无瑕,
它纯净有如我最后的思绪。

别管撒冷的少女的悲叹声,
英雄和法官呵,任她们哀求!
我已经为你赢得伟大的战争,
我的父亲和祖国获得了自由!

等你赋与的血液已经流完,
等你所爱的这声音沉寂了,
让我留下的记忆使你心欢,
别忘了我死的时候含着笑!

  1811—1816年,拜伦主要以《圣经》为题材进行诗歌创作。对现实社会的失望和不满改变了拜伦的书写对象。拜伦热情地渴望英雄的存在,于是他将选材延伸到《圣经》,在这部宗教经典中寻求素材和灵感。这首《耶浮沙的女儿》就取材于《旧约·士师记》的故事。

  耶浮沙是古代以色列的一名士师,率众抵抗阿芒人的入侵,后获胜。在即将攻打阿芒人时,他曾经向耶和华祈愿,将以归国时遇到的第一个从家门出来的东西作为祭礼献给耶和华。谁知他返回家乡,第一个出来迎接他的竟然是唯一的女儿。因为不能违背对神的誓言,所以这令他无比痛苦。他的女儿十分深明大义,为了国家和民族的利益,毅然决然地选择了牺牲自己的生命。

  诗歌中塑造的这位勇敢的女子形象令人敬重和赞赏。第一节的末句"请用刀刺进我袒开的胸膛"语言铿锵有力,开篇就淋漓尽致地书写了女子对国家和父亲的爱。第二节"悲恸"一词刻画了女子深深的悲哀,本来父亲征战在外,就聚少离多,好不容易等来父亲,却听闻自己成为耶和华的祭品的噩耗,但无论内心多么痛苦,女孩都无比坚毅,因为她是为了所爱的父亲和国家,为了崇高的自由,她即使是面对死亡,还是微笑着,从容面对。这首诗歌将女儿心灵的圣洁和灵魂的高尚渲染到极致。然而,人无法左右命运的悲剧,结局是在这宏大的"孝"与"义"的背景下,呈现出苍凉的忧伤。

## 四、迷人的幸福的星辰射出光芒——亚历山大·谢尔盖耶维奇·普希金《致恰达耶夫》

普希金最著名的诗是《假如生活欺骗了你》。我们为普希金在诗歌中歌咏的乐观与积极而感叹与振奋,并被其中洋溢的激情所感染。普希金,这位被别林斯基赞为"第一个偷到维纳斯腰带的俄国诗人,每个感觉、每个思想和每种情绪都充满着诗"的伟大诗人,为俄罗斯文学留下了一抹靓丽的色泽。

本节笔者向同学们推荐普希金的《致恰达耶夫》。恰达耶夫是近卫骑兵团的一名军官,曾在1821年参加了十二月党人的秘密团体"幸福同盟"。恰达耶夫也是一名思想家,在1836年发表了著名的《哲学书简》,批判俄国的农奴制和沙皇的暴政。他的思想对普希金有重要的影响作用,这首诗歌就是写于普希金与恰达耶夫的一次谈话之后,那时普希金只有19岁。

### 致恰达耶夫

(戈宝权 译)

爱情,希望,平静的光荣
并不能长久地把我们欺诳,
就是青春的欢乐,
也已经像梦,像朝雾一样消亡;
但我们的内心还燃烧着愿望,
在残暴的政权的重压之下,
我们正怀着焦急的心情
在倾听祖国的召唤。
我们忍受着期望的折磨,
等候那神圣的自由时光,
正像一个年轻的恋人
在等候那真诚的约会一样。
现在我们的内心还燃烧着自由之火,
现在我们为了荣誉献身的心还没有死亡,
我的朋友,我们要把我们心灵的

美好的激情,都呈现给我们的祖邦!
同志,相信吧:迷人的幸福的星辰
就要上升,射出光芒,
俄罗斯要从睡梦中苏醒,
在专制暴政的废墟上,
将会写上我们姓名的字样!

这是一首抒情诗,诗歌直抒胸臆,书写了青年战士的爱国热情,充满奔涌的激情,主人公全身心地投入抵抗专制和暴政的革命中,投入为追求自由而掀起的伟大革命浪潮之中。青年一代面对个人情感与国家责任使命,应拥抱崇高的政治理想,牺牲个人的幸福,为国家和人民而战斗。诗歌表达了对祖国前途的信心和希望,相信革命一定会取得最终的胜利,全诗饱含炽烈的革命乐观主义精神和大无畏精神。

诗歌的第一节将爱情和希望这些人们所认定的幸福价值观与祖国的召唤并举,将二者于我们的意义进行对比,突出了责任的重要性。面对残酷政权的压迫,我们内心像火一样燃烧着愿望,坚韧地抗争是我们唯一的出路。接着,诗人运用了一个类比,将忍受着期待与折磨、等候神圣自由的我们比作一个年轻的恋人等待着赴约,诗人的语言满是热情与激越。这首作品的高潮部分在结尾,诗歌采用祈使句语气,热烈地发出呼吁,表达了对未来的信心和勇气。诗句高亢有力,豪情万丈,像一道光,划破黑暗的长空。

然而,七年之后的"十二月党人"起义那淋漓的鲜血痛苦地书写着斗争的残酷,当然,更有烈士们勇往前进的决绝。革命后期,尤其是起义失败后,普希金本人也遭到流放和幽禁,诗歌的风格发生了转变,包括他的代表作——诗体小说《叶甫盖尼·奥涅金》,作品更趋于现实主义的笔法,由早期的狂热转向深邃与厚重。所以,我们读普希金的诗歌时应用一种历史的眼光,更全面地看待他的作品。

## 五、恢宏悲壮的英雄咏叹调——沃尔特·惠特曼《哦,船长,我的船长》

恩格斯在1864年给约瑟夫·魏德迈的书信中指出,奴隶制是美国政治和社会发展的障碍。黑人的个人权利和尊严问题则是奴隶制变革的核心问题。在美国历史上,或者说人类历史上,有一位伟大的总统——亚伯拉罕·林肯,他为此作出的贡献是彪炳史册的。林肯统率联邦武装平定南方反动奴隶主的分离主义叛乱,颁布了《解放黑人奴隶宣言》。当人们沉浸在废除奴隶制和联邦统一资产阶级民主革命胜利的喜悦之中时,1865年4月14日的夜晚,林肯遭到暗杀身亡,这让他的伟大事业的所有追随者陷入了深深的悲痛之中。人们写下诗篇悼念林肯,其中,19世纪美国浪漫主义诗人沃尔特·惠特曼的这首《哦,船长,我的船长》享有非常高的知名度。

惠特曼喜爱希腊的悲剧、《荷马史诗》、但丁和莎士比亚的作品,他丰富的工作经历和崇尚自由的个性,为其诗歌创作打开了更广阔的视野。惠特曼的诗歌创作,常运用短句作为基础韵律,并加以重叠句、平行句,音步格式的多样化形成抑扬顿挫的韵律,以渲染铺垫情感。阅读这首诗歌,相信同学们会深有感触。

### 哦,船长,我的船长!(节选)
(江 枫 译)

我们的船长不作回答,他的双唇惨白、寂静,
我的父亲不能感觉我的手臂,他已没有脉搏、没有生命,
我们的船已安全抛锚碇泊,航行已完成,已告终,
胜利的船从险恶的旅途归来,我们寻求的已赢得手中。
欢呼,哦,海岸! 轰鸣,哦,洪钟!
可是,我却轻移悲伤的步履,
在甲板上,那里躺着我的船长,
他已倒下,已死去,已冷却。

这首诗歌以雄浑悲壮的笔调书写了一位巨星的陨落。诗歌采用比喻和象征手法,以艰险的航程比喻林肯率领资产阶级民主革命,将林肯比作船长,诗歌境界宏大,情感饱满,表达了炽烈的悲伤和赞美。

完整原诗的第一节从欢腾和热烈着笔,表现了人们胜利的喜悦,也展现了当时北方各州的面貌。走过"惊涛骇浪"的战争岁月,本该进入从容的返航阶段,但殷红的鲜血成为人们记忆中挥之不去的伤疤,因为伟大的革命领袖已倒下、死去和冷却,那个带领着民众追求自由和幸福的领导者惨白、寂静,没有了声息,人们也心如死灰。诗歌多次反复地悲吟"你已倒下,已死去,已冷却",将人们的绝望凸显得淋漓尽致,让读者沉浸在这无边无际的悲痛之中。

这首诗歌的语言具有感染力,营造了悲怆的氛围。诗歌将卑劣的刺杀行径带

来的阴郁、灰暗和冷寂的刻画得凄楚真切。这样的艺术效果也有赖于诗歌中长短句的使用。"欢呼,哦,海岸!轰鸣,哦,洪钟!"人们的呐喊声、海水的浪涛声和钟声交汇在一起,似乎都在为逝去的英雄悲鸣。

## 第七节　象征主义与超现实主义时期

到了19世纪,象征主义和超现实主义为诗歌领域增添了一抹异彩。波德莱尔的《恶之花》是象征主义的第一部诗集。象征主义注重个人内心世界的张扬,运用象征的手法描摹外在,诗人们对时代的反叛和自我价值评估成为作品中的最强音。超现实主义是第一次世界大战后在法国文化领域兴起的对资本主义传统文化思想的反叛运动。超现实主义文学强调"自动性书写",即自由地使用写实、象征和抽象等手法,给人们带来独特的审美体验。

### 一、越过了群星灿烂的天宇边缘——夏尔·皮埃尔·波德莱尔《高翔远举》

本节我们将欣赏19世纪法国现代派诗人、象征派诗歌的先驱夏尔·皮埃尔·波德莱尔的作品。波德莱尔的代表作品是《恶之花》,这是19世纪最具影响力的诗集之一,但这部作品曾经给波德莱尔带来"伤风败俗"和"亵渎宗教"的罪名,他被勒令删去六首诗歌并遭受责罚。四年之后,诗歌的第二版获得很大的成功。《恶之花》是法国诗歌史上一部里程碑式的作品。诗歌全方位地展示了城市生活,也反映了人最真实的情感和需求,洞悉自我最深沉的内心角落,用生动的语言描摹每一个鲜活的个体。诗歌音律优美,节奏和谐,运用象征的艺术表现手法,成为法国文学史上划时代的重要作品,也成就了波德莱尔法国象征主义诗歌的鼻祖地位,对后世的象征主义作家具有深远的影响。法国象征主义诗人兰波尊他为"最初的洞察者,诗人中的王者,真正的神"。

波德莱尔的血液中充斥着强烈的反叛精神。他对资产阶级的制度与社会道德发出挑战,无论在现实生活中,还是他的文字中,他都力求打破禁锢的锁链,寻求身体和精神的解放与自由。波德莱尔博览群书,大量的文学作品阅读经历以及与画家和文学家的交友经历,对他的文学创作具有较大的促进作用。不过,关于这位诗人的生平,我们最不能忽略的是他的童年经历。波德莱尔是一个天生的孤独者,童年时母亲改嫁,他从生父那里继承诗人的气质,然后遇见继父的专制与高压,二者像冰与火的对立。诗歌创作给他带来赞誉与批评,疾病缠身,加上生活的起起伏伏,让心思细腻的他变得更加敏感,作品也蒙上孤独、空寂与冷傲,耐人寻味。

## 高翔远举

(郭宏安 译)

飞过池塘,飞过峡谷,飞过高山,
飞过森林,飞过云霞,飞过大海,
飞到太阳之外,飞到九霄之外,
越过了群星灿烂的天宇边缘。

我的精神,你活动轻灵矫健,
仿佛弄潮儿在浪里荡魄销魂,
你在深邃浩瀚中快乐地耕耘,
怀着无法言说的雄健的快感。

远远地飞离那致病的腐恶,
到高空中去把你净化涤荡,
就像啜饮纯洁神圣的酒浆,
啜饮弥漫澄宇的光明的火。

在厌倦和巨大的忧伤的后面,
它们充塞着雾霭沉沉的生存,
幸福的是那个羽翼坚强的人,
他能够飞向明亮安详的田园;

他的思想就像那百灵鸟一般,
在清晨自由自在地冲向苍穹,
——翱翔在生活之上,轻易地听懂
花儿以及无声的万物的语言。

诗歌第一节采用六组整齐的四字格形成排比,语势强烈,句式整齐,语言逸动,由低到高，由近至远，由小到大，意境宏大而开阔，表现了诗人对自由的强烈渴望。诗人要逃离这致病的腐恶和巨大的忧伤，追求天宇之上那纯洁的神圣与空灵，文字中洋溢着浪漫主义的洒脱和决绝。诗歌的选词巧妙，对于痛苦的描写淋漓尽致，对于光明的企慕真切可感。比如"荡魄销魂""神圣的酒浆""光明的火"，诗人绘制了令人向往的自由空间，读者能从文字中感受到那跃动的欢乐与明媚，那是世人莫不艳羡的自在之境。在那里，我们会忘却雾霭沉沉的生活负累，可以徜徉在明亮安详的伊甸园中；在那里，我们能体验不受羁绊的行走和思维的自由驰骋，能读懂大自然的语言，感受大自然的气息，聆听物语，感受心灵的澄澈，获得灵魂的涤荡。逃离现实生活，奔向那没有痛苦和羁绊的天地，是每一个现实生活中的人的心之所向，所以，这首诗既是诗人情感的宣泄，又像一个生动的隐喻，或许我们都是诗中的主角。

## 二、趱行，趱行，穿过阳光和绿荫坡——爱伦·坡《黄金国》

谈到爱伦·坡，可能大家最容易想到的是"惊险与推理"。这位美国浪漫主义思潮的代表作家，文学创作的最高峰是短篇小说。他一生中创作了 70 余篇短篇小说，有近 30% 都是精品，在美国文学史上占据着不可替代的霸主地位。他的短篇小说对后世的侦探小说、恐怖小说都具有很大的影响。爱伦·坡擅长描写心理，运用推理串联故事，波澜起伏，引人入胜。他的小说对死亡、恐怖和幻灭一类主题具有深刻的认知，作品很厚重，氛围有些阴郁，崇尚艺术的真实和生活的真实是爱伦·坡永恒的追求。

爱伦·坡诗歌数量并不多，但他是一位诗歌创作的奇才。他的诗歌和小说风格有一些相似，文字里呈现古怪、奇特和病态的意境，有种颓废之感，表现了浪漫主义与象征主义、印象主义和超现实主义的交集与超越。

《黄金国》常常被人们称为爱伦·坡的最后一首诗歌，塑造了一位为理想锲而不舍、百折不挠的勇士形象。

### 黄金国

（李文俊 译）

锦衣华饰，
英武的骑士，
穿过阳光和绿荫坡，
长途行旅，

高歌一曲，
到处寻找黄金国。

两鬓渐斑——
这铮铮铁汉——
心中一阵阵焦灼，
当他发现
遍寻不见
传说中的黄金国。

壮士坠地
已奄奄一息，
游荡的黑影从身边过——
他问："影子，
哪里才是——
流乳与蜜的黄金国？"

"月亮上面，
山的那边，
穿过幽深的黑沟壑，
趱行，趱行，"
这么说，那黑影——
"若想寻得黄金国！"

爱伦·坡受到浪漫主义诗人和英国作家沃尔特·司各特的影响。在诗歌方面，他的早期创作沿袭了英国柯勒律治的唯美主义观念，他认为："美是诗歌的唯一正统的领域。"他在诗歌中歌咏生命不竭的激情和热切。

黄金国是西方传说的一片理想国土，那里有用之不竭的财富，是人们的理想圣地。诗人在诗歌中提及这个意象，并非寻求黄金，而是以黄金国比喻人们向往的乐土。

读这首诗，也许你会被其中的决绝感染。这位坠地的勇士即使奄奄一息，也从不忘却自己的使命，无论前路多么黑暗与渺茫，不管道路的幽深与崎岖，勇士仗剑长歌，义无反顾地朝着自己前进的方向，走过阳光与绿荫，迈向绝壁与艰险，无论是否可以到达黄金国，他都不会退缩。除了决绝，也许，我们也会为他的孤独而感怀。

骑士是天生的孤独者,他们为了心中的理想,戎装出发,没有伴侣,没有后盾,在苍茫的天宇之间,唯有孤雁映衬,内心的焦灼炙烤着他们,意想不到的绝望一次次袭来。但,无论身处怎样的绝境,无坚不摧的意志成为他们精神的支柱,让他们勇往直前,豪气满怀。

### 三、逃离狂乱的反叛——斯特凡·马拉美《蓝天》

斯特凡·马拉美是法国诗坛现代主义和象征主义诗歌的领袖人物,有"诗人之王"的美誉。马拉美因作品《牧神的午后》走红后,常在家中举办诗歌沙龙,很多文化名流光顾,在当时具有较高的知名度和影响力。因为沙龙在星期二举行,所以被称为"马拉美的星期二"。

马拉美从小喜欢沉思,他受到波德莱尔和爱伦·坡的影响,诗歌语言比较晦涩难懂。下面我们欣赏他的代表作之一《蓝天》。

#### 蓝天(节选)
(郑克鲁 译)

永恒的蓝天从容的嘲讽像花朵,
有一种慵倦的优美,在责怪
无能的诗人;越过痛苦的荒漠,
诗人在诅咒自己缺乏天才。

我闭着眼睛逃遁,感到才能
怀着深沉的内疚和惊慌凝视
我空落落的心灵。逃往哪里?试问,
似破布的长夜如何扑向恼人的蔑视?

……

那是徒劳!蓝天胜利了,我听见它
在钟声里歌唱。我的心灵变成声音,
它可恶的胜利更使我们害怕,
它从活金属溢出,化作蓝色的三钟经!

这首诗中,诗人像一个独白者,又像一个在梦境的迷幻中挣扎的过客。蓝天作为他的对立面和审视者,是那样突兀和张扬,诗人想逃避,又无从逃离这种枷锁与反叛。文字跌宕,情节真切,颇有韵味。

在诗歌中,马拉美似有通灵的能力,他像一位从灵界而来的使者,以不同凡俗的眼光冷静地看待这个现实世界,并用他的诗歌来抒发他的意志。面对蓝天,诗人发出诅咒,但无法免除惊慌和内疚。他更渴望洞悉宇宙的奥秘和自然的法则。原诗中有"黑色的长带"和"垂死的太阳"等词语,表现出奇幻、神性和深邃,像一个纷繁的空间,普通人能感知,却又有些不可捉摸,能体会,却又觉得似近还远。读他的作品,我们会感觉到生命被充盈,被拉伸,被旋转,被抛向更深的未知,难以言说的情绪、情感在激荡。有一些时刻,他的诗会骤然间照见我们自处之态,纯真与复杂、激越与舒缓并存。

这首诗语言优美,句式创新,追求自由,具有音乐性,属于当时诗坛中富有开创性的作品,亦属于马拉美非常典型的象征主义作品。

### 四、我点起一堆火——保尔·艾吕雅《为了在这里生活》

保尔·艾吕雅是法国著名的超现实主义诗人,而且是两次世界大战之间影响最大的诗人。何为超现实主义?超现实主义是一种西方文艺流派,在两次世界大战之间盛行于欧洲。法国诗人和评论家安德烈·布勒东(1896—1966年)是超现实主义创始人之一。布勒东于1924年在巴黎发表第一篇《超现实主义宣言》,在宣言中,他认为超现实主义是纯粹的自动主义,不依赖于任何美学或者道德的偏见。超现实主义要"化解向来存在于梦境与现实之间的冲突,而达于一种绝对的真实,一种超越的真实"。超现实主义的理论依据来自弗洛伊德的精神分析理论。第二次世界大战期间艾吕雅站在抵抗运动的作家一边,加入了反法西斯和纳粹的斗争。他的一首题为《自由》的诗是法国最著名的诗歌之一。

保罗·艾吕雅的诗歌风格明朗、朴实,散发着生活的气息,又具有浓烈的抒情意味。他的诗歌大量采用修辞手法,诗歌表现形式独特,对理性和感性世界进行阐发,对逻辑与现实的关系予以解析,冲破藩篱,革除常规,将文艺作为抒发个人心理的过程,体现了对潜意识心理的深层挖掘。

#### 为了在这里生活

(张冠尧 译)

蓝天撇下了我,我点起一堆火,

点起火,以便做火的朋友,
点起火,好进入沉沉的冬夜,
点起火,为了更好地生活。
白天给予我的一切我都给了火;
森林,灌木,麦田,葡萄园,
鸟窠和窠里的鸟,房屋和屋里的钥匙,
昆虫,花朵,皮裘,欢乐。
我只听见火焰噼啪的声音,
闻到它的芬芳,感到它的温暖;
我象一条小船在深闭的水面下沉,
我象个死人,只有孑然一身。

　　这首诗歌采用梦境式的联想方式,围绕中心意象进行拓展和延伸,书写了"水""火""我"的交织与重叠。诗歌通过丰富镜像的营造,刻画了诗人丰富而细腻的内心世界。

　　诗歌开篇述说了"我"与蓝天的关系,主体"我"被蓝天撇下,但是"我"点燃了火,火让"我"进入沉沉的冬夜,抵御冬日的严寒与孤寂。火象征着光明、温暖和美好,这一形象和作为主体的"我"是互相映衬的。火成为蓝天的替代,且给予"我"更美好的生活,隐喻了从苦难的泥淖中走出的人们获得的精神慰藉,也是自我求生和战胜自然的标志。这不仅仅是物质层面的解脱和自由,它同样具有哲学层面的意味。火意味着永恒,是神秘而不竭的力量之源,它在我们的精神意识中扎根,唤起作为万物灵长的我们征服这个世界的勇气,只要我们努力改造外在,火焰的噼啪声、火焰的芬芳以及它的温暖都是大自然最美好的馈赠。

　　不过,读到最后一句,也许同学们会不理解,为何前面的温暖与明媚骤然湮灭,转而呈现出一种莫可名状的死寂?诗人要表达怎样的主题呢?

　　诗歌中两种意境的对比象征理想与现实的矛盾,诗人描摹了一个生机盎然的世界,但现实生活的残酷撕裂一切美好和梦幻。所以作品最后的写实手法,将诗人的孤独无依和寂寥表现出来,那种死亡和孤寂是扑面而至的,我们除了叹息,也为诗人顽强的意志而叹服。

## 五、我给你我的寂寞——豪尔赫·路易斯·博尔赫斯《我拿什么才能留住你》

博尔赫斯是阿根廷著名诗人、小说家、散文家和翻译家。他出生于一个英国血统的律师家庭,从小广泛涉猎文学,掌握多国文字,这是他作品种类丰富的原因之一。博尔赫斯早慧,7岁时,他就用英文缩写了一篇希腊神话。8岁时,他根据《堂吉诃德》,用西班牙文创作了名为《致命的护眼罩》的故事。9岁时他进入学堂直接读4年级,系统地学习西班牙和阿根廷古典文学。博尔赫斯被西方评论界认为是阿根廷最重要的当代作家,曾经获得过阿根廷国家文学奖、西班牙福门托文学奖、塞万提斯文学奖。

博尔赫斯这位阿根廷作家的作品在20世纪80年代被译介到中国,经过十来年的时间,已广为传播。博尔赫斯受到尼采、叔本华的影响较大,在作品基调上表现出孤独、迷惘,也有一种说不尽的深邃与内敛。在创作手法上他也曾经仿效卡夫卡、爱伦·坡等人,形成超现实主义风格。

《我拿什么才能留住你》是博尔赫斯的作品中极负盛名的一首。无论是英文版还是中文版,读来都十分惊艳,字句间情感深刻,动人心弦。这首诗作于1934年,收录在诗集《另一个,同一个》中。

### 我拿什么才能留住你(节选)
#### (王永年 译)

我拿什么才能留住你
我给你瘦落的街道、
绝望的落日、
荒郊的月亮,
我给你一个久久地望着孤月的人的悲哀。
我给你我已死去的祖辈,
后人们用大理石祭奠的先魂,

……

我给你早在你出生前多年的
一个傍晚看到的一朵黄玫瑰的记忆。

> 我给你关于你生命的诠释，
>
> 关于你自己的理论，
>
> 你的真实而惊人的存在。
>
> 我给你我的寂寞，
>
> 我的黑暗，
>
> 我心的饥渴，
>
> 我试图用困惑、危险、失败来打动你。

这是一首情意缱绻的抒情诗歌，标题"我拿什么才能留住你"本身就是一个很深沉的命题。这首诗歌在一遍遍地发问、反思和回复中，表达了对诗歌中的"你"莫可名状的情意。开篇的句子很惊艳。"瘦落"用以修饰街道，"绝望"描摹落日，还有荒郊清冷的孤月，诗人在营造一种狭长、冷寂的黄昏暮色，没有人烟，没有朝气，没有欢悦，只有无边无际的静。接着诗人进入个人叙事，写祖辈那戎马倥偬的战争岁月和铮铮作响的历史印证，先辈的魂灵成为我们的守护，无论时光如何变迁，那不可变换的信仰与纯洁，都与我们相依。

诗人采用了丰富的意象表现"我"对"你"的情意和挽留。但这首诗选择意象的角度很独特，不同于一些情诗中的意象，这里选择的意象的色调很暗沉，以至于是用一些消极的意象来表达。这种写作方法是一种逆向思维，采用与常规相反的事物，给读者留下深刻的印象。如何理解这种消极？这种消极是来自心底的呼唤，以卑微和痛苦的体验来挽留对方，将诗人的情感表达得淋漓尽致，情感更决绝，似绝望中的苦吟，也似黑夜中苦苦求索的光亮。

## 第八节 诺贝尔文学奖得主的诗歌

本章的前七节按照时间顺序依次介绍了外国诗歌中的一些典型流派和作品，在最后一节，笔者意欲以诺贝尔文学奖得主的诗歌来结束这一程诗歌之旅。诺贝尔奖是根据诺贝尔1895年的遗嘱而设立的五个奖项，包括物理学奖、化学奖、和平奖、生理学或医学奖和文学奖，其中，文学奖旨在奖励文学领域中具有理想倾向的最佳作品。本节笔者将为同学们推荐五位诺贝尔文学奖得主的诗歌。

## 一、孤独的世界里默默地燃烧着自己——苏利·普吕多姆《孤独与沉思》

法国诗人苏利·普吕多姆是首届诺贝尔文学奖获得者。与苏利·普吕多姆(1839—1907)同时期的文学家不乏文学泰斗级人物,比如俄国大文豪列夫·托尔斯泰、挪威剧作家易卜生、法国自然主义作家左拉、法国诗人米斯特拉尔等,但首届诺贝尔文学奖的殊荣归属于普吕多姆。能成诺贝尔文学奖第一人,他的诗歌作品的成就是值得研究的。当然,这和诺贝尔的遗嘱中要求文学奖的获得者必须"创作出具有理想倾向的最佳作品"有关。苏利·普吕多姆的获奖原因是:"特别表彰他的诗作,它们是高尚的理想、完美的艺术和罕有的心灵与智慧结晶的实证"。

苏利·普吕多姆的诗歌风格和同时代的诗人不相同,他的诗歌专注于对内心世界的反映和对生活意义的挖掘,用诗意的表现形式阐释哲学的意蕴,体现了人类情感中的爱、决绝、憧憬与躁动,诗歌具有鲜明丰富的音乐性。从作品价值而言,其早期的抒情诗更胜一筹,抒情短诗是他获得诺贝尔文学奖的重要原因。他早在1865年发表了《长短诗集》,大获成功,其中的《破裂的花瓶》一诗广为流传。苏利·普吕多姆的《孤独与沉思》体现出哲学意味,表现了诗人对思想与精神世界的探索。瑞典文学院评价苏利·普吕多姆的抒情诗歌体现出高贵和尊严,也充满了感情和冥想。这位诗人很擅长组合,他还曾经将诗歌与科学结合在一起,力图将科学成果与现代思辨融合在一起。

下面我们将欣赏普吕多姆的一些诗歌片段。

### 灵感(节选)
(胡小跃 译)

> 一只色彩奇异的孤鸟
> 落在一个女孩肩上;可是
> 她拔去它艳丽的羽毛,
> 制造了痛苦,用鸟的整件彩衣。

节选的文字是《灵感》的第一段,诗人表现了两个对象:色彩奇异的孤鸟和女孩。读者能感觉到两者的关系是一个悲伤的结局:女孩拔去孤鸟艳丽的外衣,并用这彩衣制造了痛苦。这段描写与诗人的经历有关,青梅竹马的表妹另嫁他人,这给普吕多姆带来的打击是巨大的,美丽爱情的幻灭成为他一生都在啜饮的苦水,终生未娶的他在诗歌中描摹爱情时常常有挥之不去的哀伤。

**破裂的花瓶**(节选)

(郑克鲁 译)

扇子一下微微敲裂
马鞭草枯萎的花瓶;
这只不过轻轻一击:
并没有发出什么声音。

这段诗歌运用了比兴的手法开篇,扇子轻轻地敲击导致花瓶裂缝,瓶中水渗透出来后马鞭草枯萎,花儿最终凋谢。扇子不经意的误伤带来花瓶的碎裂和花木的枯萎,这暗喻爱情中的伤害,这种伤害在诗人内心深处刻下无法痊愈的伤痕。

**眼睛**(节选)

在坟墓的另外一侧,
向无边的黎明大张,
可爱,漂亮,蓝或黑的
眼睛,合上仍在凝望。

在这首诗中,诗人面对自然景物中的繁星,采用虚实结合的方式,为诗歌营造了神秘、幽深又迷蒙的意境,将人的内心世界和客观景物关联在一起,通过自然之物的隐喻来表达幽微的情感,表达了细腻的情感与丰富的精神。

法国评论家朗松评价道:"苏利·普吕多姆的精美的诗歌陈述了难以形容的、细腻的、微小的印象,显示出难以形容的精神力量。"①

## 二、灵魂对永恒的渴望——罗兵德拉纳特·泰戈尔《吉檀迦利》

本节我们将走近印度的"诗圣"——罗兵德拉纳特·泰戈尔。泰戈尔是对中国影响深远的外国作家之一。泰戈尔在中国时,曾由徐志摩和林徽因陪同赏玩杭州一带的景点,给中国的学生做即兴演讲,并应邀到清华大学演讲。冰心的诗歌也深

---

① 郑克鲁.法国经典文学研究[M].北京:商务印书馆,2018:85.

受泰戈尔《飞鸟集》的影响。这位名冠亚洲及全球的诗人,也是亚洲第一位诺贝尔文学奖获得者,为东方文学的传播作出了不朽的贡献。

1913年,泰戈尔凭借《吉檀迦利》获得诺贝尔文学奖。瑞典学院诺贝尔委员会主席哈拉德·雅恩在《诺贝尔文学奖颁奖词》中认为《吉檀迦利》"特点为思想的极大深度",是呈现"灵魂对永恒的渴望"而又"充满诗意的思想"的清新、优美的诗歌。这部诗集是宗教诗集,对《吉檀迦利》通行的理解是"献给神灵的诗歌",献给神的"生命之歌",是以神为倾诉对象的对生命的歌咏。光华与暗淡、苦乐与荣辱,人生的意义,心灵的超越,美与爱都是诗人思考和描述的主题。作品创造了一个澄澈、静谧、无纤尘的精神世界,在这个空间里,我们更清晰地听见自己,更透彻地感知外在世界。这部作品也同时表现了诗人对祖国前途命运的关怀与希冀,是一部神圣空灵、意境宏大的作品。

《吉檀迦利》共有103首,诗人在序曲中通过描述神与人的亲密关系说明了诗歌创作的缘由,中间部分表现了对神的思念、渴慕以及歌颂,也表明了诗人对光明和人神合一的追求。

## 《吉檀迦利》第12首

(冰 心 译)

我旅行的时间很长,旅途也是很长的。
天刚破晓,我就驱车起行,
穿遍广漠的世界,
在许多星球之上,留下辙痕。
离你最近的地方,路途最远。
最简单的音调,需要最艰苦的练习。
旅客要在每一个生人门口敲叩,
才能敲到自己的家门;
人要在外面到处漂流,
最后才能走到最深的内殿。
我的眼睛向空阔处四望,
最后才合上眼说:"你原来在这里!"
这句问话和呼唤"呵,在哪儿呢?"

融化在千股的泪泉里,

　　和你保证的回答"我在这里!"的洪流,

　　一同泛滥了全世界。

　　对生命哲学的深刻剖析是《吉檀迦利》的重要特色。泰戈尔在印度的古典哲学中融入了西方现代文明思想,将人文主义、科学精神、宗教文化交织在一起。对神灵的理解不是单一维度的解读,而是以人的精神自由和崇高信念为基石的灵魂升华。他的作品不仅是对神的献礼,更是以神的视角对人自尊、自信的树立和张扬。神的角色并不是一个高高在上的评判者,而是一种与人的性灵共存、相伴,融入人的精神领域的圣洁的力量,人在拥有这种超自然力后,更能认识自己的崇高和使命。这是神秘而生动的浪漫主义,也是泰戈尔的人道主义和博爱精神的体现。

　　原本渺小的个体在神灵的庇佑和精神互通之下,具有无穷的创造力和超越凡尘的魄力,能明确自己的人生目标,能独立自主地抒发个人的情感和追逐自己的信念,在茫茫宇宙中,不再孤寂和虚弱,散发真实可感的生命力和活力,实现自我和超我的完美统一。在书写这样的主题时,泰戈尔采用的文字却是朴素的,素雅的诗行中包蕴着深沉的哲理,让《吉檀迦利》散发出别样的艺术魅力。

### 三、最真实的英雄主义——埃乌杰尼奥·蒙塔莱《生活之恶》

　　为何将本节的标题命名为"最真实的英雄主义"?那是因为阅读蒙塔莱的诗歌《生活之恶》,容易让我们想起19世纪末20世纪初法国著名的批判现实主义作家罗曼·罗兰的一句名言:"世界上只有一种英雄主义,就是看清生活的真相后依然热爱生活。"意大利诗人蒙塔莱的诺贝尔文学奖获奖作品《生活之恶》阐述的就是这样一种人生观。诗人一方面苦吟人生的悲哀与痛苦,另一方面向我们展示人生该有的奋斗姿态和决绝。生命的长河会有暗涛狂澜,但只要拥有勇气和挑战的意志,就能实现人生的理想。

　　蒙塔莱是意大利当代诗人,是隐秘派的代表人物,从小对古典文学、音乐的热爱,加上军人、图书馆管理员、音乐评论家和文学编辑的工作经历,对他的文学创作有较大的推动作用。他本人因为拒绝加入法西斯而遭受迫害,本人又目睹了走过两次世界大战的一代人的创伤,所以在他的文字中,生活的恶常常是一个绕不开的话题,其作品中表现出的矛盾和坚毅让他的诗歌熠熠生辉。

## 生活之恶（节选）

（吕同六 译）

我时时遭遇
生活之恶的侵袭：
它犹如喉管扼断的溪流
暗自啜泣，
犹如炎炎烈日下
枯黄萎缩的败叶，
又像是鸟儿受到致命打击
奄奄一息。
我不晓得别的拯救
除去清醒的冷漠：
它像是一尊雕像
正午时分酣睡蒙眬，
一朵白云
悬挂清明的蓝天，
一只大鹰
悠悠地翱翔于苍穹。

"时时"表现了生活中遭遇磨砺和坎坷是不定时的，人的一生很漫长，或许是家庭，或许是社会环境，有太多我们不可控的因素，也有更多难以预料的命运颠簸，我们身处巨大的漩涡之中，无法摆脱，被一次次侵袭、吹折、蹂躏。对于这种苦难，诗人运用了生动的比喻进行描摹，就像"喉管扼断的溪流"等待的命运是枯竭与覆灭。"暗自啜泣"这句运用拟人的修辞将溪流的悲苦进一步渲染，那种向隅而泣的无助感油然而生。紧接着，诗人运用"炎炎烈日下枯黄萎缩的败叶"和"受到致命打击奄奄一息"的鸟儿深化了生活之恶带来的痛苦。

蒙塔莱的诗歌擅长运用隐喻和象征手法，塑造了丰富的艺术形象。比如早年使他一举成名的抒情诗作《乌贼骨》中的名篇《汲水的辘轳》，诗人描写了汲水的辘轳转动，从深井中取水，隐喻诗人记忆深处的青春年华，水桶中漫溢的泉水显现了青春盈盈的微笑，这些美好均成为现实之恶中的曙光。在《英国圆号》中，"一抹晚

霞,仿佛纸鸢横飘高空",给诗人那孤独而忧伤的心灵带来柔和的抚慰。

再回到这首诗歌,诗人的情绪在诗末发生了转变,他不再沉溺于无尽的悲伤之中,而是在咀嚼伤感时极力寻求解脱和超越。那种精神和意志如"悬挂清明的蓝天"上的白云,也像"翱翔于苍穹"的悠悠苍鹰,在辽阔的天宇中追求绝对自由。诗歌运用了对比和呼应,奄奄一息的鸟儿与悠悠苍鹰,象征生命的枯竭与自在自得形成对比。作品在无可奈何的命运坎坷中表现了人最强劲的风骨,这就是人的自尊与自信,这来自精神底层的爱与美,不会被岁月侵蚀,反而在风雨肆虐中更傲然挺立。

### 四、诗的幼芽在音乐厅里催生茁长——马斯·斯特恩斯·艾略特《四个四重奏》

西方现当代诗歌史上,英国的象征主义诗人艾略特是一个特别的存在。他的代表作《荒原》反映了西方传统文明价值的衰落和人们精神的幻灭与堕落,在英美诗坛甚至整个西方都引起巨大的轰动,是象征主义诗歌的里程碑。《荒原》采用了五种语言,引用了60余种前人的著作,大量用典,采用对比和衬托,诗歌具有丰富的意蕴。这部作品以戏剧化的笔法展现了人类强烈的情感,塑造了鲜活的艺术形象。

艾略特出生于美国,1927年加入英国国籍。母亲是诗人,创作过一些宗教诗歌。艾略特在哈佛大学研修哲学、比较文学,后来结识了美国诗人庞德,这些成长经历对他的诗歌创作具有较大的影响。1948年,艾略特凭借《四个四重奏》获诺贝尔文学奖。《四个四重奏》是一部以音乐为脉络框架与表现元素的诗学作品,诗歌借助复调、对位、和声和变奏等音乐技法来构建作品。我们阅读这部作品,需要以音乐视角洞察文学表达,才能更全面地理解这部作品的文学价值和审美价值。

《四个四重奏》以二元论思想为哲学依据,模仿四重奏的乐曲形式,表现了有限与无限、瞬间与永恒、过去与未来、生与死等一系列思想,内容高度抽象,具有玄学哲理意境,书写了新颖、迷幻又玄妙的象征世界,并借助隐喻将经验世界和超验世界融为一体,作品也被刻印上现代主义的特征。这部艾略特晚期的诗歌作品表现了他成熟的哲学观和世界观。

在本节,笔者将介绍《干赛尔维其斯》的一个片段。

### 干赛尔维其斯(节选)

（裘小龙 译）

河流在我们之中，海洋在我们的四边，
海洋又是大陆的边缘，那伸入海洋的
花岗岩石，那滩边海浪卷起
关于更早的和其它的造物的暗示：
海星、寄居蟹、鲸鱼的背脊骨；
一摊摊海水中，海洋使我们好奇地
看到的优美的海藻和海葵。
海洋卷起我们的损失，撕碎的大围网，
粉碎的捕大螯虾的篓，断裂的桨，
还有异国的死者的索具。海洋有许多声音，
许多神和声音。
盐在多刺的玫瑰上，
雾在杉树里。

这是一段对海洋的描写，这段刻画是顺承前文对河流的比喻而来。在艾略特的笔下，河流是"强壮的、棕色的神"，而海洋则具有更宏大的空间和不可阻挡的自然力量。艾略特除了描摹海洋生物，还将笔触延伸到人类世界，"撕碎的围网""破龙虾篓""断裂的桨""死者的索具"等，将礁石附近的海滩写得迷离梦幻。海洋的多变、神秘和人类在海洋面前的哀婉与叹息，体现了不可捉摸的命运，文字的意蕴非常丰富。

从《四个四重奏》到《荒原》，艾略特完成了对诗歌的革新，两部作品都具有非凡的想象力，语言文字也具有穿透时空的张力。艾略特的诗歌"将过去被抹杀的意义、陈腐的意义、当下的意义、新奇的意义、最古老的意义和最现代的意义熔为一炉"。

### 五、只用深红色的火焰的语言——巴勃鲁·聂鲁达《中国大地之歌》

和泰戈尔相似，聂鲁达是20世纪获得诺贝尔文学奖的诗人中与中国关系很密切的诗人之一，他曾在1928年、1951年和1957年三次来中国。1928年他的中国之行是为宋庆龄颁发"列宁国际和平奖",此行中,他与茅盾、丁玲和艾青等文学家交往,成为一段佳话。

1951年,聂鲁达第二次来访中国。相比20多年前政治混乱、民不聊生、掠夺横行的社会生活,当时的中国在中国共产党的领导下,焕发出生机与活力,人民安居乐业。这一次,聂鲁达在艾青等作家的陪同下游览了西南一带,并从长江顺流而下经过三峡到达北京。此行改变了那个曾经积弱积贫的中国留给聂鲁达的印象,取而代之的是幸福安康的新时代下的新风尚。聂鲁达在《中国大地之歌》《致中国》等作品中表达了他对中国的赞美。

### 中国大地之歌(节选)
(袁水柏 译)

中国的大地,
我想同你讲话,
只用大地的语言,
只用水稻的绿色语言,
只用深红色的火焰的语言。

这段文字富有想象,将中国大地作为一个对话和歌咏的对象,这本身就是一种诗意的表现形式。"大地的语言""水稻的绿色语言""深红色的火焰的语言",这三组词语将语言的形象写活了。水稻的绿色讲述着这个农耕民族古老的神话,深红色的火焰是炎黄子孙血液里奔流的色泽。生机与热烈、静美与绽放都交织在这首诗的语言之中。

聂鲁达是智利的著名诗人。1924年发表成名作《二十首情诗和一支绝望的歌》,一举成名。聂鲁达曾经模仿过惠特曼、马雅可夫斯基等诗人。他的诗歌主题之一就是政治,以热烈奔放的语言歌颂受压迫民族的反抗和斗争。诗集《葡萄园和风》中就有一首《向中国致敬》。

### 向中国致敬(节选)
(袁水柏 译)

那高大的巨人一步一步长大,
无边无际的稻田、土地、建筑,

它引起了全世界人民的注目:
"你怎么长大得这样快,我的兄弟!"
······

现在,全世界人民都清楚看见,
你的广大的国土已经统一团结。
你像飓风一般迅猛有力。
你的利斧砍向奸徒,胜利的光
刺向敌人,啊,胜利的
共和国,伸出
你的手臂拥抱整个国土,
为你的永久和平奠基
······

从海洋到海洋,从平原到雪山,
世界各民族一起望着你,啊,中国!
他们说:"我们当中出现了一个多么坚强的兄弟啊!"
······

你的形象再也不是古庙旁的一个贫苦的妇女,
而是一个强壮的为人民所热爱的战士,
一只手握着胜利的武器,
一只手怀抱一束新月形的谷穗,
许多民族的命运
寄托在你的肩膀

　　这首《向中国致敬》洋洋洒洒,大量运用比喻,并将过去和现在进行对比,展示了中国的巨变。从古庙旁的贫苦到沙场上的叱咤风云,中国像一个高大的巨人一步步成长,变得强大,为世界所瞩目。在世界人民关注的目光中,中国具有飓风一样的魄力,有拥抱国土的坚实臂膀。中国手握着武器,肩挑着重担,毅然挺立,任何风雨都无法阻挡它迈着雄健的步伐向前走去。

# 附录

**表1 "五四"学制部编教材(初中)古典诗歌汇总表**

| 序号 | 篇名 | 所属年级 | 作者 | 作者年代 | 体裁 | 类别 |
|---|---|---|---|---|---|---|
| 1 | 宿建德江 | 六年级 | 孟浩然 | 唐 | 近体诗 | 羁旅行役 |
| 2 | 六月二十七日望湖楼醉书 | 六年级 | 苏轼 | 宋 | 近体诗 | 即景抒怀 |
| 3 | 西江月·夜行黄沙道中 | 六年级 | 辛弃疾 | 宋 | 词 | 山水田园 |
| 4 | 七律·长征 | 六年级 | 毛泽东 | 近现代 | 近体诗 | 边塞征战 |
| 5 | 浪淘沙(其一) | 六年级 | 刘禹锡 | 唐 | 近体诗 | 即景抒怀 |
| 6 | 江南春 | 六年级 | 杜牧 | 唐 | 近体诗 | 咏史怀古 |
| 7 | 书湖阴先生壁 | 六年级 | 王安石 | 宋 | 近体诗 | 山水田园 |
| 8 | 绝句(其二) | 六年级 | 杜甫 | 唐 | 近体诗 | 羁旅行役 |
| 9 | 逢雪宿芙蓉山主人 | 六年级 | 刘长卿 | 唐 | 近体诗 | 羁旅行役 |
| 10 | 鲁山山行 | 六年级 | 梅尧臣 | 宋 | 近体诗 | 即景抒怀 |
| 11 | 淮中晚泊犊头 | 六年级 | 苏舜钦 | 宋 | 近体诗 | 即景抒怀 |
| 12 | 迢迢牵牛星 | 六年级 | 佚名 | 汉 | 古体诗 | 思妇闺怨 |
| 13 | 寒食 | 六年级 | 韩翃 | 唐 | 近体诗 | 咏史怀古 |
| 14 | 十五夜望月 | 六年级 | 王建 | 唐 | 近体诗 | 羁旅行役 |
| 15 | 马诗 | 六年级 | 李贺 | 唐 | 近体诗 | 咏物言志 |
| 16 | 石灰吟 | 六年级 | 于谦 | 明 | 近体诗 | 咏物言志 |
| 17 | 竹石 | 六年级 | 郑燮 | 清 | 近体诗 | 咏物言志 |
| 18 | 回乡偶书 | 六年级 | 贺知章 | 唐 | 近体诗 | 羁旅行役 |
| 19 | 过故人庄 | 六年级 | 孟浩然 | 唐 | 近体诗 | 山水田园 |
| 20 | 游子吟 | 六年级 | 孟郊 | 唐 | 古体诗 | 雅趣哲理 |
| 21 | 春日 | 六年级 | 朱熹 | 宋 | 近体诗 | 雅趣哲理 |
| 22 | 观沧海 | 七年级 | 曹操 | 汉 | 古体诗 | 咏物言志 |

(续表)

| 序号 | 篇　名 | 所属年级 | 作者 | 作者年代 | 体裁 | 类别 |
|---|---|---|---|---|---|---|
| 23 | 闻王昌龄左迁龙标遥有此寄 | 七年级 | 李白 | 唐 | 近体诗 | 赠友送别 |
| 24 | 次北固山下 | 七年级 | 王湾 | 唐 | 近体诗 | 羁旅行役 |
| 25 | 天净沙·秋思 | 七年级 | 马致远 | 元 | 散曲 | 羁旅行役 |
| 26 | 峨眉山月歌 | 七年级 | 李白 | 唐 | 近体诗 | 羁旅行役 |
| 27 | 江南逢李龟年 | 七年级 | 杜甫 | 唐 | 近体诗 | 雅趣哲理 |
| 28 | 行军九日思长安故园 | 七年级 | 岑参 | 唐 | 近体诗 | 羁旅行役 |
| 29 | 夜上受降城闻笛 | 七年级 | 李益 | 唐 | 近体诗 | 边塞征战 |
| 30 | 秋词 | 七年级 | 刘禹锡 | 唐 | 近体诗 | 咏物言志 |
| 31 | 夜雨寄北 | 七年级 | 李商隐 | 唐 | 近体诗 | 羁旅行役 |
| 32 | 十一月四日风雨大作二首(其二) | 七年级 | 陆游 | 宋 | 近体诗 | 即景抒怀 |
| 33 | 潼关 | 七年级 | 谭嗣同 | 近现代 | 近体诗 | 即景抒怀 |
| 34 | 木兰诗/木兰辞 | 七年级 | 佚名 | 南北朝 | 古体诗 | 边塞征战 |
| 35 | 竹里馆 | 七年级 | 王维 | 唐 | 近体诗 | 即景抒怀 |
| 36 | 春夜洛城闻笛 | 七年级 | 李白 | 唐 | 近体诗 | 羁旅行役 |
| 37 | 逢入京使 | 七年级 | 岑参 | 唐 | 近体诗 | 羁旅行役 |
| 38 | 晚春 | 七年级 | 韩愈 | 唐 | 近体诗 | 雅趣哲理 |
| 39 | 登幽州台歌 | 七年级 | 陈子昂 | 唐 | 古体诗 | 咏史怀古 |
| 40 | 望岳 | 七年级 | 杜甫 | 唐 | 古体诗 | 山水田园 |
| 41 | 登飞来峰 | 七年级 | 王安石 | 宋 | 近体诗 | 咏物言志 |
| 42 | 游山西村 | 七年级 | 陆游 | 宋 | 近体诗 | 山水田园 |
| 43 | 己亥杂诗·其五 | 七年级 | 龚自珍 | 清 | 近体诗 | 咏物言志 |
| 44 | 泊秦淮 | 七年级 | 杜牧 | 唐 | 近体诗 | 即景抒怀 |
| 45 | 贾生 | 七年级 | 李商隐 | 唐 | 近体诗 | 咏史怀古 |
| 46 | 过松源晨炊漆公店 | 七年级 | 杨万里 | 宋 | 近体诗 | 雅趣哲理 |
| 47 | 约客 | 七年级 | 赵师秀 | 宋 | 近体诗 | 即景抒怀 |
| 48 | 野望 | 八年级 | 王绩 | 唐 | 近体诗 | 即景抒怀 |
| 49 | 黄鹤楼 | 八年级 | 崔颢 | 唐 | 近体诗 | 咏史怀古 |
| 50 | 使至塞上 | 八年级 | 王维 | 唐 | 近体诗 | 边塞征战 |

(续表)

| 序号 | 篇　名 | 所属年级 | 作　者 | 作者年代 | 体裁 | 类别 |
|---|---|---|---|---|---|---|
| 51 | 渡荆门送别 | 八年级 | 李　白 | 唐 | 近体诗 | 赠友送别 |
| 52 | 钱塘湖春行 | 八年级 | 白居易 | 唐 | 近体诗 | 山水田园 |
| 53 | 庭中有奇树 | 八年级 | 佚　名 | 汉 | 古体诗 | 思妇闺怨 |
| 54 | 龟虽寿 | 八年级 | 曹　操 | 汉 | 古体诗 | 咏物言志 |
| 55 | 赠从弟（其二） | 八年级 | 刘　桢 | 魏晋 | 古体诗 | 赠友送别 |
| 56 | 梁甫行 | 八年级 | 曹　植 | 汉 | 古体诗 | 雅趣哲理 |
| 57 | 饮酒·其五 | 八年级 | 陶渊明 | 魏　晋 | 古体诗 | 山水田园 |
| 58 | 春　望 | 八年级 | 杜　甫 | 唐 | 近体诗 | 即景抒怀 |
| 59 | 雁门太守行 | 八年级 | 李　贺 | 唐 | 古体诗 | 边塞征战 |
| 60 | 赤　壁 | 八年级 | 杜　牧 | 唐 | 近体诗 | 咏史怀古 |
| 61 | 渔家傲·天接云涛连晓雾 | 八年级 | 李清照 | 宋 | 词 | 悼亡游仙 |
| 62 | 浣溪沙·一曲新词酒一杯 | 八年级 | 晏　殊 | 宋 | 词 | 雅趣哲理 |
| 63 | 采桑子·轻舟短棹西湖好 | 八年级 | 欧阳修 | 宋 | 词 | 山水田园 |
| 64 | 相见欢·金陵城上西楼 | 八年级 | 朱敦儒 | 宋 | 词 | 即景抒怀 |
| 65 | 如梦令·常记溪亭日暮 | 八年级 | 朱敦儒 | 宋 | 词 | 即景抒怀 |
| 66 | 关　雎 | 八年级 | 佚　名 | 先秦 | 古体诗 | 雅趣哲理 |
| 67 | 蒹　葭 | 八年级 | 佚　名 | 先秦 | 古体诗 | 即景抒怀 |
| 68 | 式　微 | 八年级 | 佚　名 | 先秦 | 古体诗 | 咏物言志 |
| 69 | 子　衿 | 八年级 | 佚　名 | 先秦 | 古体诗 | 思妇闺怨 |
| 70 | 送杜少府之任蜀州 | 八年级 | 王　勃 | 唐 | 近体诗 | 赠友送别 |
| 71 | 望洞庭湖赠张丞相 | 八年级 | 孟浩然 | 唐 | 近体诗 | 赠友送别 |
|  | 石壕吏 | 八年级 | 杜　甫 | 唐 | 古体诗 | 即景抒怀 |
| 72 | 茅屋为秋风所破歌 | 八年级 | 杜　甫 | 唐 | 古体诗 | 即景抒怀 |
| 73 | 卖炭翁 | 八年级 | 白居易 | 唐 | 古体诗 | 即景抒怀 |
| 74 | 题破山寺后禅院 | 八年级 | 常　建 | 唐 | 近体诗 | 山水田园 |
| 75 | 送友人 | 八年级 | 李　白 | 唐 | 近体诗 | 赠友送别 |
| 76 | 卜算子·黄州定慧院寓居作 | 八年级 | 苏　轼 | 宋 | 词 | 咏物言志 |
| 77 | 卜算子·咏梅 | 八年级 | 陆　游 | 宋 | 词 | 咏物言志 |

(续表)

| 序号 | 篇　名 | 所属年级 | 作　者 | 作者年代 | 体裁 | 类别 |
| --- | --- | --- | --- | --- | --- | --- |
| 78 | 沁园春·雪 | 九年级 | 毛泽东 | 近代 | 词 | 咏物言志 |
| 79 | 行路难·其一 | 九年级 | 李　白 | 唐 | 古体诗 | 即景抒怀 |
| 80 | 酬乐天扬州初逢席上见赠 | 九年级 | 刘禹锡 | 唐 | 近体诗 | 赠友送别 |
| 81 | 水调歌头·明月几时有 | 九年级 | 苏　轼 | 宋 | 词 | 雅趣哲理 |
| 83 | 月夜忆舍弟 | 九年级 | 杜　甫 | 唐 | 近体诗 | 羁旅行役 |
| 84 | 长沙过贾谊宅 | 九年级 | 刘长卿 | 唐 | 近体诗 | 咏史怀古 |
| 85 | 左迁至蓝关示侄孙湘 | 九年级 | 韩　愈 | 唐 | 近体诗 | 羁旅行役 |
| 82 | 商山早行 | 九年级 | 温庭筠 | 唐 | 近体诗 | 羁旅行役 |
| 89 | 咸阳城东楼 | 九年级 | 许　浑 | 唐 | 近体诗 | 咏史怀古 |
| 88 | 无题·相见时难别亦难 | 九年级 | 李商隐 | 唐 | 近体诗 | 思妇闺怨 |
| 87 | 行香子·树绕村庄 | 九年级 | 秦　观 | 宋 | 词 | 山水田园 |
| 86 | 丑奴儿·书博山道中壁 | 九年级 | 辛弃疾 | 宋 | 词 | 即景抒怀 |
| 90 | 渔家傲·秋思 | 九年级 | 范仲淹 | 宋 | 词 | 羁旅行役 |
| 91 | 江城子·密州出猎 | 九年级 | 苏　轼 | 宋 | 词 | 即景抒怀 |
| 92 | 破阵子·为陈同甫赋壮词以寄之 | 九年级 | 辛弃疾 | 宋 | 词 | 即景抒怀 |
| 93 | 满江红·小住京华 | 九年级 | 秋　瑾 | 近现代 | 词 | 即景抒怀 |
| 94 | 定风波·莫听穿林打叶声 | 九年级 | 苏　轼 | 宋 | 词 | 即景抒怀 |
| 95 | 临江仙·夜登小阁忆洛中旧游 | 九年级 | 陈与义 | 宋 | 词 | 咏史怀古 |
| 96 | 太常引·建康中秋夜为吕叔潜赋 | 九年级 | 辛弃疾 | 宋 | 词 | 咏史怀古 |
| 97 | 浣溪沙 | 九年级 | 纳兰性德 | 清 | 词 | 羁旅行役 |
| 98 | 十五从军征 | 九年级 | 佚　名 | 汉 | 古体诗 | 边塞征战 |
| 99 | 白雪歌送武判官归京 | 九年级 | 岑　参 | 唐 | 古体诗 | 赠友送别 |
| 100 | 南乡子·登京口北固亭有怀 | 九年级 | 辛弃疾 | 宋 | 词 | 咏史怀古 |
| 101 | 过零丁洋 | 九年级 | 文天祥 | 宋 | 近体诗 | 即景抒怀 |
| 102 | 山坡羊·潼关怀古 | 九年级 | 张养浩 | 元 | 散曲 | 咏史怀古 |
| 103 | 南安军 | 九年级 | 文天祥 | 宋 | 近体诗 | 即景抒怀 |
| 104 | 别云间 | 九年级 | 夏完淳 | 明 | 近体诗 | 羁旅行役 |
| 105 | 山坡羊·骊山怀古 | 九年级 | 张养浩 | 元 | 散曲 | 咏史怀古 |
| 106 | 朝天子·咏喇叭 | 九年级 | 王　磐 | 明 | 散曲 | 咏物言志 |

表2 "五四"学制部编教材(初中)现当代诗歌汇总表

| 序号 | 篇 名 | 所属年级 | 作 者 | 作者年代 |
| --- | --- | --- | --- | --- |
| 1 | 三黑和土地 | 六年级 | 苏金伞 | 当代 |
| 2 | 荷叶·母亲 | 七年级 | 冰 心 | 现代 |
| 3 | 天上的街市 | 七年级 | 郭沫若 | 现代 |
| 4 | 周总理,你在哪里 | 九年级 | 柯 岩 | 当代 |
| 5 | 我爱这土地 | 九年级 | 艾 青 | 现代 |
| 6 | 乡 愁 | 九年级 | 余光中 | 当代 |
| 7 | 你是人间四月天 | 九年级 | 林徽因 | 现代 |
| 8 | 我 看 | 九年级 | 穆 旦 | 现代 |
| 9 | 祖国啊,我亲爱的祖国 | 九年级 | 舒 婷 | 当代 |
| 10 | 梅岭三章 | 九年级 | 陈 毅 | 当代 |
| 11 | 月 夜 | 九年级 | 沈尹默 | 现代 |
| 12 | 萧红墓畔口占 | 九年级 | 戴望舒 | 现代 |
| 13 | 断 章 | 九年级 | 卞之琳 | 现代 |
| 14 | 风雨吟 | 九年级 | 芦 荻 | 现代 |

表3 "五四"学制部编教材(初中)外国诗歌汇总表

| 序号 | 篇 目 | 所属年级 | 作 者 | 作者国别 | 作者年代 |
| --- | --- | --- | --- | --- | --- |
| 1 | 金色花 | 七年级 | 泰戈尔 | 印度 | 20世纪(1861—1941) |
| 2 | 假如生活欺骗了你 | 七年级 | 普希金 | 俄国 | 19世纪(1799—1837) |
| 3 | 未选择的路 | 七年级 | 弗罗斯特 | 美国 | 20世纪(1874—1963) |
| 4 | 统 一 | 九年级 | 聂鲁达 | 智利 | 20世纪(1904—1973) |
| 5 | 海 燕 | 九年级 | 高尔基 | 苏联 | 20世纪(1868—1936) |

# 参考文献

[1] 王国维.人间词话汇编汇校汇评[M].周锡山,编校.上海:上海三联书店,2013.
[2] 刘熙载.艺概[M].袁津琥,校注.南京:江苏人民出版社,2019.
[3] 刘勰.文心雕龙译注[M].陆侃如,牟世金,译注.济南:齐鲁书社,1995.
[4] 钟嵘.诗品译注[M].周振甫,译注.北京:中华书局,2017.
[5] 陈伯海.唐诗汇评:上[M].杭州:浙江教育出版社,1995.
[6] 王国维.王国维文学论著三种[M].北京:商务印书馆,2010.
[7] 胡适.胡适文集:第9卷[M].北京:北京大学出版社,1998.
[8] 李骞.20世纪中国新诗流派研究[M].北京:中国社会科学出版社,2012.
[9] 孙玉石.中国现代主义诗潮史论[M].北京:北京大学出版社,2010.
[10] 吴秀明.中国当代文学史写真[M].北京:北京大学出版社,2010.
[11] 叶嘉莹.古典诗词讲演集[M].石家庄:河北教育出版社,1997.
[12] 艾青.诗论[M].北京:人民文学出版社,1980.
[13] 亚里士多德.诗学[M].陈中梅,译注.北京:商务印书馆,1996.
[14] 严羽.沧浪诗话[M].普慧,孙尚勇,杨遇青,评注.北京:中华书局,2014.
[15] 朱立元.美学大辞典[M].上海:上海辞书出版社,2014.
[16] 孙绍振.孙绍振如是解读文学作品[M].福州:福建教育出版社,2007.
[17] 郑克鲁.法国经典文学研究[M].北京:商务印书馆,2018.
[18] 朱立元.西方美学思想史[M].上海:上海人民出版社,2009.
[19] 郑克鲁.外国文学史:上[M].北京:高等教育出版社,2015.
[20] 朱光潜.西方美学史:上卷[M].北京:商务印书馆,2017.
[21] 王力.诗词格律[M].北京:中华书局,2009.
[22] 敏泽.中国美学思想史[M].北京:中国社会科学出版社,2014.
[23] 童庆炳.文学概论[M].武汉:武汉大学出版社,2000.
[24] 郭绍虞.中国历代文论选[M].上海:上海古籍出版社,2001.
[25] 袁行霈.中国诗歌艺术研究[M].北京:北京大学出版社,2009.
[26] 王秀梅.诗经[M].北京:中华书局,2006.
[27] 钱理群,温儒敏,吴福辉.中国现代文学三十年 修订本[M].北京:北京大学出版社,1998.

[28] 赵京战.诗词韵律合编[M].北京:中华书局,2006.

[29] 彭庆阳.清·刘熙载《艺概·书概》解析与图文互证[M].北京:中国书店,2019.

[30] 傅德岷,卢晋.宋词鉴赏辞典[M].上海:上海科技技术文献出版社,2019.

[31] 俞平伯等.唐诗鉴赏辞典[M].上海:上海辞书出版社,2013.

[32] 上海辞书出版社文学鉴赏辞典编纂中心.唐诗鉴赏辞典[M].上海:上海辞书出版社,2017.

[33] 上海辞书出版社文学鉴赏辞典编纂中心.宋词鉴赏辞典[M].上海:上海辞书出版社,2017.

[34] 上海辞书出版社文学鉴赏辞典编纂中心.新诗鉴赏辞典[M].上海:上海辞书出版社,2017.

[35] 周啸天.唐诗鉴赏辞典[M].北京:商务印书馆国际有限公司,2012.

[36] 唐圭璋,钟振振.宋词鉴赏辞典[M].北京:商务印书馆国际有限公司,2018.

[37] 许自强,孙坤荣.世界名诗鉴赏大辞典[M].北京:商务印书馆国际有限公司,2018.

[38] 吴秀明.中国当代文学史写真[M].北京:北京大学出版社,2010.

[39] 梁实秋.新诗的格调及其他[J].诗刊,1931(01):81-86.

# 后记

诗歌是文学与文化的瑰宝，在人类文明的历史长河中熠熠生辉。诗人以诗意的文字符号和音韵作为独特的艺术语言，表达悲喜情愁，书写时代的更迭起伏，感怀生命的繁茂衰微。诗歌的美学价值在于它能够借助意象传达出深层次的情感与思想，以及通过语言的韵律、节奏等，给人们带来视觉、听觉、心理等多方面的体验。同时，诗歌也能够反映出不同时代、不同文化和社会背景下的人们所面对的共同问题，以及他们对生命、世界和自我的探索和反省。因此，诗歌在文学、艺术和哲学等方面都具有独特的价值。

《读诗之旅》是"初中生阅读写作进阶指导丛书"的第二部，第一部为《写作之旅》（2022年4月由同济大学出版社出版）。这套丛书针对初中生阅读、写作方法进行指导，读者对象主要是初中生和新入职的初中教师，是一套在教与学的基础上，兼具实用性和文学性的读物。本书分为上中下三篇，上篇为中国古典诗歌。笔者按照内容将中国古典诗歌分为山水田园、咏物言志、边塞征战等十种类型。中篇为现当代诗歌。笔者按照现当代诗歌的流派分类，选择了尝试派、现代诗派、七月诗派等九个诗歌流派中的经典作品进行鉴赏，力图从历史浪潮、美学特征和艺术价值几个方面诠释现当代诗歌的意义，希望激发学生对现当代诗歌的兴趣。下篇为外国诗歌。这个板块是以历史为线索，包含远古时期诗歌、古希腊古罗马时期诗歌、文艺复兴时期诗歌、浪漫主义时期诗歌等八节，以期拓宽学生的视野，在不同文化背景之下，寻求语言文字的内在规律，带领学生理解诗歌这种艺术的不同形式。

诗歌阅读是语文教学中的焦点和难点问题。笔者在吸取前人经验的基础上，跳出重于文字和技法分析的常规模式，一方面立足于笔者独特的审美感悟来解析诗歌；另一方面，根据诗歌的内容，适当地从诗歌创作的角度进行诗歌鉴赏，联结学生阅读、品鉴与创作诗歌的桥梁，力求将自由阅读的理念内化到学生对阅读的认识和实践中去，让学生在阅读鉴赏与写作实践中体验到趣味和美感。不同于目前已有的研究诗歌的大部分书籍，本书采用了跨文化、跨时代的视角，选择古今中外的

各类诗歌,分别根据内容、流派和时间三个不同的分类方法选择诗歌,体例新颖,形式多彩,便于学生搭设诗歌阅读框架。

本书中的选篇参考了多个通行的诗歌鉴赏版本。中国古典诗歌部分主要参考上海辞书出版社的《唐诗鉴赏辞典》和《宋词鉴赏辞典》,以及商务印书馆的《唐诗鉴赏辞典》和《宋词鉴赏辞典》。现当代诗歌部分主要参考上海辞书出版社的《新诗鉴赏辞典》。外国诗歌部分主要参考了商务印书馆的《世界名诗鉴赏大辞典》。本书在对诗人作品进行甄选时遵循以下几个原则:其一,诗歌的知名度。选入的是诗人的名篇名作。其二,兼顾教材的选文情况。本书选择的部分诗人在教材中出现过,有些诗作与教材中介绍的诗歌是同一流派或同一时期,便于学生进行知识的迁移。其三,所选诗歌有助于学生拓宽知识面,提高诗歌鉴赏能力。这一选篇原则是整本书选文的出发点和落脚点。

写作本书的过程,也是笔者本人再次温习和品读各类诗歌名作的过程,这一程走来,收获颇丰。在本书即将付梓之际,请允许我向恩师——华东师范大学的赵志伟教授致以真挚的谢意。感谢赵老师的悉心指导和谆谆教诲。因您的熏陶和陪伴,我一次次成长,在诗歌教学领域逐日精进,不知疲倦。当然,本书的内容可能还不够成熟和完备,仅作抛砖引玉之用,欢迎同学们或同行批评斧正,谢谢!

张 隽

2023 年 5 月于上海